Laurent Seksik
DER FALL EDUARD EINSTEIN

Laurent Seksik

DER FALL EDUARD EINSTEIN

Roman

Aus dem Französischen von Hanna van Laak

Karl Blessing Verlag

Originaltitel: Le cas Eduard Einstein
Originalverlag: Flammarion, Paris

Verlagsgruppe Random House FSC® N001967
Das für dieses Buch verwendete
FSC®-zertifizierte Papier *EOS* liefert Salzer Papier, St. Pölten, Austria

1. Auflage 2014
Copyright © 2013 Laurent Seksik
Copyright der Übersetzung 2014 Karl Blessing Verlag, München,
in der Verlagsgruppe Random House GmbH
Umschlaggestaltung: Geviert Grafik & Typografie,
Werbeagentur, Zürich
Photo: Eduard Einstein und sein Vater
in der Klinik Burghölzli, Zürich.
Collection particulière/Walchwil-Switzerland
Satz: Christine Roithner Verlagsservice, Breitenaich
Druck und Einband: Pustet, Regensburg
Printed in Germany

ISBN: 978-3-89667-520-0

www.blessing-verlag.de

Für meine Frau

INHALT

Burghölzli – Alexanderplatz … 9

Huttenstrasse 62 … 83

Princeton – Heldenplatz … 123

Mercer Street 112 … 155

Novi Sad – Princeton … 191

Nordheim … 243

Princeton – Burghölzli … 269

Burghölzli … 307

Anhang

*Auszüge aus dem
Nachruf in der Zeitschrift
Wir Brückenbauer*   331

*Zitatnachweise, Literatur-
hinweise sowie Belege
für die Therapieformen*   332

BURGHÖLZLI –
ALEXANDERPLATZ

1

Die schwere Tür fällt knarrend ins Schloss. Von außen wirkt das Gebäude, dessen Dach sich gegen den Novemberhimmel abzeichnet, noch imposanter. Ein Schwindel erfasst die Frau, und sie fürchtet schon, ohnmächtig zu werden. Sie ruft sich in Erinnerung, was der Arzt ihr für einen solchen Fall geraten hat: sich auf einen Punkt vor sich zu konzentrieren, tief durchzuatmen. Sie glaubt an die Medizin. Auch wenn sie dieses Vertrauen an diesem Morgen ein wenig erschüttert sieht. Ist hinter diesen Mauern die Wissenschaft am Werk? Man möchte eher meinen, dass der Teufel von der Seele ihres Sohnes Besitz ergriffen hat.

Der Krankenpfleger, der sie auf die Vortreppe zurückbegleitete, hat geduldig ihrer Erzählung gelauscht. Noch einmal hat sie die Ereignisse geschildert, die sie an diesen Ort geführt haben. Sie hat kein Detail ausgelassen. Alles schien bedeutsam und konnte von Nutzen sein. Der Pfleger sprach freundlich mit ihr. »Sie haben sich nichts vorzuwerfen, Frau Einstein. Es war richtig von Ihnen, hierherzukommen. Das Wohl unserer Lieben erfordert es manchmal, dass wir gegen ihren Willen handeln. Und geben Sie die Hoffnung nicht auf. Wir befinden uns im Jahr 1930. Die Wissenschaft macht atemberaubende Fortschritte. Das brauche ich Ihnen, meine Liebe, wohl nicht zu erzählen. Machen Sie sich keine Sorgen, wir geben auf ihn acht. Auf Wiedersehen, Frau Einstein.«

Als die Tür sich schloss, stellte sie ihren Fuß dazwischen. Der Mann warf ihr einen bösen Blick zu. Harsch forderte er sie auf, die Dinge nicht unnütz schwerer zu machen. Sie gehorchte.

Jetzt steht sie allein vor dem lang gestreckten, vierstöckigen Gebäude. Sie sollte sich dazu durchringen, diese Stätte zu verlassen. Sie hat genug darüber gehört und zu viel davon gesehen. Sie schafft es nicht, einen Schritt zu machen. Sie blickt sich um, auf der Suche nach einer Schicksalsgefährtin. Einer anderen Frau, die wissen will, wie es ihrem Sohn geht, wann sie ihn wiedersehen kann. Doch niemand wartet vor dem Gebäude. Es muss wohl die falsche Zeit sein.

Bis jetzt hat sie nicht geweint. Sie war nicht empfänglich für Traurigkeit. Einzig Angst beherrschte ihr Denken, ein ungeheures Entsetzen, der maßlose Schrecken einer Mutter. Nun ist die Furcht der Verzweiflung gewichen. Sie schluchzt ganz leise. Die Stunden, die sie gerade erlebt hat, schwemmen all ihre Tränen heran. Sie sieht die leichenblassen und schmerzzerrissenen Gesichter wieder vor sich. Sie hört die Schreie der Auflehnung und des Leids wieder. Das Schicksal hat gesprochen. Ihre Existenz ist aus dem Lot geraten. Das Leben hat sie zu hassen begonnen und ihr geraubt, was ihre ganze Freude war.

Plötzlich wird ihr bewusst, dass sie dem Arzt noch etwas Wichtiges mitteilen muss. Sie drückt auf die Klingel. Warum hat sie nicht schon früher daran gedacht? Eduard braucht zwölf Stunden Schlaf. Unter allen Umständen. Der Arzt muss das wissen. Die Frage ist lebenswichtig. Zu Hause hat sie ihm Kräutertees zubereitet, beruhigend auf ihn eingesprochen. Sie war seine Nachtwächterin. Hier haben die Ärzte ihr das Recht, bei ihrem Sohn zu schlafen, verweigert. Eine Matratze direkt auf dem Boden hätte doch genügt. Dieses Kind braucht seine Mutter. Sein Bruder Hans Albert hat einen anderen Charakter, er ist selbstständig und stark. Eduard ist so empfindsam. Er ist der kleine Junge geblieben, den sie früher am Ufer der Limmat spazieren fuhr. Die Bewegung des Kinderwagens wiegte ihn in den Schlaf. Er lächelte selig. So sehr hat sich sein Gesicht doch nicht verändert. Abgesehen von diesem Ausdruck von Fremdheit, der sich jetzt in seinen Mundwinkeln abzeichnet. Und von seinen großen hellen Augen, die immer verloren ins Leere blicken.

Sie hätte sich mit einer schlichten Decke auf der Erde zufriedengegeben. Das Wichtigste war, dass Eduard ihre Anwesenheit spürte. Ein Nichts kann ihn zerbrechen. Die geringste Bemerkung erlebt er als Angriff. Sie allein vermag ihn über die Verzweiflung hinwegzutrösten, ihn vom Leid zu befreien. Sie liest in ihm wie in einem offenen Buch. Leider ist es ihr in den letzten Wochen nicht mehr gelungen, das Feuer seines Zorns zu beherrschen.

Jemand hat sie gehört, die Tür öffnet sich. Ein Mann mit leicht zerknittertem blauem Kittel postiert sich vor ihr.

»Ich muss Dr. Minkel etwas Wichtiges mitteilen.«

»Der Herr Doktor ist bei einer Untersuchung.«

»Ich habe erst vor wenigen Augenblicken mit ihm gesprochen.«

»Glauben Sie etwa, er spaziert durch die Gärten des Burghölzli? Ich sage Ihnen doch, er ist bei einem Patienten!«

»Könnten Sie ihm eine Nachricht hinterlassen? Es geht um meinen Sohn Eduard Einstein, Zimmer 109.«

»Ich weiß.«

»Sie ... wissen?«

»Einsteins Sohn befindet sich innerhalb unserer Mauern. Die Neuigkeit muss schon die Runde gemacht haben in Zürich. Die Leute zerreißen sich gern das Maul.«

»Mein Sohn hat nichts Verwerfliches getan.«
»Man vermutet überall etwas Böses.«
»Eduard leidet, das ist alles!«
»Manche Leiden haben heutzutage einen schlechten Ruf.«
»Was wollen Sie damit sagen?«
»Sie werden es schon noch verstehen. Also, erzählen Sie mir, was für bedeutsame Dinge Sie Dr. Minkel mitteilen möchten.«
Sie erklärt ihm, wie immens wichtig zwölf Stunden Schlaf für ihren Sohn sind. Der Mann hört zu, nickt, verspricht, er werde es ausrichten, reicht ihr die Hand, grüßt und schließt erneut das Tor.

Sie betrachtet die Dächer der Stadt, den See unterhalb, die verschneiten Gipfel der Berge in der Ferne. Für gewöhnlich bezaubert sie dieser Anblick. Heute ist der Himmel grau, verheißt Gewitter. Ein Nebelschleier bedeckt Zürich. Die Kirche, die an das Haus angrenzt, reckt ihren Turm in den Dunst. Die vertrauten Straßen scheinen unerreichbar fern.
Mileva ist starr vor Kälte. Sie spürt ihre Finger nicht mehr. Sie nimmt die Straße, die in die Stadt hinabführt. Eine dünne Schneeschicht überzieht das Pflaster. Bei jedem Schritt stolpert sie beinahe. Fast trauert sie dem Notarztwagen nach, der sie hergebracht hat. Sie schwört sich, dass sie sich nicht um-

drehen wird. Alle zehn Meter bricht sie den Schwur. Ihr Blick verliert sich inmitten der unzähligen Fenster des Burghölzli. Das Gebäude scheint den gesamten Hügel einzunehmen, den Horizont zu erdrücken. Der Ort soll umnachteten Seelen Zuflucht bieten. Sie erinnert sich an die Schreie der Verzweifelten, die grauenhaften Ausbrüche von Gelächter. Sie sieht ihren Sohn unter den mageren Gestalten vor sich, die wie erstarrt sind oder sich hin und her wiegen. Diese Menschen haben keine Erinnerung mehr an die Freuden des Lebens. Nichts dringt mehr zu ihnen durch, weder Ermahnungen noch Schläge. Eine wilde Verachtung spiegelt sich in ihren Zügen. Und doch ist dieser Hass nichts, verglichen mit den Ängsten, die ihr Herz martern wie ein Papier, das zerknüllt wird.

Es wäre ihr lieber gewesen, selbst Eduards Platz einzunehmen. Sie die Gefangene und er ein freier Mann. Er auf der Straße und sie eingesperrt. Er würde laufen, bis ihm die Luft ausginge. Unten an der Straße würde er schon nichts mehr von dem Unglück wissen, das über seine Mutter gekommen war. Er würde den See in der Ferne sehen, hätte Lust, an seinem Ufer spazieren zu gehen. Er würde an seine Mutter denken, wäre einen Augenblick lang traurig. Ein Mädchen würde ihm zulächeln, er würde seinen Kummer vergessen. Er würde einen Freund treffen, der ihm vorschlagen würde, einen Ausflug auf seinem Boot zu unternehmen. Er würde segeln gehen. Alle Sorgen würden sich in Luft auflösen.

Das Schicksal hat anders entschieden. Sie darf sich frei bewegen, Eduard hingegen muss eingesperrt werden.

Der Rückweg erscheint ihr schrecklich lang. Ihre Plateauschuhe aus Holz, die ihr Hinken ausgleichen sollen, verstärken den Schmerz in der Hüfte. »Der Fuß muss sich an die Sohle anpassen«, hat ihr der Schuhmacher erklärt. »Eines Tages werden Sie Sprünge machen.« Sie weiß nicht, was springen bedeutet. Seit ihrer Kindheit ist das bloße Gehen eine Strapaze für sie. Ihre Freundinnen nahmen Tanzstunden, sprachen über Musselin, Tarlatan und Tutus. Ihre kranke Hüfte hinderte sie am Laufen. Es regnete Spötteleien und Spitznamen. Sie war das Hinkebein, die Lahme, die Hexe. Eine Begebenheit mit zwanzig kommt ihr wieder in den Sinn. Ein Freund Einsteins wunderte sich, wie der junge Mann sich trotz ihrer Behinderung für sie interessieren konnte. Albert antwortete: »Warum nicht? Sie hat eine liebe Stimme.« Jahre später hat Einstein eines Tages seine Sehkraft wiedergefunden.

Sie hinkt. In ihrer Vorstellung kriecht sie. Sie ist über die Gehsteige Prags gekrochen, über die Palackýbrücke und durch die Weinberggasse, später über die Berliner Boulevards, immer im Schatten ihres Mannes.

Seitdem sie allein in Zürich lebt, ist dieses Gefühl schließlich verschwunden. Heute taucht es wieder auf.

An der Kreuzung erkennt sie ein vertrautes Gesicht. Rudzica, ihre Nachbarin in der Pension Engelbrecht, vor dreißig Jahren, Ende des vergangenen Jahrhunderts. Nach ihrem Studium zog Rudzica nach Genf. Ihre Haare sind jetzt kurz geschnitten, sie haben ihre blonde Farbe verloren. Doch Rudzicas Ausstrahlung, die ihren Charme ausmachte, ist unverändert. Sie trägt ein entzückendes Kleid, und ihr Gesicht strahlt vor Freude. Denkt sie an ihre Kinder oder an ihren Mann, träumt sie von dem Diner, zu dem sie eingeladen ist? Oder geht sie einfach nur beschwingt und ohne an etwas zu denken dahin?

Die Pension Engelbrecht befand sich in der Plattenstr. 50. Rudzica und zwei weitere Mädchen teilten sich das große Zimmer im dritten Stock, während sie allein ein kleines Zimmer unter dem Dach bewohnte. Es bereitete ihr Mühe, die Treppen hochzusteigen. Aber die Abende in Gesellschaft der drei Mädchen ließen sie ihre Mühsal vergessen. An einem gewissen Aufblitzen im Blick ihrer Freundinnen hatte sie erkannt, dass sie sie immer kommen hörten, weil das Geräusch ihrer Schritte sie verriet. Mileva hatte beschlossen, am Fuß der Treppe ihre Schuhe auszuziehen, sie stieg die Stufen mit bloßen Füßen hoch und zog sie oben wieder an. Eines Tages hatte Rudzica sie mit den Schuhen in der Hand überrascht. Ihre Blicke hatten sich gekreuzt. Rudzica hatte immer Stillschweigen bewahrt.

So viel Zeit ist seit jenem Jahr 1899 vergangen. Sie kann kaum glauben, dass dieses lange Defilee von Wochen und Monaten ihr Leben gewesen sein soll.

Rudzica dreht sich um. Hat sie mich wohl erkannt, fragte sich Mileva, in dem Bewusstsein, vorzeitig gealtert zu sein. Sie will nicht mit ihrer Freundin von früher sprechen. Sie will nichts von ihrem Unglück verraten. Sie will nicht Rudzicas Schilderung ihres Lebens hören. Ich habe diesen Studenten aus dem vierten Studienjahr geheiratet, der um uns herumschwirrte, weißt du. Wir leben mit unseren drei Kindern in Genf. Und du, was ist aus dir geworden? Ich habe von deiner Scheidung gehört. Ich sehe Albert noch vor mir, wie er in die Pension kommt, Geige spielt und in dein Zimmer steigt. Wer hätte geglaubt, dass wir mit dem größten Genie des Jahrhunderts verkehrten? Und dich hat er ausgewählt, meine kleine Mileva. Weißt du, die Männer ändern sich. Berühmt oder nicht, sie sind alle gleich. Hast du ein neues Leben angefangen? Bist du wenigstens glücklich?

Sie fürchtet sich vor solchen Fragen und würde gerne ihr Gesicht verbergen. Mit der Umgebung verschmelzen. Damit Rudzica nicht das Kleid sieht, das sie hastig beim Aufbruch in dieser Nacht angezogen hat. Das Kleid ist zerknittert, sie hat es bei Bernitz gekauft. Da machen Sie ein gutes Geschäft, hatte die Verkäuferin gesagt. Zwei zum Preis von einem. Zwei beinahe identische Kleider, mit blauen oder grünen Karos, hochgeschlossen bis zum Hals, unter das Knie fallend. Rudzica scheint ein Kleid aus Tüll zu tragen.

Alles lieber, als zu hören, wie ihre Freundin die Zeiten der Pension Engelbrecht wieder zum Leben erweckt. Erinnerst du dich an die Kissenschlachten? Und an diese Nacht, in der Helene eine Flasche Wodka mitgebacht hatte? Keine von uns hatte je zuvor einen Tropfen Alkohol getrunken. Wir verabscheuten den Geschmack und zwangen uns, die Flasche auszutrinken. Und die Wutschreie von Frau Bark, als sie eintrat, hallen noch immer in meinen Ohren wider. Einen Monat Ausgehverbot. Das waren herrliche Zeiten!

Kurz ist sie versucht, zu ihrer früheren Nachbarin zu laufen. Sie möchte sich in ihre Arme werfen und sich an sie drücken, sich an ihrer Schulter ausweinen, ihr anvertrauen, was sie gesehen hat. Rudzica, was für ein Wunder, dass du mir hier begegnest! Ich komme von einem Ort, von dem du keine Vorstellung hast. Dem Reich der verlorenen Seelen. Nein, ich bin nicht verrückt. Aber ich habe mit eigenen Augen gesehen, was Wahnsinn ist. Der Ort des Verderbens befindet sich direkt vor dir, sieh nur, das riesige Gebäude dort oben auf dem Hügel. Das ist der Ort, von dem ich spreche. An dem man eingesperrt und geschlagen wird. In unserer schönen Stadt, ganz in der Nähe jener Stelle, wo wir immer gespielt haben. Und willst du wissen, was ich an diesem verfluchten Ort gemacht habe? Ich habe meinen eigenen Sohn dorthin gebracht.

Ein Bus fährt die Straße entlang und biegt vor ihr ab. Für einen Augenblick verbirgt das Fahrzeug die Gestalt ihrer Freundin. Als der Bus die Kreuzung überquert hat, ist Rudzica nicht mehr zu sehen. Die Straße liegt wieder verlassen vor ihr.

Sie fühlt sich erschöpft. Sie würde sich gerne setzen. Sie braucht Kraft, um nach Hause zu gehen. Sie sieht nirgends einen Ort, an dem sie sich ausruhen könnte, sie hat niemanden, an den sie sich wenden kann.

Die Leute, die mich kennen, werden Ihnen sagen, dass ich verrückt bin. Glauben Sie kein Wort davon. Es gehört zum Wesen der Verrückten, dass sie nicht wissen, dass sie es sind. Ich bin der Sohn Albert Einsteins. Ich kann mir vorstellen, dass sich nun Zweifel in Ihnen regen. Einsteins Sohn?! So steht es in meinem Pass. Ein Stein, zusammengeschrieben. Eduard mit Vornamen, geboren am 28. Juli 1910 in Zürich. Stellen Sie Nachforschungen an. Ich bin eine stadtbekannte Persönlichkeit.

Meine Mutter behauptet, ich sei meinem Vater wie aus dem Gesicht geschnitten. Sie spricht von einem Aufblitzen von Intelligenz im Blick. Wenn ich eine Spur von Schalkhaftigkeit besäße, dann wüsste man das. Oder habe ich diese Eigenschaft beim Heranwachsen verloren? Seit Kurzem kann ich auf einige meiner Fähigkeiten nicht mehr zugreifen. Ist das nicht der Grund für Ihre Anwesenheit hier? Oder sind Sie nur hier, um etwas über meinen Vater zu erfahren und seine Erinnerung zu beschmutzen?

Was meine Identität angeht, so ist es in diesen stürmischen Zeiten zu Beginn der Dreißigerjahre dienlich zu präzisieren, dass ich entgegen der naheliegenden Schlussfolgerung, die man aus meinem Nachnamen ziehen könnte, kein Jude bin. Es soll hier laut und deutlich gesagt werden: Eduard Einstein ist orthodoxer Christ, getauft am 4. Juni 1912 in der schönen Stadt Novi Sad in Serbien! Ich besitze alle erforderlichen Dokumente.

Die Qualen, die ich meiner Mutter auferlege, nahmen ihren Anfang am Tag meiner Geburt. Meine Mutter hat mir immer wieder erzählt, was für ein Albtraum meine Geburt war. Die Erwachsenen reden einfach drauflos, ohne sich die Auswirkungen ihrer Worte auszumalen. Wenn man meiner Mutter zuhört, dann wäre es besser gewesen, ich wäre nicht auf die Welt gekommen. Was wäre aus mir geworden?

Die Entbindung war offenbar eine furchtbare Qual. Das Becken meiner Mutter war zu eng für meinen großen Schädel. Die Hüften sind der Schwachpunkt der Familie Marić. Man hinkt von einer Generation zur nächsten. In der Kindheit wird die Hüfte ausgekugelt. Danach spielen die Knochen verrückt. Der Fluch trifft eine große Zahl von Serben der Region Novi Sad. Ich bin diesem Gebrechen entgangen. Ich weiß mein Glück zu schätzen.

Meine Mutter hinkt schon immer. Als Mädchen wurde sie verspottet. Sie wissen ja, wie Kinder sind. Es heißt, sie seien grausamer als Erwachsene. Aber es sind die Erwachsenen, die das sagen.

Wenn man mich fragt, was mich an diesen Ort geführt hat, gebe ich die Frage zurück. Glauben Sie, ich wäre fähig, meine Mutter zu schlagen? Ich bin ein ruhiger Junge, von Natur aus schweigsam und wirklich unfähig, die Hand gegen jemanden zu erheben, am allerwenigsten gegen diejenige, die mich unter schrecklichen Umständen auf die Welt gebracht hat. Mama kümmert sich seit so vielen Jahren allein um mich, man müsste schon recht undankbar sein. Und dennoch: Wenn meine Mutter das behauptet, dann werde ich ihr nicht widersprechen. Kürzlich habe ich meine Selbstbeherrschung verloren. Hat meine Hand womöglich in einem Augenblick der Verwirrung ihr sanftes Gesicht geohrfeigt? In diesem bedauernswerten Fall bitte ich um Verzeihung.

Gehöre ich wirklich zur Klientel des Hauses? Hier behandelt man mich wie einen geistig Zurückgebliebenen. Ich bin alles andere als ungebildet. In meiner Jugend habe ich die gesamte Bibliothek meines Vaters gelesen. Ich habe Schopenhauer und Kant verschlungen, Nietzsche und Plato. Ich habe Thomas von Aquins Lehren in mich aufgesogen. Mit sechs Jahren habe ich Shakespeare gelesen. Es fällt Ihnen schwer, mir zu glauben? Zu viel Ehrgeiz verwandelt vernünftige Menschen in Irre. Wer hat das gesagt? Kant, meine ich.

Und vor allem habe ich jede Zeile von Freud gelesen. Den ganzen Freud. Allem Anschein zum Trotz bin ich Medizinstudent im ersten Jahr. Die Züricher Fakultät ist eine der besten Europas. Ich studiere wochenlang in meinem Zimmer, ohne einmal vor die Tür zu treten. Mein Vater rät mir, frische Luft zu schnappen. Für ihn ist das einfach. Ich muss viel arbeiten. Ich bin nicht Einstein.

Und wissen Sie, auf welche Fachrichtung ich mich spezialisieren möchte?

Sie ahnen es schon. Mein Traum ist es, Psychiater zu werden! Letzten Endes glaube ich, die beste Abkürzung genommen zu haben: Ich habe die Klinik durch das große Tor betreten.

Ich weiß, dass Jung als Assistent Ihre Stelle innehatte. Oder war es meine? Wir tauschen später. In letzter Zeit stimmt mein Denken nicht mit der Realität überein. Meine Taten entziehen sich meinem Willen. In meinem Gehirn keimen alle möglichen Dinge auf. Es ist, als ob ich mich häuten würde. Mit zwanzig Jahren! Nachts schlafe ich nicht. Tagsüber ist es noch schlimmer. Sobald ich die Augen öffne, bewegen sich die Dinge, nehmen seltsame Formen an. Nichts ist mehr fest, nichts besitzt noch Kanten. An den Wänden zerfließen Fratzen. Es klopft an der Tür, und wenn ich öffne: niemand! Es gibt auch diese Stimmen, die mir Worte ins Ohr flüstern, die Mama nicht hört. Ich frage mich, ob sie nicht allmählich taub wird.

Ich möchte noch auf weitere Vorfälle hinweisen, bedeutungslose Nichtigkeiten.

Letzte Woche kam eine Katze in mein Zimmer und behauptete, ich sei schön. Mama hat mir das Gegenteil versichert.

Am übernächsten Tag schlüpfte eine Frau ohne Kopf in mein Bett, glitt mit anzüglichen Worten unter die Laken und verschlang mein Geschlecht mit ihrem Unterleib. Das ist eine Empfindung, die ich niemandem wünsche.

Anfang September versammelte sich eine riesige Menschenmenge unter meinem Fenster. Sie schwang Heugabeln, auf denen der Kopf meines Vaters aufgespießt war.

In der Nacht des Zwölften habe ich einen Schwarm Bienen verschluckt, der Honig kam mir aus den Ohren heraus.

Glücklicherweise haben sich die Stimmen am Ende beruhigt. Die Menschenmenge ist verstummt. Die Bienen sind fortgeflogen. Die Eindringlinge sind zu anderen Türen weitergezogen und klopfen nicht mehr an meine. Die Katze ist nicht zurückgekommen. Geben Sie mir Bescheid, wenn Sie ihr begegnen. Eine dicke Katze mit weißem Fell, die mit sanfter Stimme spricht.

Ich werde Ihnen eine Frage stellen, Ihnen, der Sie alles zu wissen glauben. Nehmen wir an, ich stehe am Fenster eines fahrenden Zugwaggons und lasse einen Stein fallen. Folgt der Weg des Steins einer Geraden oder einer Parabel? ... Jetzt sehen Sie schon weniger schlau aus!

Ich bin nun seit mehreren Stunden hier, und außer meiner Mutter und Ihnen ist kein Mensch zu mir gekommen. Verbietet die Hausordnung Besuche? Hat man meine Verwandten verständigt? Meine Mutter hat vielleicht Gründe, weshalb sie nicht bei mir bleibt. Ich war nicht nett zu ihr, und das mag eine der Ursachen für meine Anwesenheit hier sein. Aber mein Vater könnte mich immerhin aufsuchen. Berlin liegt nicht am Ende der Welt. Ich werde Ihnen seine Telefonnummer mitteilen, wenn die Zahlen sich nicht mehr in meinem Kopf verheddern. Schicken Sie ihm ein Telegramm. Albert Einstein, Haberlandstr. 5, Berlin.

Vielleicht glauben Sie mir immer noch nicht? Vielleicht erscheinen hier viele Menschen und behaupten, sie seien Einsteins Sohn. Ich werde keinen Stein nach ihnen werfen. Man mag es für einen Glücksfall halten, einen berühmten Nachnamen zu tragen. Man glaubt, der Ruhm fällt auf einen zurück. Das ist ein großer Irrtum. Der Name Einstein ist eine Last für den gewöhnlichen Sterblichen. Eine einzige Person besitzt ausreichend starke Schultern, um eine solche Bürde zu tragen: mein Vater. Weder mein Bruder noch ich haben die Statur dafür. Das ist die Ursache meiner Unannehmlichkeiten, falls Sie danach suchen.

Ich will gerne mit anderen Aspiranten sprechen, die hier erscheinen und Anspruch auf die Bezeichnung Einsteins Sohn erheben. Ich werde ihnen offenbaren, welchen Preis sie zu bezahlen haben. Ich werde ihnen die Rechnung zeigen. Sie werden sich nie wieder mit diesem Namen brüsten. Was allerdings die anbelangt, die sich für Napoleon halten, mit denen müssen Sie ohne mich zurechtkommen.

Ganz unter uns – ich würde gerne den Namen meiner Mutter tragen. Zweifellos wäre ich dann nicht hier. Leider ist es nicht leicht, die Zeit zurückzudrehen. Mein Vater hat sich bereits mit der Frage beschäftigt. Ich werde nicht in seine Fußstapfen treten.

Na gut, ich will Ihnen die Antwort auf die Frage nach dem Stein und dem Waggon geben. Ich sehe den Stein in einer geraden Linie fallen. Der Fußgänger beobachtet eine Parabel. Es gibt keine Wahrheit an sich. Ihre Realität ist nicht die meine. Nehmen Sie sich ein Beispiel daran.

Wer sagt mir denn eigentlich, dass Sie Arzt sind? Dieser Ort muss Schwindler anziehen. Ich werde in Erfahrung bringen, weshalb Sie hier sind. Einen solchen Beruf wählt man nicht zufällig. Jemand muss in Ihrem Kopf herumspuken.

Ach ja, ich kann Ihnen noch etwas anderes enthüllen. Ich schreibe. Gedichte. Unzählige. Inspiriert von meiner Leidenschaft für Heine, Kleist und Victor Hugo. Meine Mutter bewahrt sie alle auf. Meinem Vater widerstrebt es, sie zu lesen. Ich trage Ihnen das letzte vor, das ich geschrieben habe.

Gesang von der Geisteskrankheit
Gott Vater und Sohn! ...

Behalten Sie es für sich, wenn es Ihnen nicht gefällt.

Lassen Sie mich von einem anderen Familienmitglied erzählen.

Nicht von meinem Bruder Hans Albert, den nicht der geringste Schleier eines Geheimnisses umweht und der behauptet, trotz aller Gefahren, denen er ausgesetzt war, das Leben erfolgreich gemeistert zu haben. Nein, es handelt sich um eine geheimnisvollere Persönlichkeit, die im Verborgenen lebt und der ich in gewisser Weise Unterschlupf biete. Ein Mädchen, ich schäme mich nicht, das zu sagen, denn für jemanden mit Verstand machen Sie einen mitleidigen Eindruck. Diese junge Frau hat Probleme mit dem Sprechen und spricht durch meinen Mund. Ich tanze nach ihrer Pfeife. Sie lässt mich verstummen und sagt Dinge, die ich moralisch verdamme. Sie hat ungesunde Gedanken. Sie befiehlt mir, ins Zimmer meiner Mutter zu gehen, um Frauenkleider anzuziehen. Am liebsten hat sie das mit den grünen Karos, das ich eher trist finde. Einmal hat meine Mutter mich in dieser Aufmachung überrascht. Sobald Mama erschien, verschwand die Frau in mir. Ist neben meiner Mutter kein Platz für ein weibliches Wesen? Sie werden mir Ihre professionelle Meinung dazu mitteilen. Mama hat mich nicht geschimpft, noch hat sie mir in irgendeiner Weise Vorhaltungen dahingehend gemacht, dass Volants 1930 nicht mehr in Mode waren. Es scheint, als könnte nichts sie heutzutage noch erstaunen. Sie ist rücksichtsvoll. Sie überhäuft mich nicht mehr mit Vorwürfen. Sie hat verstanden, dass Rügen in meinem Fall keine Lösung sind. Sie hat mir einfach eine Frage gestellt, die mir seitdem nicht aus dem Sinn geht: Sie hat mich gefragt, ob ich etwas wisse. Ich habe ihr geantwortet: »Nein.« Was die reine Wahrheit ist. Sie sah erleichtert aus. Sie erklärte mir, dass solche Handlungen einem Jungen in meinem Alter nicht gut anstünden. Der Meinung bin ich auch. Ich wollte wissen, ob sie nicht auch fände, dass das blaue Kleid mir besser stünde. Ich habe darauf verzichtet. Sie sehen, dass ich mich benehmen kann. Ich hoffe allerdings, dass wir diesen Vorfall vollständig aufklären können. Ich brauche Klarheit darüber. Ich lebe ungern mit einer jungen Frau auf dem Gewissen.

Hier noch ein letzter Hinweis bezüglich meiner Herkunft:

Ich bin am 23. Juli morgens in Zürich an der Moussonstrasse geboren worden. Das ist ganz in der Nähe, dreißig Minuten zu Fuß. Die Natur hat es gut eingerichtet. Ich hätte es verabscheut, mitten im Winter zur Welt zu kommen, wenn Schnee fällt und der Himmel tief hängt. Leute wie ich brauchen viel Licht. Wir ähneln ein bisschen den Pflanzen.

In meinem Geburtsmonat ist der Halleysche Komet über den Himmel gezogen. Ein gewisser M. Wolf hat ihn fotografiert. Ich habe Abzüge davon in einer Zeitschrift gesehen, deren Namen ich vergessen habe – man kann sich nicht an alles erinnern, sonst kommt es zu einer Gehirnembolie. Der Halleysche Komet wird alle sechsundsiebzig Jahre für uns sichtbar, das können Sie nachprüfen. Mark Twain, der 1835 zeitgleich mit seinem Erscheinen geboren wurde, starb kurz nach der Wiederkehr des Kometen – »periapsid« würde mein Vater das nennen. Mark Twain hat kurz vor seinem Tod diese Zeilen geschrieben: »Ich bin 1835 mit dem Halleyschen Komet gekommen. Er kommt nächstes Jahr wieder und ich erwarte, auch mit ihm zu erlöschen.« Mark Twain drückt sich so aus, und Eduard Einstein wird eingesperrt!

1986 wird der Halleysche Komet erneut sichtbar sein. Ich werde dann nicht mehr auf der Welt sein. Ich werde ihn von oben erkennen, aus größerer Nähe als je zuvor. Ich glaube an die Macht des Geistes.

Ich habe meinen Vater am Tag meiner Geburt nicht gesehen. In den Augen eines berühmten Physikers ist das Erscheinen des Halleyschen Kometen ein weitaus gewichtigeres Ereignis als die Ankunft eines Schreihalses in der Stadt Zürich. Wie soll ich mit einem Stern konkurrieren? Ich bemühe mich, diese Frage zu lösen. Ich bin in Zürich geboren, ich habe in Zürich gelebt, ich werde in Zürich sterben. Ich ziehe meine Kreise in der Stadt, ohne mich allzu weit zu entfernen – als wäre ich durch eine unsichtbare Macht gebunden. Ich werde Zürichs Komet sein.

2

Der Alexanderplatz ist grau und schmutzig in der Novemberkälte. In seinen Mantel eingemummt, mit dem schwarzen Hut auf dem Kopf, geht er auf dem Gehsteig dahin. An der Kreuzung muss er über faulige Wasserpfützen springen. Er blickt sich suchend nach einem Taxi um. Er bewegt sich nur ungern in der Dämmerung durch die Straßen Berlins.

Eine Stunde zuvor, nach seiner Verabredung im Kaiser-Wilhelm-Institut, gelang es ihm, ein Auto zu ergattern. In der Nähe des Reichstags wurde das Fahrzeug durch eine Demonstration von Mitgliedern des Roten Frontkämpferbunds blockiert. Er musste aussteigen und stand dann ein paar Meter von den Demonstranten entfernt, die ihre rote Fahne schwangen und in Marschordnung vorwärtsschritten auf der Straße. Er folgte ihnen bis zum Tiergarten. In der Ferne erblickte er ein Heer aus Braunhemden, die mit Sieg-Heil-Rufen auf die Demonstranten zustürzten. Er beschleunigte seine Schritte. Schwärme junger Menschen rannten in umgekehrter Richtung, sie schienen es eilig zu haben, sich zu prügeln. Die Demonstration am Vortag hatte mit drei Toten unter den Kommunisten geendet, allesamt Opfer eines in die Lunge gestoßenen Stiletts. So rächte die SA den Tod eines ihrer Helden, Horst Wessel.

Berlin ist zu einem gefährlichen Pflaster geworden. Das Jahr 1930 endet noch schlimmer, als es begonnen hat.

An der Ecke sitzt eine Frau im Kostüm mit einem Baby auf den Beinen, streckt die Hand aus, spricht ihn fordernd an. Er zieht einen Hundertmarkschein aus der Tasche. Die Frau bedankt sich.

Auf einem Plakat am Kreisverkehr zeigt Hitler drohend einen Finger: »Der Führer wird Deutschland seine Ehre zurückgeben!« Für den kommenden Samstag wird eine Versammlung angekündigt. Juden und Hunden ist der Saalzutritt verboten. Bei den letzten Wahlen haben die Nazis sechs Millionen Stimmen gewonnen.

Am Vortag hat ihn ein Lastwagen überholt, auf dessen Ladefläche sich ein Dutzend SA-Mitglieder befanden. Einer von ihnen erkannte ihn und brüllte: »Das ist Einstein! Sag Klaus, er soll anhalten!« Der Lastwagen fuhr weiter. Der andere gellte: »Dreckiger Jude! Ich komm zurück und bring dich um!«

Goebbels erwähnt ihn in seinen Reden. Er soll die Nummer eins auf der Todesliste der Nazis sein. Professor Lenard, Nobelpreisträger des Jahres 1905 und sein langjähriger Feind, greift ihn gnadenlos an. Hitlers Wissenschaftler organisiert Vorträge und veröffentlicht Artikel von einer unerhörten Aggressivität. Die Relativitätstheorie sei eine jüdische Wissenschaft und der deutschen Gemeinschaft unwürdig. Die Formel $E = mc^2$ sei von Friedrich Hasenöhrl erfunden worden. Eine arische Entdeckung.

Lenards Machenschaften waren Gegenstand seines Treffens mit Max Planck im Institut. Er war gekommen, um die Unterstützung des Doyens der deutschen Wissenschaft zu erbitten. Er genießt die unverbrüchliche Freundschaft des alten Gelehrten. Planck hat ihm vor zwanzig Jahren die Türen des deutschen Instituts geöffnet. Planck hat ihn der Welt vorgestellt, indem er 1905 seinen Artikel über die Relativitätstheorie in den *Annalen der Physik* veröffentlichte.

Planck hat ihm zugehört und nach einem nachdenklichen Schweigen erklärt: »Lieber Albert, ich helfe Ihnen nach Kräften. Aber Lenard hat sehr viele Unterstützer. Und schließlich ist er ebenfalls Nobelpreisträger. Wie könnte ich da Partei ergreifen? Viele werfen mir schon Ihre bloße Anwesenheit am Institut vor. Wenn ich mich gegen Lenard stelle, wird man mich für parteiisch erklären, man wird mir Sympathie für die Juden vorwerfen. Man wird behaupten, ich sei ein Feind des deutschen Volkes. Das Einzige, wozu ich Ihnen raten kann, und ich spreche hier als Freund, ist Vorsicht. Bieten Sie diesen Horden nicht mehr die Stirn in den Hörsälen. Die Zeiten haben sich geändert, lieber Albert. Männer wie ich sind aus einer anderen Zeit. Ich sollte Ihnen das nicht sagen, aber ... an Ihrer Stelle würde ich das Angebot, in Amerika zu lehren, annehmen. Dort müssen Sie nicht mehr um Ihre Sicherheit bangen. Sie können in aller Ruhe arbeiten. Überlassen Sie die Politik Lenard. Ihr Werk, Albert, ist noch nicht abgeschlossen, Ihr Werk ist das Wichtigste!«

Er hatte dem alten Mann gedankt und sich verabschiedet, noch tiefer enttäuscht als vor der Unterredung. Dann hatte er zwei Schritte neben dem Institut das Taxi gefunden.

In der Ferne erblickt er das Gebäude an der Haberlandstr. 5. Die Lichter im siebten Stock brennen. Mit einem Gefühl der Erleichterung kommt er nach Hause. Er denkt, dass Planck vielleicht recht hat. Er sollte das Angebot, in Amerika zu arbeiten, annehmen. Hier sieht er nicht mehr den kleinsten Hoffnungsschimmer. Der Kampf scheint von vornherein verloren.

Elsa hat eine Tasse Tee auf die von Spitzen durchbrochene weiße Leinentischdecke gestellt, die sie in Hamburg gekauft hat. Seine Frau liebt diese Stickarbeiten mehr als das alte Porzellan in der Wandvitrine. Manchmal macht er sich über ihre Liebe zu Trödel lustig. Sie wiederum wirft ihm seine zweifelhafte Vorliebe für die mit massivem Silber eingefasste russische Ikone vor, die auf dem Beistelltisch thront. Und dieser orientalische Säbel, ein Geschenk des japanischen Kaisers, was macht er neben der Reproduktion der *Zehn Gebote*? Sein Platz wäre im Keller.

Ausgerechnet er, der Militäraufmärsche verabscheut, liebt nichts so sehr, wie am Zeughaus Unter den Linden vorbeizuschlendern, um in den Schaufenstern der Antiquitätenhändler die Panzer der Kreuzritter und die Helme der Sarazenen zu bewundern. Elsa hatte ihn in die Cassirer-Ausstellung auf der Victoriastraße geführt, um Brancusis Skulpturen zu besichtigen. Er hatte es vorgezogen, die ägyptischen Kunstwerke im Alten Museum wieder anzusehen.

Er hört den Rundfunkempfänger, während er seinen Tee trinkt. Seit ein paar Minuten sendet das Gerät Auszüge aus einer Folge von Erklärungen Hitlers und anderer Naziführer.

Wir wollen keine Gefühlsantisemiten sein, die Pogromstimmung erzeugen wollen, sondern es beseelt uns die unerbittliche Entschlossenheit, das Übel an der Wurzel zu packen und mit Stumpf und Stiel auszurotten. Um unser Ziel zu erreichen, muss uns jedes Mittel recht sein, selbst wenn wir uns mit dem Teufel verbinden müssten ...

Er gibt ein Stück Zucker in seine Tasse, rührt um, trinkt einen zu heißen Schluck davon, stellt die Tasse wieder ab.

Der Jude ist als Ferment der Dekomposition losgelöst von gut oder böse der einzelnen Ursache des inneren Zusammenbruchs aller Rassen überhaupt, in die er als Parasit eindringt. Seine Tätigkeit ist Zweckbestimmung seiner Rasse. Sowenig ich einer Tuberkelbazille einen Vorwurf machen kann einer Tätigkeit wegen, die für den Menschen Zerstörung bedeutet, für sie aber Leben heißt, so sehr bin ich aber auch gezwungen und berechtigt, um meiner persönlichen Existenz willen den Kampf gegen die Tuberkulose zu führen durch Vernichtung ihrer Erreger. Der Jude aber wird und wurde durch Jahrtausende hindurch in seinem Wirken zur Rassetuberkulose der Völker. Ihn bekämpfen heißt ihn entfernen.

Er knabbert an einem der Plätzchen, die Elsa auf einem Unterteller serviert und selbst gebacken hat. Als sie an ihm vorbeigeht, versichert er ihr zum wiederholten Mal, dass sie eine ganz ausgezeichnete Köchin ist.

»Wie kannst du nur diese Ungeheuerlichkeiten anhören?«, ruft Elsa aus.

Er will seine Frau nicht beunruhigen. Er erklärt, dass das alles nur vorübergehend sei. Kanzler Brüning wird wieder für Ordnung sorgen. Das Land Goethes hat von einem Haufen ungebildeter, gewaltlüsterner Rohlinge nichts zu befürchten.

»Ich kann schon nicht mehr schlafen deswegen«, fährt Elsa fort. »Willst du nicht endlich ausschalten?«

Er bittet sie noch um einen Augenblick.

Wenn ich einmal wirklich an der Macht bin, dann wird die Vernichtung der Juden meine erste und wichtigste Aufgabe sein. Sobald ich die Macht dazu habe, werde ich zum Beispiel in München auf dem Marienplatz Galgen neben Galgen aufstellen lassen. Dann werden die Juden gehängt, einer wie der andere, und sie bleiben hängen, bis sie stinken. So lange bleiben sie hängen, wie es nach den Gesetzen der Hygiene möglich ist, sobald man sie abgeknüpft hat, kommen die nächsten dran, und das geschieht so lange, bis der letzte Jude in München ausgetilgt ist. Genauso wird in anderen Städten verfahren, bis Deutschland vom letzten Juden gereinigt ist ...

»Bring ihn zum Schweigen!«, schreit Elsa. »Oder ich selbst schalte das Radio ab!«

Sie geht zum Radio und dreht den Knopf.

»Das kannst du hören, wenn du allein bist!«

Er steht auf, geht in sein Zimmer, setzt sich an seinen Schreibtisch. Er denkt an das, was er im Radio gehört hat, an die hasserfüllten Reden, das Klima des Schreckens, an seinen neuen Status als wandelnde Zielscheibe. Zehn Jahre sind vergangen, seitdem man zu seinen Ehren in Potsdam den Einsteinturm erbaute, dessen riesiges Teleskop die Gültigkeit seiner Theorien beweisen sollte. Die Klarheit der Linien des Gebäudes machte den Bau in seinen Augen zu einem der Hauptwerke der expressionistischen Architektur. Heute bringt er sein Leben in Gefahr, wenn er aus dem Haus tritt.

Die schöne Geschichte zwischen den Einsteins und Deutschland scheint vorbei zu sein. 1650 hatte sein Urahn Baruch Moïse Ainstein das Gebiet um den Bodensee verlassen, um sich in Buchau im Herzogtum Württemberg niederzulassen. Baruch Ainstein war Stoffhändler. Damals schloss ein Gesetz die Juden von den meisten Berufen aus. Sie mussten einen gelben Hut aufsetzen, wenn sie ihr Dorf verließen. Sein Vorfahr trug den gelben Ring. Auch in den nächsten Jahrhunderten verstummte der Ruf »Jude verrecke!« nicht, wurde oft als Protest gegen Lockerungen der Judengesetze laut. So war sein Großvater Abraham 1835 einem Aufruhr im heimischen Württemberg nur knapp entgangen. Der Zugang zur Stadt

Berlin war den Juden damals nur durch ein einziges Tor gestattet, das Rosenthaler Tor, an dessen Stirnseite geschrieben stand: »Geöffnet für Juden und Vieh.«

Das Läuten des Telefons ertönt, und Elsa nimmt den Hörer ab. Am Tonfall ihrer Stimme wird ihm sogleich klar, dass Mileva am anderen Ende der Leitung ist. Bei jedem ihrer Gespräche schnürt es Elsa die Kehle zu. Elsa stottert schuldbewusst. Sie hält sich für verantwortlich für Milevas Unglück, für das Scheitern seiner ersten Ehe. Die Wirklichkeit ist zugleich trauriger und einfacher. Aber ist nicht das Gefühl, das am Ende zurückbleibt, die einzige Wahrheit? Ihre Beziehung war schon erkaltet, bevor er nach Berlin ging. Auch weil Mileva immer so misstrauisch gegen alle war, die mit ihm zu tun hatten. Mileva kam nach, zog auch nach Berlin, obwohl sie die Metropole verabscheute. Sie kehrte mit Hans Albert und Eduard in die Schweiz zurück. Die Zeit und die Entfernung besorgten das Übrige.

Elsa und Mileva haben nichts gemeinsam. Ein Fremder würde sich fragen, wie derselbe Mann sie nacheinander heiraten konnte. Seine erste Frau ist eine orthodoxe Serbin, klein, schlank und schweigsam, hager und kantig, stolz und rebellisch. Seine zweite Frau ist eine deutsche Jüdin aus Schwaben, liebenswürdig, rund und sanft, mit zurückhaltendem und heiterem Wesen.

Plötzlich wird Elsas Stimme aus dem Wohnzimmer lauter.

»Was heißt das, etwas Ernstes? ... Eduard? ... Ein Unfall? ... Was denn sonst? ... Wie, der Kopf? ... Aber er ist doch erst zwanzig ... Ist er noch bei Ihnen? ... Wie lange wollen sie ihn dabehalten?«

Er verlässt sein Zimmer und sieht vom Flur aus das Entsetzen auf Elsas Gesicht.

»Ich gebe ihn Ihnen«, flüstert sie und streckt ihm mit zitternder Hand den Hörer entgegen.

Er glaubt verstanden zu haben. Er grüßt und lauscht dann Milevas Schilderung der Ereignisse. Ihre Stimme ist erstickt, sie ringt nach Atem.

»Ich werde dir alles noch mal erzählen, Albert. Du musst die Geschichte von Anfang an kennen ... Ich habe dir schon mitgeteilt, dass es Eduard seit einigen Wochen nicht gut geht. Er hat sich in sein Zimmer eingeschlossen, ohne es je zu verlassen, und lag kraftlos auf dem Bett. Er hat tagsüber geschlafen und war nachts wach. Um vier Uhr morgens ist er noch immer in der Wohnung umhergewandert und hat auf das Klavier eingehämmert. Und als ich versucht habe, ihn zur Vernunft zu bringen, hat er mich angefahren. Seine Worte wurden immer wirrer, sein Verhalten immer gewalttätiger. Er ist auf den Balkon gegangen und hat angefangen, die ganze Welt anzubrüllen. Die Polizei ist gekommen, Kommissar Feuerberg hat sich persönlich hierherbegeben und mit Eduard gesprochen. Nachdem er gegangen war, ist Eduard auf den Balkon zurückgekehrt und hat die Polizei beschimpft.

Gestern hat mich meine Freundin Swetlana besucht. Ich habe ihr im Wohnzimmer etwas zu trinken angeboten. Ich habe geglaubt, Eduard schliefe. Dann ist er aufgetaucht. Er hat sie gemustert, als hätte er sie nie zuvor gesehen. Dann fiel sein Blick auf ihre Schuhe. Einen langen Moment verharrte er schweigend, mit starrem Blick. Man hätte glauben können, seine Augen seien durch diese Ballerinas magnetisch angezogen worden. Dann ist er in mein Schlafzimmer gegangen. Zehn Minuten später ist er zurückgekommen. Er hatte meine Schuhe an, die Holzschuhe mit den Plateausohlen, weißt du, und darüber ... darüber ... war er nackt! Swetlana hat in Panik das Haus verlassen. Gestern früh gehe ich um elf Uhr in sein Zimmer. Die Laken waren mit diesen schrecklichen Zeitschriften bedeckt, weißt du, mit diesen pornografischen Büchern, die er seit einiger Zeit dutzendweise kauft und die er früher in den Schränken versteckt hat. Das große Freud-Porträt, das über seinem Bett an der Wand hing, lag zerknüllt auf dem Teppich. Das Fenster stand offen.

Ich bin auf den Balkon gegangen. Dort sah ich ihn, er saß nackt auf dem Boden. Seine Augen waren weit aufgerissen. Als er mich erblickte, sprang er mit einem Satz auf. Er stürzte sich auf mich, packte mich an der Kehle. Er brüllte: ›Wer bist du? ... Ich will meine wahre Mutter sehen!‹ Er warf mich zu Boden. Er ohrfeigte mich. Dann erschien Herr Frözer, unser Nachbar auf dem Stockwerk, weißt du, ich habe einen Schlüssel bei ihm hinterlegt, ich schwöre dir, ich hätte ihn nicht von mir aus gerufen, ich hätte Tete zur Vernunft bringen können. Ich weiß, wie ich ihn nehmen muss. Am Ende kann ich ihn immer beruhigen. Als Tete Herrn Frözer sah, löste er seine Umklammerung und stürzte sich auf ihn. Er warf ihn auf den Boden, man hätte meinen können, seine Kräfte hätten sich vervielfacht. Er hat ihn zusammengeschlagen. Das Gesicht Frözers war blutüberströmt. In diesem Augenblick erschien die Polizei. Drei Polizisten waren nötig, um Tete zu fesseln. Und dann haben sie ihn ins Burghölzli gebracht ... So, jetzt weißt du alles, Albert.«

Nach einem kurzen Moment des Nachdenkens erklärt er, dass er sogleich nach Zürich aufbrechen wird.

»Das musst du nicht, weißt du. Vielleicht ist es nur ein kleiner Anfall ... Bis du hier eintriffst, kann alles vorüber sein.«

Nein. Es ist kein kleiner Anfall. Er wird den ersten Zug nehmen. Er sagt *Bis morgen* und legt auf. Sein Blick kreuzt den Elsas, aber er bringt kein Wort heraus, geht in sein Zimmer und zieht einen kleinen Koffer unter dem Bett hervor. Er öffnet den Schrank, sucht etwas zum Anziehen für ein paar Tage heraus, legt Pullover, Hosen und Bücher in den Koffer.

»Wirst du lange wegbleiben?«

Wie viele Tage soll man einem solchen Ereignis opfern? Ein ganzes Leben wohl.

»Soll ich dich begleiten?«

Er wird sich allein der Katastrophe stellen. Dieses Drama ist eine persönliche Angelegenheit, etwas, was die innerste Triebfeder seines Lebens betrifft. Diese Feder ist gesprungen.

»Sei nicht so pessimistisch.«

Er würde ihr gerne anvertrauen, was seine Intuition ihm sagt – sein Geist hat immer so funktioniert. Mehr noch als seiner Logik oder der vermeintlichen Leistungsfähigkeit seines Gehirns verdankt er seinen Ruhm und den Nobelpreis seiner Intuition. Die Vorahnung, die ihn heute erfüllt, ist so unheilvoll, dass er kein Wort über die Lippen bringt. Was er seit Jahren befürchtet hat – seine schlimmsten Vorahnungen –, ist eingetreten.

Er greift wieder zum Hörer, bittet die Telefonistin, ihn mit der 13 400 in Berlin zu verbinden. Charlotte

Juliusburger nimmt ab, begrüßt ihn, erkundigt sich nach seiner, wie sie weiß, angegriffenen Gesundheit – ein Herzinfarkt hat ihn nach dem Tod seiner Mutter niedergeworfen –, und ein Magengeschwür, eine Folge der schlechten Ernährung in den Kriegsjahren mit der Missernte 1916, lässt ihn Höllenqualen leiden. Er versichert ihr, es gehe ihm gut. Er fühlt sich wie geheilt.

»Sie wollen sicher mit meinem Mann sprechen?«

Der Sanitätsrat Otto Juliusburger ist seit Langem sein Freund und hat ihm schon geholfen, eine Diät gegen das Magengeschwür zusammenzustellen. Er ist neben dem prominenten Janos Plesch, bei dem er abends oft zu Gast war, wobei er dann mit dem Pianisten Arthur Schnabel oder dem Geiger Fritz Kreisler zusammentraf, der einzige Arzt, dem er vertraut. Juliusburger gehörte zu den ersten Mitgliedern der Psychoanalytischen Gesellschaft und ist inzwischen Vorsitzender des Wissenschaftlich-Humanitären Komitees. Der weiß, was man an den exakten Wissenschaften hat. Mag sein, dass die Psychoanalyse für weniger gravierende Fälle wie die sogenannte Neurose von einem gewissen Interesse ist. Das, woran Eduard leidet, ist ganz offensichtlich keine Neurose. Eine Konsultation in der Berggasse 19 in Wien wäre keinerlei Hilfe.

Schon mehrmals hat er in der Vergangenheit Juliusburger seine Sorgen im Hinblick auf seinen Sohn anvertraut. Als Kind durchlitt Eduard bereits viele

Krisen, als Dreijähriger war er einen ganzen Winter hindurch krank gewesen, weswegen Mileva mit ihm in das Tessin gereist war, mit dreizehn hatte er Tuberkulose gehabt, war ein sensibler Junge mit starken literarischen und musischen Ambitionen geworden, mit Anflügen von seltsamem Verhalten. Juliusburger hatte ihm damals seine Befürchtungen nicht verschwiegen. Nun, da die Dinge eine schlagartige Wendung ins Unbekannte genommen haben, will Albert die Diagnose seines Freundes hören.

Am anderen Ende der Leitung lauscht der Freund seiner Schilderung der Situation und lässt ihn einige Fragen stellen. Danach erklärt Juliusburger: »Albert, du hast richtig verstanden, es steht sehr schlimm. Es ist schwierig, der Krankheit in diesem Stadium einen Namen zu geben. Wir werden bald Klarheit haben. Das einzig Gute ist, dass das Burghölzli der richtige Ort ist. Jung hält dort noch Sprechstunden ab, und Minkel ist ein Schüler von Bleuler. Eduard ist in besten Händen. Es ist keine gute Idee, ihn mit nach Berlin zu nehmen. Eduard braucht Ruhe. Eine lange Reise würde die Situation nur verschlimmern. Und außerdem, dein Sohn in Deutschland, das ist angesichts der Ereignisse hier undenkbar. Die Patienten sind sehr sensibel bezüglich ihrer Umgebung. Eduard in einer geschlossenen Anstalt in Berlin? Du kannst dir die Schlagzeilen in den Zeitungen vorstellen. Einsteins Sohn im Irrenhaus! Und stell dir vor, die anderen Patienten erfahren von seiner Anwesenheit. Ganz zu schweigen vom Pflegepersonal. Du bist jetzt ein Volksfeind, Albert, ein Feind des deutschen Volkes. Dein bloßer Name erregt ungeheuren Hass. Das wird das Chaos in Eduards Geist noch verstärken. Und was Wien anbelangt ... Du hast mir gestanden, dass du Freud misstraust. Und außerdem, sind Wien und Berlin nicht ein und dasselbe, was uns betrifft? Nein, in der Schweiz ist dein Sohn in Sicherheit. Was die Hoffnung auf eine baldige Heilung anbelangt, mein Freund, zwecklos, dich zu belügen ... Wir können vielleicht auf eine Besserung hoffen. Es wird langsam und schmerzhaft sein ... Die Meinungen bezüglich der Behandlung sind derzeit geteilt. Die meisten meiner Neurologenkollegen teilen deine Skepsis hinsichtlich der positiven Wirkung einer Analyse. Und ich denke wie sie. Manche behaupten, dass das helfen kann. Joseph Roths Frau ging es offenbar eine Zeit lang etwas besser. Du weißt so gut wie ich, in was für einer schlimmen Verfassung sie heute ist. Wir haben nicht viele Möglichkeiten. Opium, Chloral, lassen wir andere beiseite ... Dr. Sakel in Wien experimentiert seit Kurzem mit hohen Insulindosen bei schweren Fällen. Er löst ein therapeutisches Koma aus. Dadurch wird dem Gehirn Zucker entzogen. Sakel behauptet, die Erregung würde durch einen Insulinüberschuss hervorgerufen. Die Behandlung soll die Agitation des Patienten verringern und vielleicht sein Delir beeinflussen. Ich bleibe skeptisch. Man löst einen hypoglykämischen Schock aus. Man bewirkt eine Schrumpfung von Nervenzellen. Meiner Ansicht nach kann das verheerende Schäden hervorrufen ... Hör zu, das Wichtigste jetzt ist, dass du dir selbst ein Bild machst. Dass du selbst den Zustand deines Sohnes beurteilst ... Du wirst Mut brauchen, Albert.«

Mit unsicheren Schritten geht er auf einem Bahnsteig des Berliner Bahnhofs entlang. Elsa hat seinen Arm genommen. Sie spricht in diesem sanften, singenden Tonfall mit ihm, der verrät, dass sie früher Schauspielerin und Rezitatorin gewesen ist, und rollt das *R*. Sie nennt ihn »Albertle«. Doch diese schmachtenden Klänge, die aus ihrer heimatlichen schwäbischen Mundart rühren und ihm in der Vergangenheit immer eine Hilfe, ein Trost waren, weil sie ihn in das sanfte Murmeln der Kindheit zurückversetzten, können ihn nicht mehr trösten.

Sechzehn Jahre früher, im August 1914, schritt eine andere Frau, Mileva, mit ihrem hinkenden Gang an seiner Seite auf dem gleichen Bahnsteig in Berlin voran. Seine Söhne Hans Albert und Eduard, den man Tete ruft, damals zehn und vier Jahre alt, trotteten an der Hand ihrer Mutter. Er begleitete sie zum

Zug, mit einem Freund, Fritz Haber vom Kaiser-Wilhelm-Institut für Physikalische Chemie, an der Seite. Er braucht ihn, denn zwischen ihm, Albert, und Mileva herrscht eisige Stimmung.

»Kommst du nicht mit uns mit?«, fragt Eduard.

»Nein, Tete, dein Vater kommt nicht«, antwortet Mileva.

»Warum kommt Papa nicht?«, fragt das Kind.

Hans Albert schweigt. Als Zehnjähriger versteht er so halbwegs, was eine Scheidung bedeutet. Hunderte von Kilometern werden von nun an den Vater und seine Kinder trennen. Papa bleibt in Berlin. Hans Albert, Eduard und ihre Mutter ziehen nach Zürich zurück.

»Kommst du uns bald besuchen?«, sagt Eduard.

Er kommt so bald wie möglich.

»Steig ein, Tete, der Zug fährt ab!«

Er hilft seinem jüngeren Sohn, die Stufen des Zugs zu erklimmen. Das Kind umklammert seinen Hals. Seine Mutter fasst es an den Schultern. Die Familie richtet sich in einem Abteil ein. Michele Besso, sein Freund, ist eigens aus Zürich gekommen, um die drei auf dem Rückweg zu begleiten. Hans Albert und Mileva setzen sich, ohne einen Blick nach draußen zu werfen. Eduard klettert auf einen Sitz, presst sein Gesicht an die Scheibe und schiebt eine Hand aus dem Fenster.

»Tete wartet auf dich in Zürich!«, ruft das Kind.

Er antwortet mit einer Handbewegung. Langsam schiebt sich der Waggon aus dem Bahnhof. Einen Augenblick bleibt er unbeweglich stehen, sein Blick ruht auf dem Zug, der immer kleiner wird und bald nur noch ein Punkt in der Ferne ist.

Tete wartet auf dich in Zürich.

Ich bin genauso berühmt wie mein Vater. Das E in der Gleichung für die Äquivalenz von Masse und Energie, das ist das E aus Eduard.

Eduard = mc^2.

Soll ich Ihnen sagen, was ich in diesen Zeichnungen sehe? Woran mich diese mit schwarzer Tinte gezeichneten Muster denken lassen? Ich könnte Sie anlügen und behaupten: Diese Bildtafel, das ist das wütende Gesicht meiner Mutter, die dicke Katze auf dem da spricht zu mir. Aber ich hasse Lügen. Ich wiederhole, die Psychologie ist meine Lieblingsdomäne. Ihre Rorschach-Tests bergen keine Geheimnisse für mich. Ich kenne die Fäden, an denen man ziehen muss. Ich könnte mühelos als Verrückter durchgehen oder sogar als das Gegenteil. Wissen Sie, dass mein Vater diesem Rorschach auf den Bänken der Zürcher Fakultät begegnet ist? Ich würde gerne Dr. Bleuler kennenlernen, den verehrungswürdigen ehemaligen Leiter Ihres Burghölzli. Mein Vater traf ihn des Öfteren auf den Abendgesellschaften von Carl Gustav Jung. Herr Professor Bleuler brüstet sich damit, die Schizophrenie entdeckt zu haben. Ich könnte ihm eine Menge beibringen.

Ich möchte Ihnen ja keine Vorschriften machen, aber könnten wir uns nicht besser bei mir zu Hause unterhalten, in der Huttenstrasse 62, dritter Stock rechts? Wir könnten ein Glas auf der Terrasse trinken, das heißt, sofern die von Mama gepflanzten Kakteen nicht alles überwuchert haben. Seltsam, diese Leidenschaft für Kakteen. Pst, kein Wort, sie hört alles, was ich sage. Danach werde ich in meinem Zimmer bestraft.

Von meinem Fenster aus sehe ich, wie die Limmat im Abendrot mäandert. Das beruhigt mich an Tagen großer nervlicher Anspannung. Ich leide schreckliche Qualen, deshalb komme ich mit meinen medizinischen Studien nicht voran. Schopenhauer hat geschrieben: »Man kann haben, was man will, aber man kann nicht wollen, was man hat.«

Ist es normal, dass die Leute mich seit einiger Zeit anstarren? Man folgt mir auf der Straße. Man benimmt sich mir gegenüber, als wäre ich nicht normal. Letzte Woche spaziere ich wie jeden Donnerstag zum See hinunter. Die Bäckerin kehrt vor ihrer Tür. Sie fragt mich, ob alles in Ordnung ist. Ich antworte: vollkommen. Ihr Mann Hans, ein Mann von gesundem Menschenverstand, der ein köstliches Brot backt, grüßen Sie ihn von mir, gesellt sich zu ihr. Er fragt seine Frau: Sollen wir nicht besser einen Arzt rufen? Ich sage, das ist überflüssig, Frau Frankel sieht putzmunter aus. Ich gehe weiter, um niemanden gegen mich aufzubringen. Ich renne die Straße hinunter. Am Ufer der Limmat angekommen, stütze ich mich auf dem Geländer auf. Ein Schwanenpaar gleitet auf dem Wasser heran. Das Weibchen fixiert mich mit seinen großen schwarzen Augen. Ich senke den Blick, denn ich bin von Natur aus schüchtern. Ich sehe, wie dicke Tropfen Blut auf das Wasser fallen. Ich fasse mit der Hand an meine Stirn. Meine Handfläche färbt sich rot. Ich fahre mit dem Zeigefinger über meinen Augenbrauenbogen. Ich bemerke eine offene Wunde. Alles klärt sich in meinem Kopf. Ich verstehe die Fragen des Bäckers und den durchbohrenden Blick des Schwanenweibchens. Aber ich begreife nicht, wie ich mich verletzen konnte. Seit einiger Zeit versteckt meine Mutter die Küchenmesser, ich sage Ihnen, sie verliert den Verstand. Ein plötzliches Unwohlsein bemächtigt sich meiner, ich verliere das Bewusstsein. Ich erwache auf dem Sofa im Wohnzimmer liegend, mit einem Verband um den Kopf, meine Mutter sitzt an meiner Seite.

Gefällt Ihnen meine Geschichte? Die mit Tieren sind mir immer die liebsten. Wer ist als Erster geboren? Mein Vater weiß das. Die Gesetze des Universums bergen keinerlei Geheimnisse für ihn. Ich versuche es ihm gleichzutun.

Ich soll wieder über meine Mutter sprechen? Mit Vergnügen, die Leute interessieren sich immer nur für meinen Vater, wie Papa, und zwar alles in einem Jahr, 1905, seinem *Annus mirabilis*, die spezielle Relativitätstheorie oder das revolutionäre Konzept der Lichtquanten entdeckt hat, blablabla, Sie kennen die Leier, oder? Sie können sich etwas darunter vorstellen. Jedem fällt ein bisschen was zu Einstein ein. Typen wie ihn gibt es einmal im Jahrhundert. Typen wie ich füllen Ihren Wartesaal.

Ich habe keine legale Existenz außerhalb meines Vaters. Haben Sie schon von mir gehört, bevor ich hier angekommen bin? Nein. Ich habe nicht existiert. Was habe ich getan, um nicht zu existieren? Nichts. Ich konnte nichts tun. Es gibt keinen Platz für einen weiteren Einstein auf dieser Welt. Ich leide an einer Störung des Personenkults.

Warum bin ich meinem Vater gegenüber so erbittert? Sind Sie nicht auf dem Laufenden? Ich dachte, das sei Gegenstand des öffentlichen Interesses. Mein Vater hat uns, meine Mutter, meinen Bruder und mich, im August 1914 auf dem Bahnsteig von Berlin verlassen. Seitdem herrscht Krieg.

Ach ja, ich soll über meine Mutter sprechen ... Ich habe Ihnen gesagt, dass sie hinkt. Eine Folge der Knochentuberkulose, die sie als Kind durchlitt und die zur Verkürzung eines Beines führte. Man kann einen Menschen nicht auf seine körperliche Verfassung reduzieren, wenn er über so große intellektuelle Fähigkeiten verfügt. *Kuća ne leži na zemlji, nego na ženi.* Wenn ich an Mama denke, kommen mir serbische Worte in den Sinn. »Das Haus ruht nicht auf der Erde, sondern auf der Frau«, heißt es in diesem Sprichwort. Das Wesentliche stammt von meiner Mutter. In meiner Seele bin ich ein Slawe, stolz auf seinen Stamm und seine Traditionen. Nichts wird einen Serben je zu Kreuze kriechen lassen. Die Türken haben es nicht geschafft, 1914 haben wir den Erzherzog ermordet, wir sind bereit, zahllose Kriege vom Zaun zu brechen, um unsere Ehre wiederherzustellen. Meine Mutter war das einzige Mädchen ihres Jahrgangs, das am Eidgenössischen Polytechnikum von Zürich aufgenommen wurde. Stellen Sie sich vor, wie stolz ihre Familie war! Stellen Sie sich vor, was für ein Fest mein Großvater Milos im Dorf Kac veranstaltet hat! Sehen Sie sich diesen Lebensweg an! Die kleine Mileva Marić verlässt ihre Provinz und geht an die Königliche Schule von Zagreb. Leider verschließt ihr das Österreichisch-Ungarische Reich die Tore der Universität Prag. Daraufhin überquert das kleine Hinkebein die Grenzen. Und siehe da, im November 1894, mit siebzehn Jahren, steht sie, mit ihren orthopädischen Sohlen an den Füßen, an der Hand ihres Vaters, eines mittleren Beamten, vor dem Gebäude der Höheren Töchterschule. Und zwei Jahre später wird die kleine Zigeunerin an einer der angesehensten Universitäten Europas angenommen, dem Eidgenössischen Polytechnikum in Zürich! Das einzige Mädchen des Fachbereichs Physik und Mathematik! Bedauerlicherweise erliegt Mileva dem Charme meines Vaters, der etwas jünger ist als sie. Wenn Marie Curie eine vergleichbare Tragödie erlebt hätte, dann gäbe es die Röntgenstrahlen nicht.

Mileva Marić hat ihre Träume von Größe geopfert, um sich um den kleinen Eduard zu kümmern, sie hat ihre Studien, ihre Arbeit, ihr Streben nach Höherem aufgegeben. Um meine Windeln zu wechseln. Das ist das wahre Genie. Das ist Menschlichkeit. Das ist das Geschöpf, dessen Foto die Titelblätter der Zeitungen auf der ganzen Welt zieren sollte. Anständigkeit zahlt sich nie aus. Eine Heilige, Frau Marić. Eine vollwertige Person, trotz ihrer Behinderung. Alles Schlechte hat auch sein Gutes, selbst wenn ich immer noch zu verstehen versuche, warum ich hier bin. Eines Tages wird mein Vater sich mit meinem Fall befassen. Wozu ist eine solche Intelligenz gut, wenn sie nicht in den Dienst des Menschen gestellt wird? Kann der Mann, der die großen Prinzipien des Universums entdeckt hat, sich nicht auch mit meiner rechten Gehirnhälfte befassen?

Ich muss Ihnen jetzt eine Begebenheit aus jener schönen Zeit erzählen, in der wir noch zu viert als Familie zusammenlebten. Mein Bruder und ich teilten das leidvolle Schicksal des geliebten Sohns. Ich bekam immer am meisten ab. Das Haus bebte von morgens bis abends. Es gab Zornausbrüche wegen nichts. Bei Einbruch der Nacht zieht Papa seinen Mantel an. Wohin gehst du? Freunde treffen. Sind wir nicht deine Freunde? Mama steht um sechs Uhr morgens auf, Papa um zehn. Über das Ende des Vormittags lässt sich trefflich streiten. Man darf Eltern nicht trauen, sie sind Mann und Frau. Mama beklagt sich über Papas Machenschaften. Mama trauert der Vergangenheit nach. Früher ist ein verlorenes Paradies. Zürich, es gibt nur Zürich. Mama weigert sich, in Prag zu leben. Mama will nicht mit Papa nach Berlin ziehen. In ganz Prag haben die Deutschen das Sagen. Ganz zu schweigen von Berlin. Mama verabscheut Großstädte. Das schöne Leben liegt in der menschlichen Natur. Gehen wir im Wald spazieren. Die Formel für Glück steckt nicht in den Zahlen.

Eines Tages taucht eine Frau in unserem Umkreis auf. Sie wird die zweite Frau Einstein werden. Doch

Mama kämpft. Mama will die erste bleiben. Der Platz scheint begehrenswert. Mama wacht über ihr Revier. Mama ist sehr misstrauisch. Die Frau unter Verdacht wohnt in Berlin, wohin mein Vater umgezogen ist. Die zukünftige zweite Frau kennt meinen Vater gut. Genau genommen ist sie seine Cousine zweiten Grades. Ich verstehe nichts von dieser Geschichte mit den Graden. Bei null Grad schneit es. Aber eine Cousine zweiten Grades? Mama hat einen Brief in der Tasche meines Vaters gefunden, denn wo wird eine eifersüchtige Frau wohl suchen? Der Brief spricht Bände, wenn man meiner Mutter glaubt. Ein Ehebruch unter Cousins, das ist eine Familienangelegenheit.

Papa ist zurückgekommen, um den Sonntag bei uns zu verbringen. Er ist von Berlin angereist. Er wirkt glücklicher denn je. Ich weiß nicht, was unsere Mutter mehr verstört, das Glück meines Vaters oder die Entdeckung des Briefs. Mama war immer verstört. Papa behauptet, dass ich nach ihr schlage. Das Wesen neben mir hat auf mich abgefärbt. Ich muss fünf Jahre alt gewesen sein damals. Wie kann ich mich so gut an diesen Streit erinnern? Sie können mir das erklären, die Vergangenheit ist Ihre Domäne. Ich sehe meinen Vater ohne erkennbaren Grund lächeln. Meine Mutter blickt finster drein. Hans Albert, mein Bruder, ist in der Schule. Meine Mutter erscheint mir riesig in meiner Erinnerung, dabei ist sie ganz klein, niemand wird das Gegenteil behaupten. Wir essen schweigend zu Mittag. Meine Mutter fixiert meinen Vater und schleudert ihm entgegen: Ich habe einen Brief gelesen. Mein Vater antwortet nicht. Einen schönen Brief, fährt meine Mutter fort. Ich spüre am Tonfall ihrer Stimme, dass etwas nicht stimmt. Mit fünf Jahren nimmt man Dinge besser wahr als heute. Mein Vater sagt, dass er oft Briefe empfängt. Meine Mutter stimmt zu, schöne Briefe. Ja, sagt er, manche sind schöner als andere. Trotzdem sind es nur Briefe. Oh, fährt meine Mutter fort, Worte bedeuten eine Menge Dinge, vor allem, wenn sie gut gewählt und die Sätze hübsch gedrechselt sind. Aber in den Worten meiner Mutter steckt eine verborgene Bedeutung, die mir Unbehagen bereitet. Die Worte, die sie ausspricht, scheinen nicht mit dem übereinzustimmen, was sie denkt, vermutlich, damit ich nichts verstehe. Und diese Täuschung schlägt fehl, weil ich begreife, dass eine Täuschung stattfindet. Sie werden sehen, ich bin ein sehr intuitiver Mensch. Mein Vater äußert seine Verwunderung darüber, dass meine Mutter einen Brief lesen konnte, der nicht für sie bestimmt war. Er fragt, ob sie ihm nachspioniert. Eine schwere Anschuldigung. Ohne Beweise behandelt man meine Mutter nicht so. Mama antwortet, dass verheiratete Männer nicht über den Gesetzen stehen. Nicht einmal Physiker. Papa gibt zurück, dass er überhaupt kein Gesetz bricht. Mama erinnert ihn an das siebte Gebot des Alten Testaments. Mein Vater antwortet, dass es in seiner Religion kein Neues Testament und infolgedessen auch kein Altes gibt. Nur weil in Jahrhunderten des Katholizismus von Testamenten die Rede war, existiert noch lange kein Testament. Nur weil man etwas behauptet, wird es noch lange nicht wahr. Auch in seinem Satz gibt es eine verborgene Bedeutung. Mama setzt noch eins drauf: Erinnert er sich an das siebte Gebot? Papa erwidert lachend, dass er ein schlechtes Zahlengedächtnis hat. Papa macht einen Fehler, wenn er unter solchen Umständen lacht. Ich habe den Kopf zu schnell gedreht beim Blick von einem Gesicht in das andere. Ich fühle mich verwirrt. Ich spüre ein großes Bedürfnis nach Ruhe. Ich bin ein sensibles Geschöpf. Meine Hand wirft ein Glas um, das auf die Fliesen fällt. Es macht ein schreckliches Geräusch. Mama schreit mich an, eine Ohrfeige landet auf meiner Wange. Ich habe nichts Böses getan. Mein Vater sagt, dass es nicht schlimm ist. Meine Mutter sammelt die Glasscherben auf, sagt: Für dich ist nichts schlimm! Mein Vater wiederholt, dass es nur Glas ist. Nein, viel mehr als das, schreit meine Mutter. Mein Vater tut so, als verstünde er nicht. Du verstehst sehr gut, sagt meine Mutter. Das Einzige, was er versteht, ist, dass man keine Taschen durchsuchen darf. Schade, man erfährt eine Menge dabei, sagt meine Mutter. Es gibt Dinge, die tut man nicht, sagt mein Vater. Ganz meiner Meinung, sagt meine Mutter. Meine Kopfschmerzen werden immer schlimmer, ich hätte Sie gerufen. Welches Recht maßt du dir an, fragt mein Vater. Du musst gerade von Recht sprechen! Du schläfst mit deiner eigenen Cousine! Ich verstehe nicht, was Mama sagen will. Ich stelle mir vor, dass man nicht mit seiner Cousine schlafen kann. Es gibt Gesetze dafür, ich meine, dagegen. Ich bin mir nicht sicher, ich hatte nie Cousinen, nicht einmal ersten Grades. Mein Vater schlägt mit der Faust auf den Tisch und steht auf, er sagt etwas Endgültiges, und dann, Sie werden mir nicht glauben, weil es unmöglich scheint: In diesem Augenblick haben sich die Möbel im Zimmer in Bewegung gesetzt, der Tisch selbst hat sich verformt, ist ganz weich geworden, meine Ellbogen haben unter mir nachgegeben, die Stimme meiner Mutter wurde schrecklich laut: Du bist ein Ungeheuer, ein Ungeheuer! In diesem Moment hat meine Mutter sich plötzlich verwandelt. Sie hat das Aussehen eines Wolfs angenommen. Ihr Körper überzog sich mit Haaren, am Ende ihrer langen Finger wuchsen Krallen, und plötzlich, ja, Sie können mir das glauben, hat meine Mutter meinen Vater verschlungen. Sie glauben mir, nicht wahr?

3

Seit einer Stunde muss sie wohl schon auf einer Bank am See sitzen. Sobald sie Albert angerufen und ihm die Katastrophe mitgeteilt hatte, verließ sie das Haus. Sie konnte nicht in der Wohnung bleiben inmitten des ganzen Chaos, das Eduards Gewaltausbruch vom Vortag hinterlassen hatte. Sie sehnt sich nach Ruhe. Sie betrachtet die Wellen. Sie würde sich gerne davon wiegen lassen. Damit das Wasser die Erinnerung an den vergangenen Tag verschluckt.

Sie denkt an Alberts Ankunft. Zwei Jahre hat sie ihren Exmann nicht mehr gesehen. Seit seiner zweiten Heirat kommt er nicht mehr nach Zürich. Zwar hat ihr Groll sich gelegt, doch sie kann ihm noch immer nicht verzeihen. Weder die Abreise nach Berlin noch die Trennung und die damit einhergehenden Kränkungen, die Tatsache, dass sie betrogen wurde, das Gefühl, verletzt worden zu sein.

Aber war ihre Verbindung nicht von Anfang an zum Scheitern verdammt? Die Ehe war unter den schlimmsten Vorzeichen geschlossen und als Mesalliance angesehen worden. Albert hatte seinem Vater erst auf dem Totenbett den Segen abgetrotzt. Seine Mutter, Pauline Einstein, hatte geschäumt: »Du vermöbelst dir deine Zukunft und versperrst dir deinen Lebensweg! ... Dein ›Doxerl‹ (so nannte er Mileva, während er ihr ›Johonzerl‹ war) kann ja in gar keine anständige Familie! ... Sie ist ein Buch wie du – du solltest aber eine Frau haben ... Bis du dreißig bist, ist sie schon eine alte Hexe.« Mileva wurde als ein Unheil bringendes Wesen angesehen. Mileva war dreieinhalb Jahre älter als Albert. Und Mileva war leicht behindert. »Wenn sie ein Kind bekommt, dann hast du die Bescherung!« Albert hatte sich sein Verhalten nicht vorschreiben lassen wollen. 1903 hatten sie geheiratet, in Bern, auf einem schmucklosen Standesamt. Niemand aus Alberts Familie, niemand aus ihrer Familie war zugegen, nur die Trauzeugen Conrad Habicht und Maurice Solovine, seine gelehrten Freunde aus der Akademie Olympia, wie er seinen kleinen Diskussionszirkel nannte, der sich regelmäßig zu einem frugalen Abendessen mit Wurst, einem Stück Greyerzer, Obst und Tee traf. Zehn Jahre später trennten sich die Eheleute wieder.

In Elsas Armen hat Albert, der sich immer einen »Einspänner« nannte, sich mit seiner Familie, seiner Mutter zumal, wieder versöhnt. Elsa hat nichts von einer Hexe. Elsa ist keine Fremde. Elsa gehört buchstäblich zur Familie. Sie ist seine eigene Cousine zweiten Grades. Pauline vergötterte Elsa. Einstein, der Mann, der den Gesetzen des Universums die Stirn bot, hatte den Verrat seiner zwanzig Jahre wiedergutgemacht.

Ihr Blick fällt auf ein kleines Mädchen, das am Ufer entlangläuft. Das Kind stürzt, schürft sich das Knie auf, weint bitterlich. Seine Mutter eilt herbei, bedeckt es mit Küssen, untersucht die Verletzung, nimmt ein Taschentuch, säubert die Wunde. Die Schluchzer verstummen. Es war nur ein Kratzer.

Sie sieht zu, wie die Mutter und das Kind Hand in Hand fortgehen. Sie verliert sie aus dem Blick.

Sie hatte ein Mädchen, das Lieserl hieß, und Lieserl wurde am 8. Januar 1902 geboren. Lieserl hatte strahlende schwarze Augen, schöne dunkle Pupillen, die in der Sonne funkelten und glänzten, den Tag erhellten. Diese großen Samtaugen fixieren sie unablässig, fragen sie unschuldig: Wie hast du das gemacht? Was waren deine Gründe? Dieser Blick verfolgt sie seit dreißig Jahren.

Weder die Zeit noch das Vergessen werden diese Wunde je heilen. Nichts wird sie vom Grauen dieses Verbrechens reinwaschen. Vor dreißig Jahren hat sie sich der schlimmsten Abscheulichkeit schuldig gemacht. Sie hat ihre Tochter kurz nach der Geburt verlassen.

Albert und sie waren noch nicht verheiratet. Alle Türen waren ihnen verschlossen. Sie hatte das Examen am Polytechnikum nicht bestanden. Er hatte seine Stelle an einer privaten Lehr- und Erziehungsanstalt in Schaffhausen verloren. Sie hatten keinen

Pfennig Geld. Sie hatten nicht genügend zu essen. Kurz nach ihrer Geburt hatte man Lieserl einer Pflegemutter in Kać in Obhut gegeben. Monate später war Lieserl an Scharlach gestorben.

Ein Mantel des Schweigens umgab diesen Tod. Niemand durfte davon wissen, niemand sollte es je erfahren. Sie hatten niemanden ins Vertrauen gezogen. Sie sprachen nicht darüber. Die Wunde war in ihrem Herzen, klaffend und stumm. Die Geburt zweier Söhne hatte sie nicht vernarben lassen. Nichts kann einen solchen Schmerz lindern. Nichts kann eine solche Schande wiedergutmachen. Lieserl war gestorben. Ihr Schatten schwebte weiter über ihr.

Wussten Hans Albert und Tete davon? Als Kind hatte Tete manchmal seltsame Sachen gesagt: »Wenn ich eine Schwester hätte, wie würde sie dann heißen? ... Wärst du auch mit mir zufrieden, wenn ich ein Mädchen wäre? Würdest du mich genauso lieben, wenn ich ein Mädchen wäre?« Sie schimpfte mit ihrem Sohn: »Ich verbiete dir, so etwas zu sagen!« Er erwiderte: »Das sagst du nur, weil ihr mich nicht lieben würdet, wenn ich ein Mädchen wäre. Hier lässt man nur Jungen leben!« Tete deutete das Schweigen der Toten.

Lieserl war das bestgehütete Geheimnis der Legende Einstein, besser bewahrt als das der Tempelritter. Kein Geburtsregister verzeichnet je ihre Geburt.

Auch heute, 1930, dreißig Jahre danach, ahnt noch immer niemand, dass sie und Albert ein Kind gehabt und im Stich gelassen haben, dass dieses Kind gestorben ist. Lieserl Einstein war aus der Erinnerung ausgelöscht. Für die Geschichtsschreibung hat Einstein nur zwei Söhne als Nachkommen. Lieserl war in einem Winkel Serbiens begraben, den sie allein kannten und den sie nie verraten würden. Lieserl war ein Schandfleck, der aus der Erinnerung getilgt war.

Und niemand aus ihrer Umgebung, nicht einmal ihre eigene Schwester Zorka, wusste, dass sie schon ein erstes Mal Mutter war. In keiner Biografie über Einstein, in keinem Bericht über sein Leben, weder im *Time Magazine* noch in der *Frankfurter Zeitung*, fand dieses Ereignis Erwähnung. Keine Inschrift auf dem kleinen Grab. Kein schriftlicher oder in Marmor gravierter Beweis. Man hat sich auf ein Leben ohne Spuren verständigt. Lieserls Name wurde nur auf vier Blatt Papier geschrieben. Vier Briefe zwischen Albert und ihr aus der Zeit ihrer Geburt. Sie hat Albert geschworen, dass sie die Briefe verbrannt hat. Sie hat gelogen. Sie brachte es nicht über sich, das Streichholz abzuziehen, das Papier anzuzünden. Diese vier Briefe sind die einzigen Spuren, die ein Engel hinterließ.

Sie hat ihr Kind im Stich gelassen. Sie hat sogar seinen Namen aus dem Gedächtnis der Menschen gelöscht. Ist sie würdig, Mutter zu sein? Das heutige Drama ist vielleicht nur eine Strafe des Himmels, eine gerechte Buße.

Wer hat Sie beauftragt, mir unablässig nachzuspionieren? Sind Sie im Vollbesitz all Ihrer ärztlichen Fähigkeiten? Zeigen Sie mir Ihre Diplome! Sind Ihre Schultern breit genug? Eines Tages werde ich Ihnen anstatt meiner Seelenzustände meine geheimsten Gedanken offenbaren. Ich werde Ihnen mein Herz öffnen. Ich werde Ihren Kopf in meine Eingeweide tunken. Sie werden Hals über Kopf davonstürzen. Sie werden im Irrenhaus Zuflucht suchen. Meine Altersgefährten spazieren mit untergehakten Armen auf der Plattenstrasse entlang. Und ich verfaule an diesem abscheulichen Ort vor einem Unbekannten, der mir nicht antwortet, mir unempfänglich für meine Qualen scheint, mir den Eindruck vermittelt, ich rede an eine Wand hin.

Wenn Sie nur einen Hauch von Menschlichkeit besäßen, dann würden Sie angesichts meines Leids meine Hand ergreifen, mir befehlen zu schweigen, meine Stirn abwischen und mich nach Hause bringen.

Kann ich Ihnen etwas anvertrauen, ohne Sie zu verletzen? Als Sie vorhin das Zimmer verlassen haben, hat ein Mann Ihren Platz eingenommen. Er hat nicht einmal an die Tür geklopft, was das Mindeste an Höflichkeit wäre. Er hat sich nicht vorgestellt. Ich konnte auf seinem Kittel lesen, dass es sich um den Wärter Heimrat handelte. Lassen wir einmal beiseite, dass ich keinen Aufpasser brauche. Die Schulzeit ist vorbei. Ich habe Ihnen gesagt, ich studiere Medizin im ersten Jahr, ich komme noch ausführlicher darauf zurück, wie ich hoffe. Dieser Herr bellte mich in einem für einen Unbekannten respektlosen Tonfall an: »Es ist Zeit zum Essen, steh auf!« Wir kannten uns nicht, und sein Duzen erschien mir völlig unangebracht. Ich blickte auf meine Uhr, ein Geschenk meines Vaters, sehen Sie, eine Schweizer Uhr, Papa hat sich nicht lumpen lassen. Und sehen Sie, auf der Rückseite ist eingraviert: »Für dich, Tete«. Tete ist mein Kosename, auch darauf komme ich noch zurück. Der Zeiger zeigte elf Uhr fünfzehn. Ich habe diesem angeblichen Wärter geantwortet, dass es noch zu früh sei. Bei uns wird um Punkt zwölf gegessen. Nicht um fünf vor zwölf. Ich nehme es sehr genau mit den Uhrzeiten. Andernfalls gerät alles in meinem Kopf durcheinander. Eine Minute vor zwölf, und ich habe keinen Hunger. Eine Minute nach zwölf, und mein Magen verkrampft sich. Jedem seine biologische Uhr. Ich erkläre also dem Herrn Heimrat, dass man bei mir zu Hause pünktlich um zwölf Uhr zu Mittag speist.

»Bei dir?«

»Ja, wir essen um zwölf Uhr zu Mittag. Zwölf Uhr ist Essenszeit. Vor zwölf hat man keinen Hunger. So ist es bei uns.«

»Und wo ist bei dir zu Hause?«

»Ich weiß es, und Sie auch.«

»Kannst du mir eine Adresse geben?«

»Huttenstrasse 62, dritter Stock, rechts.«

»Und was machst du dann so weit weg von zu Hause?«

»Ich weiß es nicht.«

»Was machst du hier?«

»Ich weiß es nicht.«

»Denk nach, Eduard, Ich bin mir sicher, dass du es weißt.«

»Nein.«

»Hast du dich verirrt?«

»Nein.«

»Erkennst du diesen Ort?«

»Nein.«

»Hat man dich gezwungen, hierherzukommen?«

»Mir scheint so.«

»Warum sollte man dich zwingen?«

»Vielleicht wegen des Ungehorsams.«

»Warum weigerst du dich dann zu gehorchen?«

»Ich weigere mich nur, zum Essen zu gehen.«

»Und wenn das ein Befehl ist?«

»Man kann mir nicht befehlen zu essen, das liegt in meiner Konstitution«, sagte ich. »Das ist wohl der Grund, warum ich hier bin.«

»Dann muss ich die Vorschriften anwenden.«

Während er diese Worte aussprach, begann sich das Gesicht des Wärters Heimrat zu verändern. Seine Augenbrauen fingen an zu wachsen. Sein Mund hat sich zu einer Grimasse verzerrt. Seine Nase wurde länger. Plötzlich schießt Wärter Heimrat in die Höhe, wie man es in der Jugend tut. Er wurde einen Kopf größer. Ich verspürte ein tiefes Unbehagen. Das Herz in meiner Brust klopfte heftig. Meine Trommelfelle dröhnten. Schweiß rann mir in Strömen über das Gesicht. Meine Beine versagten. Meine rechte Hand verlor plötzlich einen ihrer Finger. Ich bückte mich, um ihn aufzuheben. »Steh auf!«, befahl Heimrat. Ich konnte meinen Finger nicht liegen lassen. Ich brauchte meine ganze Hand, zum Klavierspielen und auch zum Essen. Jede alltägliche Bewegung erfordert körperliche Unversehrtheit.

»Steh auf!«, brüllte Heimrat.

Etwas hinderte mich daran zu gehorchen. Es war nicht mehr so sehr mein Finger, auf den ich vielleicht doch hätte verzichten können. Man kann mit vier Fingern leben. Thomas Flubert, ein Klassenkamerad aus dem Gymnasium, hatte sich die Hand durchgetrennt und lebte mit dreien. Es gab keinen glücklicheren Menschen als Thomas Flubert. Eine unwiderstehliche Macht ließ mich zu Boden fallen. Ich begann zu Füßen des Wärters zu kriechen. Er begann zu schreien. »Willst du wohl gehorchen! Steh auf!« Ich war wie auf den Boden genagelt. Der Marmor war sauber, Ihr Haus wird tadellos geführt, keine Beanstandungen diesbezüglich. Ich erblickte meinen Finger einen Meter vor mir, direkt hinter dem Wärter. Wenn Heimrat einen Schritt zurückgetreten wäre, hätte sein Fuß meinen Finger zerquetscht. Ich fand die Kraft, den linken Arm auszustrecken. Genau in der Sekunde, in der ich im Begriff stand, meinen Finger zu ergreifen, spürte ich, wie kraftvolle Arme meinen ganzen Körper hochhoben. Es waren die von zwei Männern, Heimrats Gehilfen, die, wie ich hörte, Gründ und Forlich hießen.

»Hier steht man aufrecht!«, befiehlt der, der Gründ heißt.

»Für wen hältst du dich, dass du glaubst, du stündest über den Gesetzen«, fragt der namens Forlich, »dass du den Vorschriften und Wärter Heimrat nicht gehorchst?«

»Glaubst du, nur weil du Einstein heißt, kannst du dir alles erlauben?«, legt Gründ nach.

Ich dachte nur an meinen Finger. Mir fiel wieder ein, dass Thomas Flubert letztlich doch nicht ganz so glücklich war. Er brauchte immer Hilfe, um sein

Fleisch zu schneiden, auch wenn es das nicht jeden Tag in der Schulmensa gab. Über die dortigen Mahlzeiten gäbe es eine Menge zu sagen, ich hoffe, die Küche in Ihrem Haus wird besser geführt.

»Hier gibt es keine Bevorzugung, Einstein!«, schrie Heimrat. »Niemand steht über den Gesetzen. Und ganz bestimmt kein Muttersöhnchen wie du! ... Los«, befahl er seinen zwei Gehilfen, »zieht sie ihm an!«

Und aus diesem Grund sehen Sie mich so ausstaffiert, in dieser dummen Aufmachung, die mich einzwängt, die kleinste Bewegung verhindert, meine Handgelenke fesselt und mir den Hals zuschnürt.

4

Er ist allein im Abteil. Der Zug rollt jetzt seit mehr als vier Stunden. Das Tal ist von einem Mantel aus Nebel bedeckt, den der von den Bergen herabwehende Wind von Zeit zu Zeit auflöst.

Manchmal rinnen stumme Tränen über seine Wangen. Manchmal bricht er in Schluchzen aus.

Er hat die Bahnsteige aller Bahnhöfe Europas beschritten, ist durch die Straßen Tokios gegangen, ist durch die engen Gassen Jerusalems gestreift, hat den Panamakanal durchquert. Er wurde vom Präsidenten der Vereinigten Staaten und vom Kaiser von Japan begrüßt und wurde vom Erzbischof von Canterbury empfangen, der beunruhigt wissen wollte, ob seine Entdeckungen die Existenz Gottes infrage stellten. Man hat ihm in Schanghai zugejubelt und ihn als Helden auf der Fifth Avenue gefeiert. Die ganze Welt hat ihn auf den Schultern getragen. Und wenn er wieder an seinem Schreibtisch Platz nahm, dann ging die Reise in seinem Kopf weiter, hin zu Universen, die kein Mensch je betreten hatte. Er erforschte neue Welten im Sternenstaub, navigierte inmitten der Planeten, durchquerte endlose Räume, schob die Grenzen des menschlichen Verstehens hinaus. Er erforschte Inseln aus Elementarteilchen, maß die Ausdehnung des Universums, glaubte Sternenzwerge und riesige schwarze Massen zu erahnen. Er ging bis zum Ursprung der Schöpfung zurück, Milliarden von Jahren nach hinten, stocherte im Dunkeln, um das Licht zu erblicken und sich den Uranfängen zu nähern, noch vor dem Augenblick, in dem es hieß: »Es werde Licht.« Seine Augen betrachteten das unendlich Kleine, sein Blick richtete sich auf das unermessliche Absolute. In der Einsamkeit seines Zimmers erfand er eine neue Ära, die von der Materie beherrscht wurde und von der Zeit befreit war. Er vereinheitlichte die physikalischen Gesetze und definierte das Licht neu. Licht ist zugleich eine Welle und ein Teilchen. Er definierte die Zeit neu. Die

Zeit vergeht in Meereshöhe langsamer als in der Höhe. Und die Materie: Materie ist die Krümmung der Raumzeit. Er sagte das Undenkbare voraus: Es gibt Gravitationswellen. Man hatte ihn mit den unsinnigsten Superlativen bedacht. Er war Gegenstand der heftigsten Auseinandersetzungen. Er wurde in den Himmel gelobt, vergöttert, gehasst. Er war das Genie des Jahrhunderts, der Christoph Kolumbus der Moderne oder der leibhaftige Teufel. Heute ist er ein einsamer Mann, der seinem Unglück entgegenrollt.

Der Zug fährt an einer Reihe von Dörfern vorbei. Er nähert sich Leipzig. Bald versiegen seine Tränen, seine Augen sind trocken.

Der normale Lauf des Lebens ist zerstört. Des Lebens Eduards und seines Gehirns, sein Leben, Milevas und Hans Alberts Leben. Er hatte sich der Illusion hingegeben, er sei Herr über die Ereignisse. Er dachte, das Schicksal der Menschheit hänge von seiner Wissenschaft ab. Er glaubte, die größten Rätsel gelöst zu haben. Eine Fliege summt im Abteil, prallt an die Scheibe, kreist über dem Sitz gegenüber. Sein eigenes Schicksal fliegt von nun an ebenso tief wie diese Fliege.

Der Zug hält im Bahnhof von Leipzig. Er sieht, wie eine Schar Braunhemden einsteigt. Ihre Stiefel hallen auf dem Boden wider, die Fäuste trommeln an die Fensterscheiben. Sie gehen vorbei, ohne ihn zu sehen.

Der Zug ist wieder losgefahren. Die Lokomotive spuckt schwarzen Rauch aus.

Er fragt sich, ob er einen Fehler begangen hat, der eine solche Katastrophe auslösen konnte. Hat etwas in seinem Verhalten das Gehirn seines Sohnes geschädigt? Hat eine Bewegung, eine Reihe von Worten das Irreparable bewirkt? Oder ist alles vorherbestimmt und liegt in den Genen? Unser Schicksal hängt vom Zufall ab.

Er hat daran geglaubt, dass die Architektur der Welt rational verständlich ist. Er kann sich keinen Gott vorstellen, der das Werk seiner Schöpfung belohnt und bestraft. Er hat immer das Wirken der Vernunft im Leben gesehen. Und im Geist seines Sohnes ist die Vernunft nirgends mehr zu finden.

Er sagte: »Der wahre Wert eines Menschen ist in erster Linie dadurch bestimmt, in welchem Grad und in welchem Sinne er zur Befreiung vom Ich gelangt ist.« Und nun ist Eduards Geist von allen Schranken befreit, bar aller Grenzen.

Er sagte: »So sind wir Sterbliche in dem unsterblich, was wir an bleibenden Werten gemeinsam schaffen.« Sein Nachkomme aber ist ins Nichts gestürzt.

Das Laub der Bäume säumt die Straße. Der Zug taucht in einen dunklen Wald. Licht dringt durch die Blätter. Er glaubt in der Ferne die Umrisse eines Hirsches zu erkennen, der durch den Wald läuft. Er erinnert sich an die Ausflüge mit Eduard in der Umgebung von Zürich. Sie waren den ganzen Tag unterwegs. Sie wanderten auf den Zürichberg, gingen auf das Hörnli, stiegen auf die Lägern. Sie streiften durch die hohen Farne, allein, Hand in Hand, bis zum Einbruch der Nacht. Sie wanderten unter goldenen Ahornbäumen und Kastanien umher. Er bringt seinem Sohn die Namen der Bäume und der Vögel bei. Das Kind saugt seine Worte auf. Dabei weiß es schon alles. Tete ist so begabt. Das Kind verbessert ihn beim Namen eines Nagetiers oder einer Waldblume. Manchmal jedoch zieht das Kind sich abrupt von der Welt zurück. Eduard entschwindet. Eduard verstummt. Eduard stimmt einen Abzählreim an. Und plötzlich fällt das, was er von sich gibt, aus dem Zusammenhang. Sein Diskurs reißt ab. Aber schlägt der Sohn nicht letztlich nach dem Vater? Er selbst war als Kind anders als die anderen, in München hatte er es schon gemerkt, auf der Peterschule in der Blumenstraße nahe dem Sendlinger Tor, und auch noch später, auf dem Luitpold-Gymnasium. Hatte nicht er selbst als reizbarer Einzelgänger mit dem Beinamen »der Bär« gegolten, dessen – nicht sehr häufige, aber dennoch regelmäßige – Wutausbrüche die Umgebung terrorisierten? Ja, und doch … die Art der Fremdheit, die er bei Eduard spürt, scheint ihm unvergleichlich. Es gelingt ihm nicht, sie auf Vererbung zurückzuführen.

Ein Lächeln, das nicht zu dem Gefühl von Traurigkeit passt. Eine unbezwingbare, grundlose Lust. Ein brutaler und vorübergehender Bruch mit der Welt um ihn herum.

Er fragt sich, ob seine Trennung von Mileva diese Verwirrung noch verstärkt hat. Die Distanz zwischen ihm und seinem Sohn, der Abgrund, der sich zu seiner Exfrau aufgetan hat, haben sie die Entwicklung begünstigt? Und diese Wagenladungen voller Hass, die zwischen den Eheleuten ausgeschüttet wurden. Mileva, die Schwermütige, wurde zur Rächerin Medea. Nein! Nicht alle Kinder von Geschiedenen enden im Irrenhaus. Und wer weiß schon, was aus den Nachkommen angeblicher Genies wird? Die einzige Gewissheit ist, dass Mileva immer schon lange Phasen von Verzweiflung durchlief. Das einzige erwiesene Erbe, das von Tante Zorka.

Doch er will weder Frau noch Tante beschuldigen. Und er wird sich nicht schuldig bekennen. Er wird keine Liste von Fehlern erstellen. Er wird keine Untersuchung durchführen. Er wird nicht in der Vergangenheit wühlen. Er wird nicht in die Kindheit zurückgehen. Er wird nicht auf die Enthüllung irgendeiner schicksalhaften Wahrheit warten. Kein inneres Tribunal wird über ihn zu Gericht sitzen. Kein Geständnis wird fallen. Kein Fluch ging in Erfüllung. Kein Fehler wurde begangen, keine verwerfliche Tat.

Es gibt nichts zu verstehen. Erklären würde bedeuten, das Leid herabzuwürdigen. Dieses unermessliche Unglück, dieses Leben eines armen Teufels, das offenbar nun seinen Anfang nimmt, zu bagatellisieren, die Zeit der Qualen, der Schmerzen und Leiden, in die Eduards Leben gestürzt ist, diese Welt außerhalb der Welt. Er sucht keine Erklärung, weder Zuflucht noch Trost, kein Heil in der Flucht, kein Wundermittel für das Drama noch einen Schlüssel zum Geheimnis. Er will das Spiel der Schatten nicht durchdringen. Einfach nur das Ausmaß des Unglücks ermessen, während vor seinen Augen die Wälder in der endlosen Nacht vorbeiziehen.

Der Zug wird langsamer. Er fährt in den Bahnhof ein. Ein Mann betritt das Abteil, setzt sich ihm gegenüber, holt ein Buch aus seiner Aktentasche und vertieft sich in seine Lektüre.

Im nächsten Bahnhof erwidert der Mann das Winken einer Frau, die ihn mit einem schlafenden Kind am Bahnsteig erwartet. Der Fremde macht sich zum Gehen bereit. Bevor er das Abteil verlässt, dreht er sich um und fragt mit einem liebenswürdigen Lächeln: »Haben Sie Kinder, Herr Einstein? ... Zwei Söhne! Wie stolz Sie sein müssen!«

Wieder bleibt er allein zurück. Bilder des Burghölzli gehen ihm durch den Kopf. Er sieht das riesige Gebäude vor sich. das ihm so vertraut ist. Zu Beginn des Jahrhunderts, als er Student am Polytechnikum war, hat er sich zahllose Male dorthin begeben. Im Rahmen der geisteswissenschaftlichen Studien wurde von den größten Professoren ein Psychologiekurs in der Klinik abgehalten. Wie kann das Schicksal so mit den Menschen spielen? Was für ein Spiel treibt Gott, falls ein Gott existiert? Welche Würfel wurden gerade geworfen und zu welchem Zweck? Die Würfel sind dorthin gefallen, an diesen Ort der Pein. Er ist ins Burghölzli gegangen, als er zwanzig Jahre alt war. So alt ist sein Sohn heute. Vater und Sohn im gleichen Alter, mit dreißig Jahren Zeitunterschied, am gleichen verfluchten Ort.

Er sieht wieder vor sich, wie er mit zwanzig Jahren als Student des Polytechnikums in Zürich die Freitreppe des Burghölzli hinaufschreitet, wo die naturwissenschaftlichen Kurse stattfinden. Er spaziert in dem großen Garten umher. Neben ihm Marcel Grossmann und sein Freund Besso. Und hinter ihm diese junge Frau, deren Stimme, Sanftheit und Gegenwart er liebt und deren Schritte er auf dem Kies knirschen hört. Die kleine Studentengruppe wird in einem für sie reservierten Raum abseits der Heilanstalt empfangen. Seine Freunde haben sich angewöhnt, einen Platz zu seiner Rechten frei zu lassen. Dorthin setzt sich Mileva. Die Studenten kommentieren die Kurse zusammen, tauschen ihre Meinungen aus. Er liebt diese Kurse, Mileva langweilt sich dort.

Die hervorragendsten Psychiater, Professoren von Rang, anerkannte Chefärzte lehren dort. Eugen Bleuler, der Leiter des Burghölzli, Rorschach und Jung. Auguste Forel, Doktor *honoris causa* der Universität von Zürich, versucht Anhänger für seine Theorien über Eugenik und die Zwangssterilisation von Geisteskranken zu sammeln. Eugen Bleuler verbreitet sich über seine wegweisende Entdeckung. Eine echte Revolution in der Seelenkunde. Von nun an wird man nicht mehr von Dementia praecox sprechen, ich, Professor Bleuler, habe den Begriff Schizophrenie erfunden. Was halten Sie davon, Einstein?

Langsam ändert sich die Landschaft. Anstelle der großen Hochflächen und Ebenen erheben sich Berge. Er durchquert endlose Tunnel und fährt an Abgründen entlang. Schnee bedeckt die Höhen. Eine ungeheure Traurigkeit schwebt über der Strecke. Er spürt, wie die Müdigkeit ihn übermannt.

Er hat schlecht geschlafen. Der Zug hat die Grenze passiert. Nun fährt er im Bahnhof von Zürich ein. Er steht auf, ergreift seinen Koffer, verlässt das Abteil. Er steigt aus dem Waggon, geht durch die Halle, nimmt draußen ein Taxi. Er nennt dem Fahrer das Ziel. Der

Wagen durchquert die Stadt. Der Tag bricht an. Von der Straße aus sieht er in der Ferne das riesige Gebäude. Er lässt das Taxi anhalten. Er will ein kleines Stück laufen. Er bezahlt, steigt aus. Er schlägt den Weg zum Burghölzli ein.

Als er am Tor läutet, öffnet ein Mann in weißem Kittel. Offenbar erkennt er ihn, denn er lächelt ihm zu, begrüßt ihn, bittet ihn, ihm zu folgen. Sie gehen durch den Garten.

»Darf ich Sie um ein Autogramm bitten, Professor Einstein?«, sagt der Pfleger. »Wir schätzen uns glücklich, Ihren Sohn hier aufzunehmen, wissen Sie. Falls ich das so ausdrücken darf. Meine Mutter erzählt mir oft, dass sie Ihre Bestellung beim Mittagessen aufnahm, damals, als sie noch als Kellnerin in der *Terrasse* gearbeitet hat. Damals hat sie es nicht gewagt, Sie anzusprechen. Und heute bringe ich Ihrem Sohn das Essen.«

Er tritt in das Gebäude ein. Seine Schritte hallen auf dem Marmor wider. Er folgt dem Pfleger unter einen Portalvorbau. Je weiter er in dem Korridor voranschreitet, desto mehr Männer sieht er. Manche unterhalten sich miteinander. Andere schweigen mit starrem Blick.

»Jetzt ist Ausgangszeit«, erklärt der Pfleger. »Aber sie bleiben lieber im Haus. Sie haben Angst vor Gewittern.«

Er hört, wie jemand hinter ihm schreit: »Einstein! Einstein!« Er dreht sich um. Ein Unbekannter postiert sich mit einem hämischen Lächeln auf den Lippen vor ihm. »Entschuldigen Sie«, erklärt der Mann, »ich habe Sie mit jemandem verwechselt!«

Sie setzen ihren Weg fort. Ein schmalerer Flur führt zu einer Reihe von Türen.

»Lassen Sie sich vom Anblick Ihres Sohnes nicht beunruhigen«, sagt der Pfleger. »Er war sehr gewalttätig, verstehen Sie. Eigentlich benutzen wir dieses Hilfsmittel schon lange nicht mehr.«

Vor einer Tür bleiben sie stehen. Der Pfleger holt einen Schlüsselbund aus seiner Tasche, steckt einen davon ins Schloss, dreht zweimal um und öffnet. Ein grelles Licht erfüllt das Zimmer. Auf einem Eisengestell liegt eine Matratze. Eduard sitzt unbeweglich, im Schneidersitz, mit gesenktem Kopf, den Blick ins Leere gerichtet, in einer Ecke des Raums. Er ist in eine Zwangsjacke eingeschnürt.

HUTTENSTRASSE 62

1

Seit jenem unheilvollen Tag vor drei Jahren fühlt sie sich kraftlos, geschwächt und zerbrochen. In diesem Frühling 1933 ist sie zu einer grenzenlos erschöpften Frau ohne Alter mit ergrauenden Haaren und zerrütteten Nerven geworden.

Das Leben ist aus dem Lot geraten. Die Welt hat sich verdunkelt. Ihr neues Universum wird von der Straße begrenzt, die von ihrem Haus zum Burghölzli führt.

Die Monate vergehen im Rhythmus der Einweisungen und Entlassungen. Sie holt Eduard am Tor des Burghölzli ab, um ihn nach Hause zu bringen. Ein paar Wochen später führt ein Anfall von Wahnsinn Eduard zurück hinter die Mauern.

Sie will die Einweisungen nicht mehr zählen. Sie fragt die Ärzte nicht mehr nach dem etwaigen Nutzen ihrer Methoden. Sie stellt keine Fragen mehr. Sie betrachtet das Leid in den Augen ihres Sohnes. Zweimal hat Eduard versucht, Selbstmord zu begehen. Sie ist die Gefährtin des Wahnsinns. Sie hat sich mit dem Tod eingelassen.

Jeden Morgen fragt sie sich beim Aufstehen, was der Tag bringen wird. Sie folgt Eduards Stimmung wie ein Hund an der Leine. Manchmal kommt es ihr so vor, als führe sie ihr Herrchen auf den rechten Weg. Die meiste Zeit aber lässt sie sich ziehen. Sie lebt nach den Launen des Übels, ihre Stunden werden von unsteten Gedanken bestimmt.

Sie geht nicht mehr am Ufer der Limmat spazieren. Sie flaniert nie mehr vor den Schaufenstern die Boulevards entlang. Sie blickt nicht mehr zum Himmel auf. Sie betrachtet sich nicht mehr im Spiegel. Es ist nicht wichtig, wie das Wetter ist. Nichts außer Eduard zählt noch. Ihr Leben hat in sechs Buchstaben Platz.

Kein Vorwurf kommt über ihre Lippen. Sie beklagt sich nie. Es gäbe keine Worte, um ihren Leidensweg zu beschreiben. Die Gedanken würden fehlen. Sie zieht es vor, die Worte und Gedanken für sich zu behalten und jeden Augenblick, jedes Wort, jedes Stück, jedes Billet, jede Stunde, jede Sekunde ihrem Sohn zu weihen. Ihre Zeit ist von nun an heilig. Sie will nichts davon vergeuden. Alles, was nicht für Eduard bestimmt ist, ist eine ungeheure Verschwendung.

Eduards Zimmer ist der Mittelpunkt des Universums. Eduards Gehirn ist Herr über die Welt.

Die Jahreszeiten sind verschwunden. Es wird keinen Wonnemonat Mai geben in diesem Jahr 1933.

Der Frühling kommt, wenn Eduard eine ganze Nacht am Stück schläft. Der Winter kommt, wenn eine Ambulanzsirene vor dem Haus ertönt.

Und falls es ihr einfiele, das Gefängnis ihrer Tage zu verlassen, dann hält ein Schrei, eine allzu lange Stille sie zurück und befiehlt ihr zurückzugehen.

Manchmal gibt es einen Augenblick der Ruhe. Dann spürt sie sofort Erleichterung. Aber nie wagt sie zu hoffen, dass dieser Moment andauern möge. Sie verschränkt die Finger. Sie fleht den Herrn schweigend an. Ihre Bitte wird nie erhört.

Ein Krankenpfleger namens Dieter kümmert sich um Eduard seit jenem Tag im März 1932, an dem sie gezwungen gewesen war, für eine Stunde das Haus zu verlassen. Sie hatte ihren Sohn blutüberströmt mit durchschnittenem Handgelenk aufgefunden.

Dieter steht ihr Tag und Nacht zur Seite und schläft im Wohnzimmer. Manchmal weigert sich Eduard, seine Schlafzimmertür offen zu lassen. Dieter verhandelt dann stundenlang mit ihm. Ich will meine Privatsphäre, ruft Eduard. Ich habe ein Recht auf eine Privatsphäre wie jeder andere. Ich will nicht von jemandem eingeschüchtert werden. Jeder Mensch hat Rechte. Eduard hat das Recht auf eine geschlossene Tür. Siehe die Erklärung der Menschen- und Bürgerrechte. Niemand kann unter Zwang leben. Die Tür zu öffnen widerspricht meiner menschlichen Würde.

Dieter wird den Streit vor Eduard leid. Eduard hat Zauberkräfte. Eduard besitzt eine unendliche Kraft. Du bist nur ein erbärmlicher Krankenpfleger. Ich hätte ein berühmter Arzt werden können. Du hast nicht anders zu entscheiden. Niemand bestimmt über Eduards Schicksal.

Allein hatte sie keine Kraft mehr.

Dieters Unterstützung kostet ein Vermögen. Die wiederholten Aufenthalte im Burghölzli ruinieren sie. Die achttausend Franken, die ihr geschiedener Mann ihr monatlich zukommen lässt, reichen kaum aus. Glücklicherweise gibt es da noch das Nobelpreisgeld. Albert hatte sein Versprechen aus dem Jahr 1915 gehalten, ihr die hundertzwanzigtausend Schwedenkronen zu überlassen, die dem Preisträger zustanden. Die Summe war in zwei Hälften geteilt worden: Sechzigtausend wurden in den Kauf von Wohnungen auf dem Zürichberg investiert, von deren Mieteinnahmen Mileva lebte. Der Rest wurde angelegt. Das angelegte Geld war während der Krise 1929 dahingeschmolzen. Heute muss Mileva mit Mathematik- oder Klavierunterricht dazuverdienen. Sie wird putzen gehen, wenn die Umstände es erfordern. Und sie hofft, dass ihre Hüften durchhalten. Darauf ruht ihre ganze Hoffnung: durchhalten.

Sie fordert ihren Exmann auf, ihr mehr zu bezahlen. Eduard hatte ihn in seinem Landhaus in Caputh besucht, und aus seinen Erzählungen wusste Mileva, in welchem Wohlstand ihr Exmann lebte.

Caputh, ein Dorf südlich von Potsdam, wo Templiner See und Schwielowsee sich vereinigen. Albert hatte inzwischen eine Jacht, einen Jollenkreuzer, den er Tümmler nannte. Auch wenn er immer noch nachlässig gekleidet war, hatte seine Ehefrau ihm wohl eine Sekretärin besorgt, Helen Dukas, die alle seine Papiere ordnete und durchsah. Auch diese Hilfskraft war oft in dem Landhaus in Caputh, dem Refugium, das er dort bezogen hatte, mit Möbeln von einem Bauhaus-Meister, mit Zentralheizung und modernster Wasserversorgung, vier Schlafzimmern. Allerdings herrschte nicht die reine Eheidylle dort, es kursierten Namen von Geliebten Alberts, eine Toni Mendel, später auch einer Blumenhändlerin und dann einer Margarete, eine Österreicherin, die ihn in Caputh besuchte, ganz Berlin tratschte über diese Affären, wie sie von Besso wusste. Dass er keinem Flirt widerstehen konnte, das hatte sie, Mileva, schon früh gemerkt, und es hatte sie erzürnt. Hatte sie nicht recht behalten?

Doch mehr Geld konnte er ihr nicht schicken. Die Nazis haben seinen Besitz beschlagnahmt und das Geld auf der Bank an sich gerissen, sie haben ihm das Haus in Caputh und die Wohnung in Berlin durch Enteignung abgenommen. Albert wird Europa ruiniert verlassen. Für ihn ist die Zeit des Exils gekommen. Seit Hitlers Machtübernahme ist er der erklärte Feind des deutschen Volkes. Er wird nach Amerika gehen. Die Stunde des großen Aufbruchs ist gekommen. Es ist geplant, dass er kommt, um sich von seinem Sohn zu verabschieden. Sie erwartet nichts von diesem Besuch. Sie weiß, dass er ihretwegen keinen Umweg macht. Albert ist es egal, ob er sie wiedersieht oder nicht. Albert hat andere Sorgen. Die Gestapo ist ihm auf den Fersen.

Sie hofft, dass mit Eduard alles gut geht. Sie hat Angst vor einem solchen Wiedersehen. Sie fürchtet das letzte Lebewohl.

Wenn ich gewissen Autoritäten Glauben schenken soll, dann ist nichts von dem, was ich sehe, real. Aber existieren die Leute, die solche Behauptungen aufstellen, überhaupt wirklich? Sind sie nicht die Marionetten meines angeblich kranken Geistes? Vielleicht bin ich allein im Universum? Und wenn all meine Wahrnehmungen nur Halluzinationen sind, dann existiert vielleicht das Universum selbst nicht? Vielleicht bin ich selbst nur das Produkt meiner Einbildung?

Seit drei Jahren bin ich im Burghölzli wie ein Fisch im Wasser. Ich gehe rein und raus wie in einer Mühle. Letzte Woche hatten wir das Glück, Doktor Jung zu empfangen, der sich immer mit Menschen in meiner Verfassung beschäftigt hat. Der Mann hat sehr sanfte Augen. Er scheint Sie mit einem bloßen Blick zu verstehen und Ihre Seele zu durchdringen. Als er erfuhr, wer ich bin, suchte er ein Gespräch mit mir. In seiner Feinfühligkeit machte er keine Anspielung auf meinen Namen. Er äußerte nur seine Sorge um meine Gesundheit. Behandelte man mich gut? Ich habe ihm geantwortet, dass alles bestens sei, abgesehen von den Unannehmlichkeiten wegen des Wolfsgeheuls; er hat versprochen, den Direktor davon in Kenntnis zu setzen. Die Mensch gewordene Güte.

Zu Hause wartet Dieter wieder auf mich. Dieter ist wie mein Bruder, nur dass er dafür bezahlt wird, an meiner Seite zu bleiben, im Gegensatz zu Hans Albert, den ich nicht mehr oft sehe. Hans Albert ist inzwischen verheiratet. Seine Frau Frieda mag ich sehr. Inzwischen hat sie einen Sohn, mich machte sie damit zum Onkel. Das ist eine neue Verantwortung auf meinen Schultern, auch wenn ich bei genauerem Hinsehen nichts davon spüre. Ich bin wohl der Bürde nicht würdig. Frieda ähnelt ein bisschen Mama, als sie jung war, zumindest Mamas Worten zufolge, denn ich habe sie persönlich nicht so erlebt, oder ich war zu klein, um zu verstehen. Frieda ist wieder schwanger. Wenn es ein Junge wird, dann werde ich mit Bernhard, meinem ersten Neffen, zwei Neffen haben.

Ich werde mich, soweit möglich, um ihn kümmern, auch wenn ich jemand bin, der sehr von seinen eigenen Gedanken in Beschlag genommen ist.

Mein persönlicher Pfleger Dieter folgt mir wie ein zweites Selbst. Er soll mich beschützen. Ich sehe nicht, wo eine Gefahr sein könnte. Einmal ist es mir gelungen, seiner Aufsicht zu entschlüpfen. Da habe ich plötzlich gespürt, dass ich fliegen kann. Welch ein Gefühl von Allmacht, bestimmt hat es niemand vor mir erlebt! Meine Arme waren Flügel. Der Himmel hat mich gerufen. Ich wusste, dass ich über die Unterstadt fliegen und auf dem See landen konnte. Menschen wie ich empfinden die Dinge nun einmal anders. Niemand kann uns verstehen. Ich bin auf den Balkon geschlichen. Ich bin über das Geländer geklettert. Ich würde etwas vollbringen, was kein Mensch vor mir geschafft hat. Das nicht einmal mein Vater je zustande bringen konnte. Ich wäre der erste Mensch, der fliegt, Eduard Einstein, in zwei Worten. Ich habe geradeaus geblickt. Der Himmel hat mir die Arme entgegengestreckt. Ein Gefühl absoluter Leichtigkeit durchströmte mich. Plötzlich spürte ich ein Gewicht an meinem linken Fuß. Etwas zog mich zu Boden und hinderte mich daran, mein wunderbares Schicksal zu erfüllen. Meinen Namen in die Geschichte eingehen zu lassen. Und anstatt meiner ist mein Traum davongeflogen.

Das ist der Grund, weshalb ich noch niemandem anvertraut habe, dass ich auf dem Wasser gehen kann. Ich fürchte die Neider. Nicht jeder hier ist mir so wohlgesinnt. Ich erinnere mich, wie ich als Kind schwimmen gelernt habe. Papa ist am Ufer des Sees gestanden. Ich höre noch seine Hurras, als ich meine ersten Schwimmzüge gemacht habe. Was für eine Heldentat!

Ich sehe schon, dass Sie sich in Wirklichkeit nur für das interessieren, was meinen Vater betrifft. Er hat mich immer Tete gerufen. In Wirklichkeit heißt es Tede, das bedeutet »Kind« in unserer serbischen Sprache, der Sprache, die meine Mutter sprach, meiner Muttersprache. Mein Bruder konnte das *d* nicht aussprechen und sagte Tete anstelle von Tede. Und alle um ihn herum lachten über seinen Aussprachefehler. Der Name ist mir geblieben. Tete.

Ich höre noch, wie mein Vater diese zwei Silben ausspricht. Ich werde wieder zu einem kleinen Jungen am Ufer des Zürichsees. Die ganze Familie geht spazieren, wir alle vier, mein Vater und ich Hand in Hand vorneweg. Papa zeigt mir die Boote, die auf dem Wasser dahingleiten. Papa liebt das Segeln.

»Eines Tages, bald schon, sobald du alt genug bist, segeln wir zusammen.«

»Nur du und ich, Papa?«

»Ja, du und ich, wir werden den See überqueren, gegen den Wind segeln und dem Sturm trotzen, denn, weißt du, auch auf dem ruhigsten See gibt es Stürme.«

»Darf ich dann das Ruder halten, Papa?«

»Natürlich, du wirst der Kapitän sein und ich der Matrose.«

»Kapitän Tete?«

»Zu Befehl, Herr Kapitän!«

Hinter uns geht langsamer Mama. Hans Albert fasst sie am Arm. In meiner Kindheitserinnerung bist du da, Bruder, in meiner Nähe. Du gehst neben Mama. Warum kommst du jetzt nicht mehr? Wir sind beide groß geworden. Wir sind erwachsene Männer. Du wirst sehen, ich habe mich verändert. Wir könnten uns verstehen. Dieser Spaziergang ist eine genaue, unverrückbare Erinnerung. Diese Zeiten hat es wirklich gegeben. Tete war einmal glücklich in diesem Leben. Er ist vier oder fünf Jahre alt, Fotos beweisen es. Tete läuft jetzt vor seinem Vater, dann läuft er um seinen Vater herum, und Einstein lacht aus vollem Halse, bleibt stehen, Tete, ruft er unter lautem Gelächter, du bringst mich zum Lachen, ich höre die Stimme meines Vaters, das ist keine Halluzination, ich erkenne Halluzinationen, auch wenn ich den Unterschied zwischen Traum und Wirklichkeit manchmal nicht genau begreife, Halluzinationen machen selten glücklich, sie sind furchterregende Augenblicke, die mich am Boden zerstört zurücklassen. Daran erkenne ich im Nachhinein Halluzinationen, denn in der unmittelbaren Situation behandelt man mich wie einen Wahnsinnigen, man will mir nicht glauben. Ich leide doppelt. Hört der Sturm niemals auf? Zum Glück habe ich schöne Erinnerungen.

Wenn man bedenkt, wie lange ich an diesem Ort schon verkehre, dann muss ich den Anwesenheitsrekord meiner Tante Zorka im Burghölzli gebrochen haben. Sie kennen Zorka nicht? Erkundigen Sie sich! Mamas ältere Schwester, Fräulein Zorka Marić, hat lange Zeit hier im Burghölzli, im Frauenpavillon, verbracht. Ich habe sie wiederholt besucht, deshalb ist mir dieser Ort so vertraut und, um die Wahrheit zu sagen, ziemlich angenehm. Ich halte mich hier natürlich nur vorübergehend auf, bei Ihnen ist das anders, denn Sie sind auf Dauer hier.

Meine Tante ist Mitte der Zwanzigerjahre hierhergekommen, das Datum muss in Ihren Büchern verzeichnet sein, mir ist, als sei es gestern gewesen. Seit einiger Zeit verliere ich mein Zeitgefühl. Alles vermengt sich in meinem Geist. Vielleicht kann man mir helfen, damit ich wieder klarer sehe? Ich wäre Ihnen dankbar, wenn es zudem möglich wäre, den Lärm in meinen Ohren zum Verstummen zu bringen. Auf Dauer wird dieses Surren unangenehm. Und dabei bin ich nicht schmerzempfindlich. Letzten Monat habe ich mir die Adern aufgeschnitten, das hat mich ganz kaltgelassen. Meine Mutter war so außer sich, dass ich geschworen habe, es nicht wieder zu tun. Ich werde mein Versprechen halten. Ich kann nur einmal mein Wort geben, auch wenn wir mehrere sind, die aus meinem Mund sprechen.

Tante Zorka hat das Zimmer 125 bewohnt, eine Zahl, die man sich im Gegensatz zu 259 leicht merken kann. Zorka hat sich hier wohlgefühlt. Sie hat sich jedoch auch darüber beklagt, wie oft sie in die Zwangsjacke gesteckt wurde. Ich hoffe, dass Sie endlich aufhören, solche Praktiken anzuwenden. Andernfalls werde ich mich bei den Zuständigen beklagen. Mein Vater kennt eine Menge Leute.

Ansonsten war Tante Zorka sehr angetan von ihrem Aufenthalt. Nach ihrer Rückkehr nach Hause war sie wie verwandelt. Nicht wiederzuerkennen in ihrer Ruhe.

Abgesehen von einer leichten Tendenz zum Fabulieren – die sie mit vielen anderen Menschen geteilt hat –, weiß ich nicht, was man Tante Zorka zum Vorwurf gemacht hat. Wir haben hier Momente großer Freude erlebt. Wir haben über den Zustand der Welt geplaudert. Tante Zorka hat die ganze Welt verabscheut, insbesondere die Deutschen, die sie für das Verschwinden ihres Bruders, Onkel Milos, verantwortlich gemacht hat. Er war in die österreichisch-ungarische Armee eingezogen und an der russischen Front gefangen genommen worden.

Das alles ist Vergangenheit. Tante Zorka ist nach Novi Sad zurückgekehrt. Sie lebt allein, umgeben von fünfzig Katzen, und ernährt sich ausschließlich von Kipferln, falls Sie trockenes Gebäck mögen. Mama erlaubt mir nicht, dass ich sie besuche. Wofür werde ich bestraft?

2

Er hat Berlin endgültig verlassen. Die Nacht vom 4. auf den 5. Mai 1933 wird er in Zürich verbringen. Er will sich von seinem Sohn verabschieden, bevor er sich nach Amerika einschifft.

Er hat die deutsche Staatsbürgerschaft verloren. Er ist kein Deutscher mehr. Er hat es ja nie sein wollen, wollte immer Schweizer Bürger bleiben, reiste mit dem Pass der Eidgenossenschaft. Aber als er 1922 den Nobelpreis bekam, war ihm auch die preußische und deutsche Staatsbürgerschaft aufgepfropft worden. Die ist er jetzt los. In Brüssel, auf der Durchreise, hat er die deutsche Gesandtschaft aufgesucht und seinen deutschen Pass abgegeben. Er wird nicht mehr unter Drohungen auf der Straße herumlaufen. Er wird kein mörderisches Geschrei mehr hören. Schon vor langen Jahren hat er sich einmal ins Tagebuch geschrieben, dass er den Deutschen eine stinkende Blume ist, die sie sich aber doch immer wieder gern ins Knopfloch stecken. Er ist aus der Preußischen Akademie ausgetreten. Drei Monate ist Hitler nun an der Macht, und alle Bürgerrechte wurden abgeschafft. Die antisemitischen Verfolgungen werden immer gewalttätiger. Zu Tausenden werden Menschen in Dachau interniert. Er kennt Dachau gut. In seiner Kindheit, als die Familie in München lebte, unternahmen sie am Sonntag oft Spaziergänge im angrenzenden Wald. Sie fuhren nach Germering, nach Starnberg. Er wird keine Waldspaziergänge am Sonntag mehr machen.

Goebbels hat ein Kopfgeld auf ihn ausgesetzt. Er ist die Nummer eins auf der schwarzen Liste der zum Abschuss freigegebenen Persönlichkeiten. Noch vor Thomas Mann, Joseph Roth, Ernst Weiß, Walter Benjamin, Alfred Döblin, Arthur Korn. Er ist fünf Millionen Reichsmark wert. Im vergangenen Monat wurden an der belgischen Küste, wo er vorübergehend Quartier bezogen hatte, in der Nähe seiner Unterkunft zwei Gestapo-Mitglieder verhaftet.

Sein Freund Michele Besso hat zu ihm gesagt: »Ihr teilt das gleiche Schicksal, du und Eduard. Man folgt euch wie ein Schatten.«

In welchem Zustand wird er Tete vorfinden? Welche Gefühle wird Tete ihm gegenüber hegen? Die letzten Briefe des Jungen sind von einer extremen Wut geprägt. Der Sohn bringt seinem Vater einen grenzenlosen Hass entgegen. Wie ernst muss er seine Worte nehmen? Was ist wahr daran, und was geht auf das Konto des Wahnsinns?

Durch seinen Freund Michele Besso, der in Bern lebt, kann er die Verbindung zwischen Teddy und sich aufrechterhalten. Michele hat seinem jüngeren Sohn gegenüber immer eine besondere Zuneigung gezeigt. Er besucht Eduard regelmäßig in Zürich und berichtet in seinen Briefen über den Zustand seines Sohnes. Albert und Michele korrespondieren schon seit zwanzig Jahren miteinander, ihre Briefe würden ganze Kartons füllen. Michele hat er 1905 seinen Artikel über die Relativitätstheorie gewidmet. Michele hat als Erster die Formel $E = mc^2$ gelesen. Michele war es, der ihn überzeugt hat, dass seine Intuition eindeutig richtig war, dass der kleine Angestellte dritter Klasse beim Patentamt in Bern die Physik weltweit revolutionieren würde. In ihrer Korrespondenz geht es im Wesentlichen um Physik und Mathematik. Doch seit drei Jahren sind Micheles Briefe von Vorwürfen durchsetzt. Warum kommt er Tete nicht öfter besuchen? Warum nimmt er Tete nicht mit nach Amerika? Dieser Junge braucht seinen Vater. Meistens antwortet er nicht, lässt mehrere Wochen verstreichen, bevor er zur Feder greift. Besso, der so schnell nicht aufgibt, setzt ihm regelmäßig wieder zu.

Vielleicht wird er Teddy eines Tages nach Amerika mitnehmen. Eines Tages werden Vater und Sohn sich wieder gemeinsam auf den Weg machen wie damals, als sie in den Bergen wandern gingen. Doch unter den herrschenden Umständen ist die große Reise undenkbar. Teddy ist nicht kontrollierbar. Wie soll man sich die Überquerung des Atlantiks vorstellen? Teddy allein auf einem Dampfer mitten auf dem Ozean. Der Junge hat schon zweimal versucht, aus dem Fenster der Huttenstr. 62 zu springen. Mileva und der Pfleger haben ihn in letzter Sekunde gerettet. Wie würde sein Sohn eine mehrtägige Reise und die Verlockung der Leere ertragen, den Abgrund, der nach ihm ruft? Wie würde er eine Woche an Bord an der Seite eines Vaters ertragen, den er seinen eigenen Worten zufolge mehr als alles auf der Welt hasst, den er für seinen Zustand und seine kleinsten Niederlagen verantwortlich macht? Soll er ihm eine solche Reise in den sicheren Tod anbieten?

Er kann sich auch die Ankunft in New York vorstellen. Einstein trifft in Amerika ein. Blitzlichtgewitter, Menschenmassen versammeln sich. Und wer ist der Junge mit dem leicht abwesenden Blick neben dem Genie? Er stellt sich die Titelseite der *Time* vor, die Fotografie von Vater und Sohn nebeneinander. Den Artikel, der Zweifel in den Köpfen sät. Die Hartnäckigkeit der Journalisten, die mit seinem Sohn sprechen wollen. Seine Verunsicherung, die sich in Ausbrüche eines Wahnsinnigen verwandelt. Nein, Eduard ist kein Zirkuspferd, das man zur Schau stellt.

Im Gegensatz zur allgemein verbreiteten Meinung nimmt Amerika Einstein nicht mit offenen Armen auf. Eine wichtige Lobby, die *Woman Patriot Corporation*, führt eine Kampagne, um ihm die Einreise in die Vereinigten Staaten zu verbieten. Eine Petition mit diesem Ziel hat Tausende von Unterschriften zusammengebracht. Die Gruppe und ihre Unterstützer bezichtigen ihn kommunistischer Sympathien. Man wirft ihm seinen Pazifismus vor. Das FBI ermittelt. Seine Opposition zum Nazi-Regime stempelt ihn zum dubiosen Subjekt. Durch seine Artikel gegen die Rassentrennung, die seit 1925 in der amerikanischen Presse erschienen, hat er sich unzählige Feinde gemacht. Man hat ihn gewarnt, es wird nicht einfach sein, die amerikanische Staatsbürgerschaft zu erhalten. Die Tore von Ellis Island beginnen sich zu schließen. Die Regierung Roosevelt verlangt für jeden jüdischen Einwanderer deutscher Herkunft ein Führungszeugnis, das von der Nazi-Regierung ausgestellt wurde! Das State Departement verweigert jedem von der Gestapo gesuchten Flüchtling die Aufnahme.

Seine Antwort auf die Angriffe der Woman Patriot Corporation bildete die Schlagzeile der *New York Times*: »Noch nie habe ich vonseiten des schönen Geschlechtes so energische Ablehnung gefunden; sollte es doch einmal der Fall gewesen sein, dann sicher nicht von so vielen auf einmal. Aber haben sie nicht recht, diese wachsamen Bürgerinnen? Warum sollte man auch einen Menschen zu sich kommen lassen, der mit demselben Appetit und Behagen hart gesottene Kapitalisten frisst wie einst das Ungeheuer Minotaurus in Kreta leckere griechische Jungfrauen?«

Tete in Amerika? Eduard braucht Ruhe. Der Junge braucht den Anblick des friedlichen, fernen Sees, die Dächer der Stadt, die Berge der Alpen. Nichts darf seinen Geist durcheinanderbringen, die Maschine bremsen, ein Sandkorn ins Getriebe des Wahnsinns werfen.

Michele Besso hat unrecht, Teddy braucht seinen Vater augenblicklich nicht. Seine bloße Gegenwart schadet dem mentalen Gleichgewicht seines Sohnes. Er ist die Ursache von etwas. Er sieht sich selbst als Gespenst, als Irrlicht, das in Teddys Kopf umherlichtert.

Er ist Teil des kollektiven Imaginären. Er ist die Obsession Goebbels' wie des FBI-Chefs. Der Großmufti von Jerusalem hat ihn, Einstein, kürzlich bezichtigt, er wolle die Omar-Moschee zerstören. Er ist die destruktive Gestalt in einem zerbrechlichen Geist.

Er wird seinem Sohn Lebewohl sagen. Er liebt Tete mehr als alles auf der Welt. Er verlässt Europa. Sein Haus wurde von der Gestapo geplündert unter dem Vorwand, es könnten darin Waffen für Kommunisten versteckt sein. Von seiner Vergangenheit in Deutschland bleibt nichts zurück, nichts von den ruhmreichen Stunden, nichts von den glücklichen Gestaden.

In Deckung! Es heißt, Papa kommt. Großer Aufruhr im Haus. Der Patriarch kehrt zurück. Seit Monaten hat man ihn hier nicht gesehen. Man rollt den roten Teppich für ihn aus. Man legt sich mächtig ins Zeug. Was glaubt Mama nur? Dass Einstein wieder in Zürich leben wird wie in den guten alten Zeiten? Mein Vater ist nur auf der Durchreise. Er wird sich auf das Sofa setzen wie auf ein erobertes Land. Die Kränkungen sind ausgelöscht. *Ecce homo.*

Nach allem, was man hört, lebt mein Vater nicht mehr auf großem Fuß. Schluss mit dem Landhaus bei Berlin. Heute ist eine Holzhütte an der belgischen Küste gefragt. Geschieht dir recht, Albert. Du spielst dich zu sehr auf. Du provozierst die Leute, du übertrumpfst die Menschheit mit deinem Genie, du walzt alles nieder, was dir in den Weg kommt. Mit Adolf führst du den Kampf der Bartträger. Papa, du wolltest mir Lektionen erteilen, jetzt lernst du endlich das Leben kennen. Es tut weh, nicht wahr, diese Last auf den Schultern?

Man hat mir erklärt, dass Papa Deutschland wegen der Juden verlässt. Das ist gerade die Frage, um die sich alles dreht jenseits des Rheins, wer Jude ist und wer nicht. Man sieht genau, dass die Leute nicht krank sind, wenn sie sich mit solchen Fragen befassen. Reden Sie einmal im Burghölzli über höherwertige Rassen! Vor dem Wärter Heimrat sind wir alle gleich.

Kein Wort über Übermenschen, wenn Papa kommt, versprochen. Mama will, dass es ein Fest wird. Etwa ein Dutzend Gäste sind eingeladen. Das hat es noch nie gegeben. Buffet und Konzert sind vorgesehen. Der Wundervater kehrt heim. Mama ist ganz gerührt. Sie sagt mir, ich soll mein Zimmer aufräumen. Ich weiß, was sie mir damit zu verstehen geben will. Offenbar soll ich die pornografischen Fotos unter meinem Bett verstecken. Ich habe nichts zu verbergen.

Der letzte Besuch meines Vaters ist danebengegangen. Er wollte mir eine Moralpredigt halten. Er will mich lehren zu leben. Ich soll vernünftig sein. Zu spät, Papa. Vorher hättest du dich um Teddy kümmern müssen. Teddy existiert nicht mehr. Eduard wird der erste Mensch sein, der mit eigenen Flügeln fliegen kann.

3

Sie sieht sie vielleicht zum letzten Mal vereint, ihren Sohn und ihren Exmann. Ihr Blick ist auf die Partitur der Sonate für Violine und Klavier Nr. 3 von Brahms gerichtet. Sie blättert eine Seite der Partitur nach der anderen um. Albert steht rechts von Eduard. In ihren Augen leuchtet das gleiche Strahlen. Die Hände des einen folgen den Bewegungen des anderen. Manchmal hält der Vater inne, damit sein Sohn sich ganz in das Solo versenkt, dann beugt sich der Sohn zurück und lässt dem Vater den Vorrang. Und doch spielen sie das gleiche Stück. Sie kommunizieren, sie sind zusammen, man könnte meinen, Brahms hätte diese Musik für sie komponiert.

Sie ahnt, dass es ihr letztes Konzert ist, die letzte Begegnung, die das Schicksal ihnen schenkt. Diese Sonate ist ihr Schwanengesang. Und nun ist das Finale zu Ende. Der Vater hebt seinen Bogen. Die Hände des Sohnes verharren in der Luft. Schweigen erfüllt den Raum. Sie hält sich zurück, um nicht beide in ihre Arme zu schließen und zu umschlingen. Die kleine Zuhörerschaft applaudiert. Eduard grüßt kurz und zieht sich zurück.

Als die Gäste gegangen sind, ist sie allein mit ihrem früheren Mann. Eduard ist in seinem Zimmer. Man hört ihn nicht mehr. Flüchtig streift sie der Gedanke, was der Grund für diese plötzliche Stille sein mag. Sie verbietet sich, in diesem Augenblick das Schlimmste zu denken. Sie sieht zu, wie Albert die Geige in den Kasten zurücklegt und vorsichtig den Bogen deponiert. Die Violine wird mit ihm nach Amerika reisen.

Sie empfindet ein ähnliches Gefühl wie damals, 1914, als sie Berlin verlassen hat. Mit diesem Mann, den sie seit Langem bestenfalls als Fremden, schlimmstenfalls als Feind betrachtet, hat sie drei Kinder und Jahre des Glücks geteilt. Zweifellos ist das heute für lange Zeit das letzte Mal, dass sie ihn sieht. Ihre Blicke sind sich noch nicht begegnet. Sie haben kein Wort miteinander gesprochen. Sie räumt die letzten Flaschen und Gläser weg.

»Das war ein schöner Abend«, sagt sie. »Ich glaube, dass alle glücklich von hier weggegangen sind. Helene hat sich so gefreut, dich wiederzusehen. Eigentlich hat sie dich ja schon vor mir kennengelernt. Ihr wärt ein schönes Paar gewesen, als wir zwanzig waren. Viel besser als das kleine Hinkebein und das große Genie.«

Er mag es nicht, wenn sie so redet. Er sagt, sie beide seien das schönste Paar der Welt gewesen.

»Du wirst mir böse sein, aber ich habe alle Briefe aus dieser Zeit aufbewahrt. Reg dich nicht auf, ich werde sie verbrennen wie versprochen. Ich kenne sie inzwischen auswendig ... Mein lieber Schatz! Sosehr mich mein altes Zürich wieder anheimelt, so sehr fehlst Du mir, meine kleine, liebe ›rechte Hand‹. Ich mag hingehen, wo ich will – ich gehöre doch nirgends hin und ich vermisse zwei Ärmchen ...«

Er unterbricht sie.

...

Dieser Brief ist vom 3. August 1900. Stell dir vor, das ist dreißig Jahre her. Wir lebten in Bern in unserer kleinen Kammer in der Gerechtigkeitsgasse ... Es gab gerade mal fließendes Wasser. Und doch schien alles so einfach. Es war, als wäre unser Zimmer ein begnadeter Ort. Du warst wie im Fieber. Du hast mit dir selbst gesprochen. Oder du hast dich an Newton gewandt und behauptet, er habe unrecht, du hast Galileo erklärt, was er nicht verstanden hatte. Ich habe dich an deinem Schreibtisch beobachtet. Du hast ein Blatt Papier und einen Füllfederhalter genommen, und das Blatt färbte sich ohne die geringste Mühe schwarz. Die Tinte folgte deinem Gedankenfluss. Das Erstaunlichste war deine Gewissheit, etwas Ungeheuerliches zu vollbringen. Ich hatte den Brief überbracht, den du an deinen Freund Habicht geschrieben hattest – du wolltest nicht einmal mehr das Zimmer verlassen aus Angst, etwas könnte dir entgehen. Habicht hat deine Botschaft in meiner Gegenwart gelesen und ist in Lachen ausgebrochen.

Er erinnert sich an den Brief, in dem er dem Freund vier Arbeiten angekündigt hat:

Lieber Habicht,
... Die vierte Arbeit liegt erst im Konzept vor und ist eine Elektrodynamik bewegter Körper unter Benützung einer Modifikation der Lehre von Raum und Zeit.

»Du, Albert Einstein, vierundzwanzig Jahre alt, warst im Begriff, der Welt zu enthüllen, was Raum und Zeit sind. Und du hattest recht! ... Und auch ich habe nie daran gezweifelt.«

Er wusste das. Sie war so wertvoll gewesen für ihn. Ja, seine rechte Hand. Er hörte ihre Schritte im Treppenhaus, und während sie außer Atem eine Einkaufstüte abstellte, versprach er ihr, dass sie bald umziehen würden. Eines Tages, versicherte er, werde ich den Nobelpreis erhalten, und ich werde dir das ganze Preisgeld schenken!

»Du hast dein Versprechen gehalten ...« Sie lässt einen Moment verstreichen und sagt dann ernster: »Was hat uns so weit gebracht? Es ist mein Fehler, nicht wahr? Ich hätte mit dir in Berlin bleiben sollen. Ich hätte um dich kämpfen müssen. Und manchmal denke ich, wie unser Leben verlaufen wäre, wenn Lieserl bei uns gewesen wäre.«

Er mag es nicht, dass die Erinnerung an Lieserl wachgerufen wird. Er will die Toten nicht aufwecken.

»Vor einem Monat habe ich ihr Grab mit Blumen geschmückt. Im Dorf kümmern sie sich darum. Bei uns heißt es, dass die Seele der Kinder über die anderen Gräber wacht, man sagt, sie ist ein Engel. Ich denke oft, dass Gott mich dafür bestraft hat, dass ich sie verlassen habe. Glaubst du nicht, dass Gott uns für unsere Fehler bestraft? Warum sonst dieses ganze Unglück, das uns trifft? Warum Eduard? ... Entschuldige mich«, sagt sie und wischt ihre Tränen ab. »Wirst du lange fort sein?«

Er kann keine genaue Antwort geben. Er ahnt, dass es für lange ist. Monate, Jahre wohl werden vergehen, bevor er wieder einen Fuß nach Deutschland setzt. Nichts in der augenblicklichen Situation lässt auf die geringste Verbesserung schließen. Hitler ist kein Zugvogel. Das Volk steht geschlossen hinter ihm. Die Jugend wirft die Bücher ins Feuer. Binnen sechs Monaten hat Deutschland sich mehr verändert als in einem Jahrhundert.

»Zürich ist deine Heimat. Es wird immer deine Heimat sein. Du kannst sogar mit Elsa kommen.«

Er dankt ihr. Sie hat ihn immer freundlich aufgenommen. Nie war das Band zwischen ihnen vollkommen zerschnitten.

»Jetzt ist es Zeit, deinem Sohn Lebewohl zu sagen«, sagt sie.

Mein Vater wird in mein Zimmer treten und mit mir sprechen wollen, das weiß ich. Ich bin ein sehr intuitiver Mensch. Einstein wird die Tür öffnen und erscheinen. Ich will aber gar nicht, dass er erscheint. Schade, dass ich nicht die Macht habe zu bestimmen, dass die Tür sich nicht öffnet. Ich habe vielerlei Macht, aber diese nicht. Eines Tages werde ich auch sie besitzen. Eines Tages werde ich über alles Macht haben. Ich werde sein wie mein Vater. Was ich hingegen kann, ist, mich in einen Hund zu verwandeln. Ich vollziehe diese Metamorphose, wann immer ich Lust dazu habe. Beim Eintreten wird Einstein einen Hund auf dem Bett liegen sehen. Er wird nicht überrascht sein. Nichts kann ihn überraschen. Er wird die Tür wieder schließen. Damit wird der Fall erledigt sein. Ich werde nicht mit ihm reden. Ich weigere mich, ihn anzusprechen. Er hat einen schweren Fehler begangen. Eine Majestätsbeleidigung gegenüber seinem eigenen Sohn. Im zweiten Satz hat er ein Cis vergessen. Wie kann man ein Cis vergessen? Er hat es extra gemacht, damit ich falsch spiele. Und es ist ihm gelungen. Er erträgt es nicht, dass ich ihm ebenbürtig bin. Er fürchtet sich vor der Konkurrenz. Er leidet an einer überlegenen Intelligenz. Während des ganzen

Schlussteils des zweiten Satzes habe ich hinterhergehinkt. Die Zuhörer haben es bemerkt. Sie haben heimlich gelacht, ich habe es genau gesehen. Man macht sich immer über mich lustig, wenn mein Vater da ist. Für ihn die Hurrarufe, für mich der Spott. Dabei hat er gar keinen schönen Ton auf der Geige, nie gehabt, aber niemand wagt ihm das zu sagen. Ich werde die Schmach tilgen. Sobald die Tür sich öffnet, wird ihm der Hund an die Gurgel springen. Eduard ist nicht der nette Junge, für den man ihn hält. Ich kann zum wilden Tier werden, wenn man mich provoziert. Nein, ich werde doch meine menschliche Gestalt bewahren. Ich will nicht, dass er meine Zauberkräfte errät. Er könnte sie mir rauben. Dieser Mann ist ein Usurpator. Was glauben Sie wohl, warum die Deutschen ihn mehr als jeden anderen hassen? Kein Rauch ohne Feuer. Die Deutschen können sich nicht in allem irren. Eines Tages verwandle ich mich in einen Deutschen, um die Schaufenster der jüdischen Geschäfte zu zertrümmern und die frommen Alten zu misshandeln. Die Deutschen haben alle Macht der Welt. Es ist ihnen gelungen, meinen Vater aus ihrem Land zu verjagen. Aber sie werden nicht zulassen, dass ich Deutscher werde. Sie nehmen es sehr genau mit der Abstammung. Ich werde wohl ich selbst bleiben müssen. Vielleicht ist es besser so. Einsteins Sohn wird auf der Straße stecken bleiben.

4

Er klopft an Eduards Zimmertür und erhält keine Antwort. Er versucht es noch einmal. Nichts. Er dreht den Türknauf, wirft einen Blick hinein. Das Zimmer wird nur vom Widerschein der Straßenlaternen erleuchtet. Durch das halb geöffnete Fenster bläst ein leichter Windhauch. Eduard sitzt mit einer Zigarette zwischen den Fingern auf dem Bett und betrachtet den Rauch, der aus seinen Lippen steigt. Die Schatten der Vorhänge tanzen auf den Mauern.

»Hat dich jemand zum Eintreten aufgefordert?«, fragt Eduard.

Das Dämmerlicht zeichnet eine Grimasse zum Fürchten auf das Gesicht seines Sohnes. Ein schallendes Lachen bricht aus dem Dunkel. Er erkennt dieses Lachen nicht wieder. Im Zimmer herrscht ein dumpfer Geruch. Ihm ist, als dringe er in ein von schlechten Träumen erfülltes Reich ein. Schließlich fragt er, ob er eintreten darf.

»Du brauchst eine Genehmigung.«

Er wagt es nicht, einen Schritt nach vorn zu machen. Über dem Bett sieht er das riesige Porträt von Freud, den der Junge mit wahrer Anbetung verehrt. Hier und dort sind kleine aufreizende Fotos mit nackten Frauen an die Wand genagelt. Der Boden ist mit einer Mischung aus Kleidungsstücken und Büchern übersät. Er erkennt einige, die aus seiner Bibliothek stammen, Kant, Schopenhauer, Goethe.

»Hast du jemanden aufgesucht, um die Genehmigung einzuholen? Man muss die richtigen Leute kennen. Einer davon ist meine Mutter. Hast du meine Mutter gefragt? Sie ist dazu ermächtigt. Tritt ein, wenn sie dir ein Visum erteilt hat.«

Er gehorcht.

»Siehst du, es ist nicht kompliziert. Ein längerer Aufenthalt ist schwieriger. Ich werde ständig von der Verwaltung belästigt. Aber bei einem einmaligen Besuch kommt man mir entgegen. Kein unnützer Papierkram, keine Debatten. Das alles ist sehr menschlich. Auch wenn Vertraulichkeit ebenso wie Wut oder Groll nie gern gesehen ist. Aber du hast nie große Vertraulichkeit gezeigt, oder ich erinnere mich nicht mehr daran.«

Albert verschweigt seine Ängste und Befürchtungen und versucht, seine Gedanken zu sammeln. Das ist sein Sohn ihm gegenüber, sein nicht wiederzuerkennender Sohn, der sich durch die Schicksalsschläge verhärtet hat. Solange sie Brahms spielten, hatte er in der Illusion gelebt, er habe seinen Jungen wiedergefunden. Von Eduard ging eine Art vertrauter Anmut aus, als seine Hände über dem Klavier tanzten. Zwischen ihnen herrschte Harmonie. Nun entstellen ein Hauch von Stolz und Lächeln voller Schmerz seine Gesichtszüge.

»Erwartest du etwas Bestimmtes von mir, oder handelt es sich um einen schlichten Höflichkeitsbesuch?«

Er würde Eduard gerne umarmen, ihn sanft schütteln und ihn mit einer Bewegung wieder zur Vernunft bringen. Doch leider wirken seine großen Augen wie erloschen. Sein Geist scheint unempfänglich für die einfachste Umarmung. In der Seele seines Sohnes ist etwas verankert, im tiefsten Innern eingegraben, eine furchtbare Wahrheit, die keinen Platz für Sanftheit oder Ruhe mehr lässt.

»Hat dein Besuch einen Hintergedanken? Ich bin auf der Hut, weißt du. Ich sehe mich lieber nicht nach den Folgen meiner Handlungen um. Es führt zu nichts, an die Vergangenheit zu denken. Das Ideale wäre meiner Meinung nach, das Leben ohne jede Sehnsucht zu betrachten. Das größte Märchen, das je erfunden wurde, ist das vom Bewusstsein. Dir brauche ich das nicht zu erklären. Ach ja, ich habe gehört, du gehst nach Amerika. So ist es, nicht wahr, du reist nach Amerika? Ich verabscheue die Amerikaner. Ich sehe, wie sie mit ihren Dollarbündeln auf den Terrassen der Cafés herumstolzieren. Sie brüllen, glauben überall, sie seien hier zu Hause, wo doch das Gegenteil der Fall ist. Ich habe außerdem beschlossen, von einer Fortsetzung meines Medizinstudiums abzusehen. Ich habe die Psychiater kennengelernt. Sie sind eingebildete Ignoranten. Sie glauben, sie hätten die Wissenschaft mit Löffeln gefressen. Mein Bewusstsein ist verwirrt. Ich weiß mehr als sie über mein Problem. Sie geben einfachen Dingen komplizierte Namen. Du erinnerst dich vielleicht, dass sie mich eingesperrt haben, als wäre ich verrückt. Du glaubst nicht, dass ich verrückt bin, oder? Andere glauben es. Ich sehe es an ihrem Blick, wenn ich nach Einbruch der Nacht mit den Wölfen rede. Schläfst du heute Abend hier? Dann musst du auch auf der Hut sein. Das Heulen wird dich stören. Soll ich dir das Metalllineal leihen, das man zum Schutz unter das Kopfkissen legt? Ich kann für eine Nacht darauf verzichten. Du bist schließlich mein Vater. Ich schulde dir Gehorsam und Respekt. Gibst du mir das Geld für das Lineal? Es steht mir nicht zu, dir Vorhaltungen zu machen, aber man erzählt viel Schlechtes über dich in der deutschen Presse, die man hier bekommt. Wenn Mama sich über dich aufregt, behauptet sie, du bekommst nur, was du verdienst. Sie ist ein bisschen nachtragend, du kennst ja meine Mutter. Du hättest bloß nicht nach Berlin gehen müssen, wo Zürich doch sogar für euch Juden so eine ruhige Stadt ist, wenn da nicht diese verfluchten Wölfe wären. Bekommt man immer, was man verdient? Ich persönlich habe nichts Böses getan, das mein Los rechtfertigen würde. Ich bin nicht wie du. Du hast ein Schicksal. Niemand wird deinen Weg gehen. Ich hingegen, nun mir scheint, ich bin mehrere. Nichts ist wirklich vorherbestimmt. Ich glaube mich zu erinnern, dass du mich einmal mitten im Wald allein gelassen hast, als ich ein kleiner Junge war, und ein wildes Tier mich im Maul nach Hause zurückgebracht hat. Ich bin dir deswegen nicht persönlich böse. Ich weiß, dass du ein wenig zerstreut bist. Entscheidend ist, dass man nach Hause zurückgebracht wird. Solange man mich an einen sicheren Ort bringt, messe ich der Art und Weise oder hehren Prinzipien keine große Bedeutung zu. Ich bin ein anpassungsfähiger Geist, ob es den Ärzten passt oder nicht ... Du hast eine falsche Note im zweiten Satz der Sonate von Brahms gespielt. Du hast ein Cis vergessen. Hast du das extra gemacht, um mich aus dem Takt zu bringen, oder hat Brahms sich geirrt? Ich bin nachsichtig geworden, weißt du. Ich habe viel aus dieser Erfahrung gelernt. Ich kann alles von dir hören.«

Er würde gerne eine Frage stellen, etwas, was ihm auf dem Herzen liegt und was er noch nicht zu fragen gewagt hat. Er weiß nicht, ob es eine gute Idee ist. Es lohnt sich, darüber nachzudenken. Morgen ist es allerdings zu spät. Also gut: Könnten wir nicht zusammen überlegen, ob wir beide nach Amerika gehen?

»Dass ich mit dir nach Amerika gehe?«

Die Abreise ist in einer Woche geplant. Es bleibt genügend Zeit, um Tetes Sachen zu packen. Er hat ihn vorher nicht informiert, weil ihm das alles, diese lange Überfahrt, zu kompliziert erschien. Nun, da sie sich gegenüberstehen, scheint es selbstverständlich. Sie werden zusammen weggehen, das Schiff besteigen und sich in Princeton niederlassen. Anfangs werden sie sich natürlich mit einer Behelfslösung arrangieren müssen. Aber mit zwanzig sind einem Behelfslösungen egal, nicht wahr? Und dann werden sie auf einem Segelboot, das er dort kaufen wird, herumfahren, es gibt einen kleinen See in der Nähe von Princeton. Sie werden zusammen segeln gehen wie früher, alle beide, Kapitän Tete. Sie werden an Land zurückkommen und ein kleines Restaurant finden, in dem sie sich an guten Fischen satt essen.

»Also, was hältst du davon, Eduard?«
»Dich begleiten? Lieber krepiere ich!«

5

Ihre Blicke folgen ihm vom Balkon aus. Er geht schnellen Schrittes auf der menschenleeren Straße. Die gerade erst aufgegangene Sonne wirft einen Schatten hinter ihn. Er nähert sich der Kreuzung. Einen Moment lang hofft sie, dass er sich umdreht, den Kopf in ihre Richtung wendet, zum Abschied winkt. An der Straßenecke biegt er rechts ab. Sie verspürt einen Stich im Herzen. Sie ahnt, dass sie diesen Mann nicht mehr wiedersehen wird, den einzigen, den sie gekannt hat, geliebt hat wie keinen anderen und so sehr gehasst wie nur möglich. Sie sucht nach seiner Gestalt zwischen den Häusern. Sie sieht niemanden. Ihr Blick schweift über die Dächer. Eine bleiche Sonne scheint. Der See glitzert. Es wird ein schöner Tag.

Sie geht ins Zimmer zurück, schließt das Fenster, durchquert das Wohnzimmer, geht zu Eduards Zimmer, öffnet es leicht, sieht ihren Sohn mit geschlossenen Augen direkt auf dem Boden schlafend, umgeben von Kleidungsstücken und Büchern. Sie darf nichts aufräumen, was auf dem Boden liegt. Ihr Blick fällt auf die pornografischen Fotos an der Wand. Sie muss alles schweigend ertragen. Sie schließt die Tür wieder. Nur ja nicht ihn aufwecken.

Sie geht zu dem großen Schrank im Wohnzimmer, holt den Schuhkarton aus dem unteren Regalfach hervor, setzt sich hin, hebt den Deckel und ergreift einen Umschlag aus dem Stapel von Briefen darin. Das ist ihre Methode, den Kummer zu besänftigen, indem sie auf gut Glück ein paar Minuten aus glücklichen Tagen herauspickt. Sie betrachtet den Umschlag, liest das Datum auf der Briefmarke. Wir sind im Jahr 1900, im Sommer, im August. Sie faltet den Brief auseinander. Plötzlich vernimmt sie eine Stimme, die zu ihr spricht und ihr ins Ohr flüstert.

Zürich, Donnerstag, 9. August 1900

Mein lieber Schatz!
Gelt, da schaust, daß ich schon wieder hier auftauche! Doch ich benützte die erste beste Ausrede, um aus dem langweiligen Milieu herauszukommen ... Ich kanns gar nicht erwarten, bis ich Dich wieder herzen und drücken und mit Dir leben kann. Und lustig werden wir drauf los arbeiten und Geld haben wie Mist. Und wenns nächstes Frühjahr schön ist, dann holen wir Blumen im Melchthal.

Sie reist dreiunddreißig Jahre zurück. Die Worte des jungen Mannes machen sie leicht und frohgemut. Niemand hat zuvor so mit ihr gesprochen. Sie hebt den Brief an ihr Gesicht, atmet tief ein und greift mit der Hand noch einmal in den Karton. Der Sommer 1900 ist vorbei. Nun sind wir Ende September.

Meine einzige Hoffnung bist Du, meine liebe, treue Seele. Ohne den Gedanken an Dich möchte ich gar nicht mehr leben im traurigen Menschengewühl. Doch Dein Besitz macht mich stolz & Deine Liebe macht mich glücklich. Doppelt selig werde ich sein, wenn ich Dich wieder ans Herz drücken kann und Deine liebenden Augen sehe, die nur mir leuchten und Deinen lieben Mund küsse, der nur mir in Wonne gezittert.

Noch mal, befiehlt ihr Herz. Sie will, dass die Wonnen der Vergangenheit andauern. Will sich für glücklich halten und für geliebt. In vollen Zügen diese frohen Stunden genießen. Ein Federstrich soll dreißig Jahre des Mangels auslöschen. Sie will das Flüstern der ewigen Schwüre hören. Sie will wieder zwanzig Jahre alt sein, während sie inzwischen doch schon fünfzig ist. Für einen Augenblick soll das Gestern die Wahrheit von heute sein.

Ein Gedicht nun, das einzige, das sie je in ihrem Leben erhalten hat.

Meine liebe Kloane!
Schnadahüpfl:
O mei! Der Johonzel,
Der ist ganz verruckt.
Gmoant hod er seins Doxerl
Und's Kissen hat er druckt.

Wenns Schatzerl mir schmollen thut,
Wird i windelweich.
Doch es zuckt mit die Oxeln
Und sogt: Is jo gleich.

Moane Olden die denken
Dees is a dumme Sach ...
Ober sogen thans nix,
Sonst kriagatens aufs Dach.

Mein Doxerl sei Schnaberl
Des mecht i gern hern
Und nachher ihm's lustig
Mit meinem verspern ...

Sie hat Angst vor der Hochstimmung, die zurückbleiben könnte. Sie ergreift den Brief im schwarzen Umschlag. Sie hat als Zeichen der Trauer das Kuvert ausgetauscht. Den Brief hatte Einstein an ihre gemeinsame Freundin Helene Savić geschickt.

8. September 1916, Berlin

Die Trennung von Miza, für mich eine Frage des Überlebens. Unser gemeinsames Leben war unmöglich geworden. Sie ist und bleibt für mich immer ein amputiertes Glied.

Sie hört das Parkett knarzen. Hastig räumt sie die Briefe weg, schiebt den Karton unter das Sofa. Ihr Sohn erscheint an der Wohnzimmertür. Er ist nackt.

Sie zwingt sich, den Blick nicht abzuwenden, ihm gerade in die Augen zu sehen.

»Weißt du«, fragt Eduard, »wo das Metalllineal ist, das ich immer unters Kopfkissen lege? Ich kann nicht einschlafen, weil die Wölfe so heulen.«

PRINCETON –
HELDENPLATZ

1

Die Sonne steht noch tief am Himmel von Princeton, als er die Mercer Street entlanggeht. Die Häuser strahlen in ihrer rustikalen Schönheit etwas wie Stärke und Gelassenheit aus, die Illusion einer friedlichen Welt. Er denkt an die Verkettungen des Zufalls und die Schicksalsschläge, die ihn hierhergeführt haben, an diesen Ort, weit weg vom Chaos, wie abgeschnitten von der Welt in diesem Dezember 1935. Eine Entenschar fliegt über den Himmel und nimmt Kurs auf den gegenüberliegenden See. Die Straße vor ihm scheint sich ins Unendliche zu erstrecken. Er nimmt die Jones Street und schickt sich an, den Park zu durchqueren, über dem sich das neugotische Gebäude der Alexander Hall erhebt, in dem er dienstags Vorträge abhält. Er geht eine kurvige Allee entlang, deren Blätter jetzt im Spätherbst eine Art orangefarbene Teiche bilden.

Er begegnet einer Gruppe Studenten, die keine Notiz von ihm nehmen. Hie und da ist Gelächter zu vernehmen. Kann es sein, dass die gleiche Jugend auf der einen und auf der anderen Seite des Ozeans hier Zigaretten und dort Bücher verbrennt? Er überlegt, was aus diesen jungen, naiv wirkenden Amerikanern mit strahlenden Gesichtern werden wird, wenn sie im Krieg der kampferprobten deutschen Jugend gegenüberstehen, die nach Blut und Reinrassigkeit giert. Denn es wird Krieg geben. Er ist davon überzeugt. Albert Einsteins einzige Hoffnung ruht auf diesem Konflikt. Das also haben die Deutschen aus diesem glühenden Verfechter des Pazifismus gemacht – einen Kriegstreiber.

Ein wenig später überholt er zwei Jungen. Einer hält einen Baseballschläger, der andere will gerade mit seiner behandschuhten Hand den Ball werfen. Seit zwei Jahren lebt er nun schon in Amerika, und noch immer fasziniert ihn dieses Schauspiel. Er setzt seinen Weg fort. Eine leise Brise wirbelt die Blätter hoch. Er erreicht das Ufer des Carnegiesees, setzt sich auf eine Bank und betrachtet das ruhige Gewässer, auf dem von Zeit zu Zeit ein Ruderboot, dessen Kapitän mit dem Megafon den Rhythmus vorgibt, die Stille unterbricht. Die Lichtreflexe auf den sanften Wellen, die das vorbeifahrende Boot hinterlässt, bringen das Wasser zum Glitzern. Dann wird alles wieder friedlich. Eine Entenfamilie teilt die Wellen.

Seit ein paar Monaten hat er das Gefühl, zum Ort dazuzugehören. Sein Haus mit der Nummer 112 ist kein Anziehungspunkt für Neugierige mehr. Nur seine

Freunde besuchen ihn noch. Man bittet ihn zu intervenieren, um die Einreise deutscher Exilsuchender in die Vereinigten Staaten zu erleichtern. Er verschafft den Kindern seines Berliner Hausarztes ein Affidavit und auch dem Geiger Boris Schwarz, mit dem er in Berlin musiziert hat. Aber seine Versuche, grundlegende Maßnahmen zum Schutz der deutschen Juden zu organisieren, sind gescheitert. Zwar ist es ihm gelungen, ein Mitglied des britischen Abgeordnetenhauses zum Einbringen eines Antrags zu bewegen, der darauf abzielte, dass England die ausgeschlossenen und bedrohten jüdischen Wissenschaftler aufnehmen sollte. Doch nur wenige Abgeordnete haben für diesen Antrag gestimmt. Alle zwei oder drei Tage interviewt ihn ein Journalist und befragt ihn zur Lage in Deutschland. Warum rufen Sie zum Boykott der Olympischen Spiele in Berlin auf? Ist die Situation der Juden wirklich so schlimm, wie behauptet wird? Und nun, bevor wir unsere Sendung mit Professor Albert Einstein fortsetzen, wird uns Miss Audrey Memphis die Vorzüge der Creme Luxe anpreisen, Ihr Auftritt, Audrey.

Niemand verlässt Dachau mehr lebendig. Werden wir je eine schlimmere Zeit als das Jahr 1935 erleben? Man kann uns hungern lassen, hat der Judenrat von Berlin verkündet, man kann uns nicht verhungern lassen.

Im November wurde das auf dem Nürnberger Reichsparteitag der NSDAP beschlossene »Gesetz zum Schutze des deutschen Blutes und der deutschen Ehre« verabschiedet. Dieser Text regelte gesetzlich, wer der arischen Rasse angehörte und wer der jüdischen. Die Partei erfand eine dritte Rasse, den *Mischling* mit jüdischem Blut. Als *Mischling* ersten Grades galt jede Person mit zwei jüdischen Großeltern, die sich nicht zum jüdischen Glauben bekannte und bis zum 15. September 1935 keinen jüdischen Ehepartner hatte. Als *Mischling* zweiten Grades wurde jedes Individuum mit einem einzigen jüdischen Großelternteil bezeichnet. Dem Geist des Gesetzes nach besitzen die *Mischlinge* einen Anteil reinen deutschen Blutes, durch den sie zum deutschen Volk gehören und der je nach Grad dem schädlichen Einfluss des jüdischen Anteils entgegenwirkt.

Hans Albert und Eduard Einstein sind Mischlinge ersten Grades.

Es heißt, FBI-Agenten würden um die Mercer Street 112 herumschleichen. Edgar Hoover, der neue starke Mann des Geheimdienstes, sei überzeugt, dass Einstein ein Spion im Dienste Moskaus ist. Sein befristetes Visum schützt ihn nicht vor einer Ausweisung. Seine Aufrufe zum Pazifismus, seine Kritik am kapitalistischen System, seine Sympathien für den Sozialismus, sein Engagement zugunsten der amerikanischen Schwarzen sprechen gegen ihn. Bestimmte amerikanische Gruppierungen träumen noch immer davon, dass er nach Deutschland zurückgeschickt wird.

Auf dem Rückweg geht er durch die Baker Street, biegt in die Mercer Street ein, erreicht die Nummer 112, betritt den kleinen Vorgarten, steigt die wenigen Stufen der Veranda hoch, dreht den Schlüssel im Schloss, durchquert die Garderobe und tritt in das große Wohnzimmer, in dem ein paar aus der Berliner Wohnung gerettete Biedermeiermöbel und der große Flügel stehen. Alles andere, die Säbel, der Zierrat, die Geschenke der Prinzen und Minister, die ihn auf der ganzen Welt empfangen und geehrt haben, sind von der SS zerstört oder geraubt worden. Eine schwache, zitternde Stimme fragt leise, ob er es ist. Er öffnet die Schlafzimmertür. Elsa sitzt aufrecht, ihr linker Arm hängt herab, ihr rechtes Auge ist halb geschlossen. Ein Schlaganfall hat sie vor Kurzem niedergestreckt. Ein wenig Speichel beschmutzt ihre Mundwinkel. Die Tagespflegerin muss sich etwas verspätet haben. Elsa verzieht das Gesicht zu einem angedeuteten Lächeln. Er setzt sich auf die Bettkante, greift nach einem Taschentuch und wischt die Mundwinkel ab. Er drückt einen Kuss auf ihre Stirn, sagt, dass schönes Wetter draußen ist. Ein paar Worte dringen aus dem Mund seiner Frau. Er glaubt zu verstehen, dass Michele Besso am Morgen angerufen hat, dass Elsa die Kraft hatte abzunehmen, aber nicht genug, um ein Gespräch fortzusetzen. Er antwortet, dass er Michele später zurückrufen wird. Er bleibt einen Augenblick an Elsas Bett. Sein Blick fällt auf die Metallurne in der Nähe des Bettes, die Ilses Asche enthält. Elsas Tochter ist ein Jahr zuvor mit dreißig Jahren in Paris an Tuberkulose gestorben. Elsa will sich die Illusion bewahren, dass ihre Tochter in ihrer Nähe ist. Er hat darauf verzichtet, die Urne im Garten zu begraben.

Er presst ihre Hand, verlässt das Zimmer und geht hinauf in sein Arbeitszimmer und schaut durch das Panoramafenster auf die baumbestandenen Gärten hinaus. Es ist schon das zweite Mal, dass Michele Besso anruft. Gewöhnlich telefoniert sein Freund nicht, lieber schreibt er lange Briefe. Michele Besso ist der Fixpunkt seines Lebens. Michele ist in Bern geblieben und besucht Eduard regelmäßig. Und er hilft Mileva. Mit seinen Briefen hält er Albert auf dem Laufenden, erteilt ihm Ratschläge. Nur auf einen Brief von Michele hat er nicht geantwortet.

Bern,
Aus meinem weltlichen Kloster

Mein lieber, guter alter Freund
Wo man um sich sieht, trifft man auf Leid. Alles Leid zu stillen, dessen er gewahr wird, ist auch dem Mächtigsten nicht gegeben. Er muss sich bescheiden. Will er zu einer gewissen Ruhe kommen, so hat er zwei Wege, den des Kindes, das sich vom Augenblick führen lässt, mit dem Augenblick weint und dafür die Freude des Augenblicks auch ganz und unvermischt lebt; oder den des Mannes, in den verantwortlichen, aufbauenden Jahren, wenn ihn ein Bild erfasst hat des Baues, an dem er schafft, und er alles darauf bezieht, und in der Erfüllung des mit dem Ernste von so viel Verzichten anerkannten Vorsatzes eine neue Welt sich erschliesst.

... So hänge ich an Deinem Eduard ... er hat einen außerordentlichen Vater, eine tüchtige Mutter, er ist gescheit und sympathisch, wenn auch jugendlich verschlossen, hat einen guten Kameraden, der sich herzlich um ihn bemüht – und sogar noch eine alte, mitfühlende Seele, auch die richtige Vorbildung zu einer tüchtigen, selbstgewählten Arbeit ...

Nimm den Jungen ein Mal mit Dir auf einer Deiner grossen Reisen. Wenn Du ihm dann so die freie Zeit von 6 Deiner Lebensmonate gewidmet hast – so wirst Du ja auch allerlei getragen haben an ihm, was wir anderen ungern sehen – weil es von außen anders aussieht als von innen; aber dann werdet ihr auch ein für alle Mal wissen, was ihr aneinander habt ...

Lieber, alter Freund, verzeihe Deinem alten Freund Besso

So hatte dieser Brief an »seinen lieben alten Freund« begonnen. Es war ein elegisches Schreiben: Wohin man auch sehe, überall Leiden. Auch für den mächtigsten Mann gebe es nur zwei Möglichkeiten, sich dazu zu verhalten: entweder sich wie ein Kind vom Augenblick leiten zu lassen oder sich wie ein Erwachsener verantwortungsvoll bestimmte Ziele zu setzen und für diese mit aller Kreativität zu arbeiten. Die Belohnung sei dann, dass man eine Welt für sich entdecke. Genau darum setze er, Michele, sich auch so für Eduard ein, zu dem er eine Verbindung, ein Art inneres Band spüre. Und dann am Ende dieses Briefes ein Vorschlag wie ein Appell: *Nimm den Jungen einmal mit Dir auf einer Deiner großen Reisen. Wenn Du ihm dann so die freie Zeit von 6 Deiner Lebensmonate gewidmet hast ... dann werdet ihr auch ein für alle Mal wissen, was ihr aneinander habt.*

Er nimmt den Hörer zur Hand und bittet die Vermittlung um eine Verbindung zur 25768 in Bern.

Nach langem Knistern läutet es schließlich. Er hört Micheles Stimme. Es folgen ein paar Höflichkeitsfloskeln, Erkundigungen nach Elsas Zustand, wie spielt sich das Leben in Princeton ab, wie schreiten die kosmologischen Arbeiten voran, Reflexionen über die Entwicklung der antijüdischen Verfolgungen in Europa. Michele hält inne und sagt: »Du musst wissen, wie es um Eduard steht. Sein Zustand hat sich auf beunruhigende Weise verschlechtert. Ich will hier nicht auf Einzelheiten eingehen, ich weiß, wie schmerzlich das für dich ist. Ich weiß, dass du deinen Kummer für dich behältst und dein Leid verschweigst. Im Laufe der Zeit habe ich begriffen, dass all das in deinen Augen unvermeidlich war. Doch das macht deine Verzweiflung nicht erträglicher, im Gegenteil. Aber ich muss dir mitteilen, dass etwas Wichtiges geschehen ist. Mileva hat auf Minkels Rat hin beschlossen, Eduard nach Wien zu bringen. Sie hat das allein entschieden. Sie sagt, dass du aus der Ferne den Zustand deines Sohnes nicht beurteilen kannst. Sie wollte nicht, dass ich dir davon erzähle, bevor es so weit ist. Du kennst die Heilmethode von Sakel, nicht wahr? Wir haben bereits darüber gesprochen. Nun, sie wollen es mit dieser Behandlung versuchen. Ich weiß, dass das eine schwerwiegende Entscheidung ist. Vielleicht macht Eduards Zustand sie notwendig? Nur steht vielleicht das Risiko in keinem

Verhältnis zum Einsatz? Denn diese Methode steckt ja erst in ihren Anfängen. Wie dem auch sei, es ist zu spät. Die Sache ist entschieden, zum Guten oder zum Bösen. Mileva und dein Sohn reisen morgen nach Wien, und wir können nichts daran ändern. Kein Telegramm wird sie aufhalten auf ihrem Weg zu Dr. Sakel. Kein Brief wird sie erreichen. Albert, ich wollte dich nur warnen.«

Er dankt, grüßt, legt auf.

Er denkt an seinen verlorenen Sohn auf dem Heldenplatz. Stellt sich vor, welche Qualen ihm angetan werden. Und er sagt sich, dass die Würfel gefallen sind.

Ich glaube, dass man mich in Wien beseitigen will. Die Beweise, die ich für diese Vermutung habe, sind erdrückend. Aber die Behörden zu alarmieren hieße, sich in die Höhle des Löwen zu begeben. Man hat mir gesagt, diese Reise sei zu meinem Besten. Seit wann will man hier mein Bestes? Seit wann ist Österreich gut für die Gesundheit? Anscheinend erwartet mich eine neue Behandlung. Ich wiederhole es schon seit fünf Jahren: Ich brauche überhaupt keine Behandlung. Ich bin nicht krank. Man täuscht sich über meine Verfassung, man macht einen ärztlichen Behandlungsfehler und sattelt noch einen Justizirrtum drauf. Fünf Jahre an diesem Ort haben mich auf schreckliche Weise verändert. Und ich spreche nicht nur von meinem Bewusstsein, auch von meinem Körper. Meine eigene Mutter erkennt mich ja kaum noch wieder. Sie hat es mir gestanden, als ich sie gefragt habe, ob ich immer so gewesen bin. Ein »Nein, nicht immer so« ist ihr entfahren. Das ist der Beweis, dass man mich hier verwandelt, bevor man mich beseitigt.

Man hat mir aufgetragen, meinen Koffer zu packen. Meine Sachen einzuräumen und meine Kleidung zusammenzulegen. Ich bin mir sicher, dass sie mich in der Donau ertränken werden. Das werde ich nicht zulassen! Ich will sterben, wann es mir passt! Ich werde den Zug nehmen müssen. Ich werde Fremden begegnen. Die Fremden werden mich anstarren. Man starrt mich immer an, wenn man mich nicht kennt. Ein Fremder zu sein gibt einem nicht jedes Recht! Ich verbiete, dass man mich anstarrt. Aus diesem Grund wechsle ich lieber mein Aussehen. Ich nehme seltsame Gestalten an, damit niemand mich erkennt. Doch leider besitzen die Leute magische Kräfte. Sie können mich trotzdem sehen. Selbst wenn ich mich unsichtbar gemacht habe. Selbst wenn ich mich in einen Hund verwandelt habe, was gelegentlich vorkommt. Sie zeigen mit dem Finger auf mich. Sie reden mit mir, als hätte ich meine menschliche Erscheinung bewahrt, während ich doch genau weiß, dass die Transformation stattgefunden hat. Ich belle. Meine Fangzähne werden länger. Ich schäume. Ich bin ein Hund. Die Fremden haben entsetzliche Kräfte. Sie sind fähig, einen Hund in einen Menschen zu verwandeln. Ich muss die Grenze überschreiten. Hinter der Grenze werden sie mich umbringen. Grenzen sind dazu da, Menschen auszulöschen. Und falls ich doch heil hinüberkomme, wird es noch schlimmer. Ich müsste mich der Wut der Österreicher stellen. Ich kenne nichts Schlimmeres als die Österreicher. Was die Seite meiner Mutter betrifft, sind die Österreicher unsere Erbfeinde. Sie werden herausfinden, dass ich Serbe bin. Das liegt ihnen wie den Deutschen im Blut. Die Arier sind eine eigene Rasse. Sie werden mich von oben herab ansehen und ihre hochnäsige Miene aufsetzen. Sie werden mich beschuldigen, ich hätte bei der Ermordung ihres Erzherzogs Franz Ferdinand mitmischen wollen. Und damit hätten sie nicht unrecht. Ich hätte ihn gerne mit eigenen Händen umgebracht. Wenn sie nicht herausfinden, dass ich Serbe bin, dann werden sie behaupten, ich sei Jude wegen meines Vaters. Sie hassen die Juden noch mehr als die Serben. In beiden Fällen bin ich ein toter Mann. Es kommt mir so vor, als hätte ich gar nicht gelebt. Das ist das Einzige in meinem Leben, was ich bedauere. Die Österreicher werden durch mich hindurchschauen. Ich spüre, dass ich durchlässig werde.

Meine Knochen werden porös. Das letzte Mal, als ich versucht habe, mir das Handgelenk mit einem Messer abzutrennen, hat der Arzt zu mir gesagt: Irgendwann wirst du es noch schaffen, deine Handgelenke werden immer dünner, sie vernarben nicht mehr. Ich verfaule bei lebendigem Leibe. Ich rieche da etwas, was aus dem Innern kommt, aus meinen Nasenlöchern und aus meinem Mund dringt, eine unerträgliche Ausdünstung. Ich merke wohl, dass dieser Geruch unangenehm ist. Seit einiger Zeit halten die Leute einen gewissen Abstand zu mir. Nicht etwa aus Respekt. Die Leute respektieren mich nicht, weder mich noch sonst etwas, niemanden. Es ist der Zeitgeist, der das will, und die Leute wollen es auch. Ich glaube verstanden zu haben, woher dieser Geruch kommt. Seit einigen Monaten verfaule ich von innen heraus. Die Nahrungsmittel, die ich geschluckt habe, verrotten. Nichts wird mehr abgebaut. Der Bauch ist ein zweites Gehirn. Mein Bauch ist genauso aus den Fugen geraten wie mein Frontallappen. Ich verstehe das Unbehagen meines Gesprächspartners, wenn ich sehe, wie einer sich entfernt. Ich schließe den Mund und halte den Atem an aus Angst, jemandem unangenehm zu sein. Aber das gelingt mir nicht lange. Ich brauche Sauerstoff, ich unterscheide mich nicht so stark von menschlichen Wesen. Auch ich besitze eine Seele. Doch in ihren Tiefen wimmelt es vor Ratten. Ich bin fünfundzwanzig, ich müsste mit Frauen ins Bett gehen und Wollust erleben, aber aus unerfindlichen Gründen ist mir nichts davon gestattet. Kurz vor meiner Einweisung ins Burghölzli, im Mai 1930 war es, hatte ich eine hübsche Frau kennengelernt, sie war älter als ich, geschieden, hielt mich auf Distanz, wenn ich näher kam, zog mich an, wenn ich mich entfernte. Ich verstand dieses Spiel nicht. Schämte mich, als sie mich endlich zu sich ließ. Jemand über mir verbietet mir ein normales Leben. Gibt es eine Gerechtigkeit auf dieser Erde, und wann wird sie zu meinen Gunsten eingreifen? Könnte man mir bitte sagen, was alles falsch läuft, wo es schiefgelaufen ist, wann das passiert ist, unter abwesenden Blicken oder unter lautem Stimmengewirr, ob ich etwas getan habe, was ich nicht hätte tun sollen, ob ich meine Rechte überschritten oder meine Fähigkeiten überschätzt habe, und vor allem, ob man mich je aus dieser misslichen Lage befreien wird? Ich ziehe es vor, weiter darauf zu vertrauen und mich in der Illusion zu wiegen, dass man mich auf eine Vergnügungsreise schickt, dass die Zeit der Österreicher kostbar ist, dass die Wiener keine Minute zu verlieren haben, bevor sie wie ihre Freunde deutscher Rasse Nazis werden. Und selbst ich habe nicht unbegrenzt Zeit. Fünfundzwanzig Jahre bin ich schon, und ich habe noch nichts geleistet. Wenn man sich vor Augen hält, was mein Vater in diesem Alter vollbracht hat. Nicht einmal den Titel eines Doktors, Arztes, Psychiaters, Seelendoktors habe ich erworben. Der einzige Titel, den ich besitze, ist mein Name, das ist wenig und viel zugleich. Anscheinend zahlen manche Leute für einen Namenszusatz, ich würde mein Leben geben, um ein anderes Erbe anzutreten. Ich muss so viele Prüfungen erdulden, dass ich bis nach Wien gehe, um mein Leiden zu verkürzen. Ich werde die Ratschläge von Dr. Minkel befolgen. Vielleicht will er mir gar nicht so viel Böses. Vielleicht haben sie in Wien ein Wundermittel. Ich werde ihnen eine Chance geben, mich zu retten. Jeder hat ein Recht auf seine Chance.

2

An der Seite ihres Sohnes geht sie durch die Straßen der österreichischen Hauptstadt. Jetzt sind sie am Ring, passieren den Burggarten. Mileva gibt sich große Mühe, nicht ins Hinken zu verfallen. Ihre Haltung ist gerade und stolz. Einzig das Geräusch ihrer Schritte auf dem Pflaster verrät ihre Behinderung. Ja, sie flaniert mit Eduard in dieser prächtigen Stadt. Die Umklammerung seiner Hand macht sie froh und gibt ihr Mut. Von Zeit zu Zeit werden sie von einer Trambahn überholt, die ihre Klingel ertönen lässt. Auch große Kutschen, auf deren Hinterbänken Männer Zigarren rauchen, fahren vorbei. Es ist das erste Mal seit dem Zwischenfall, dass sie Zürich verlassen. Ja, ein Zwischenfall. Sie kann das, was da geschehen ist, nicht mehr anders bezeichnen. Der Begriff Geisteskrankheit verbrennt ihr die Lippen. Es gibt keine Irren bei den Marić. In ihrer Einsamkeit vergessene Seelen, zerstörte Leben, das ja. Verwirrte Geister vielleicht. Welches Wesen würde sich mit der Kette von Unglücksschlägen abfinden, die unerbittlich und seit so vielen Jahren über sie hereinbrechen? Welcher gesunde Geist würde unbeschadet den Sturz in einen solchen Morast überstehen? Die Marić sind nicht mehr für das Mysterium des Lebens, für die Schönheit und den seltsamen Zauber des Tages empfänglich. Doch der heutige Tag ist anders als sonst, eine neue Ära beginnt, die Zeit der Befreiung.

Sie erreichen den Michaelerplatz.

Eduard reißt die Augen weit auf und presst die Hand seiner Mutter. Die Schönheit des Ortes scheint alles zu beherrschen. Auf Eduards Gesicht steht eine wilde Freude geschrieben, eine Ekstase, die sich unverstellt Bahn bricht. Die gewaltigen Gebäude, die sich triumphierend in den wolkenlosen Himmel erheben, löschen jede Form von Gewalttätigkeit aus und zerstreuen alle Verzweiflung.

Diese Reise wird ihm guttun, der Arzt hat es versichert. »Die Sache ist der Mühe wert«, das waren seine Worte. Das verschüttete Leben werde wiederauferstehen. Die Zeit von früher, frei von Hass und Raserei, kehrt zurück. Das lange Schreiten auf finsteren Straßen endet auf dem breiten Ring. Grenzenlosen Schmerz haben sie erlebt, aber jetzt haben die schlimmsten Leiden ein Ende. Sie wird nicht mehr allein und niedergeschlagen auf die Kuppe des Hügels steigen. Sie wird nicht mehr an das große Tor des Burghölzli klopfen. Eine neue Zeit bricht an. Ein Epochenwechsel hat sich vollzogen. Ein frischer Wind bläst, hebt die Kleider der Passantinnen an, trägt beinahe ihre Hüte davon. Die Stunde der Rettung ist gekommen.

Sie biegen zum Kohlmarkt ein, und weil das Café Demel schwarz vor Menschen ist, setzen sie ihren Weg in die Herrengasse fort. An der Ecke zur Strauchgasse bleiben sie vor dem Palais Ferstel stehen. Sie gehen in den glasüberdachten Hof, wo sich das Café Central befindet. Arkaden nach Mailänder Vorbild und eine prunkvolle Festtreppe aus Marmor.

Eduard benimmt sich sehr ordentlich. Er trinkt seine Schokolade, beinahe ohne etwas zu verschütten. Als sie den Sahnetupfer von seinem Kinn wegwischt, zuckt er nicht einmal. So wie er an diesem Morgen im Hotel Hopfner keine Miene verzogen hat, als sie ihn rasiert hat. »Sei brav, mein Engel, du musst dich schön machen für den Anlass.«

»Warum soll ich nicht zum Barbier gehen? Ich habe gehört, dass es ein Beruf ist, die Leute zu rasieren.«

»Habe ich dich schon einmal verletzt? Ist je ein einziger Tropfen Blut durch meine Hand geflossen?«

»Du hast recht, es ist unnötig, zum Barbier zu gehen. Außerdem könnte er mir die Kehle durchschneiden, wenn ich die Augen schließe.«

»Die Leute sind nicht so bösartig.«

»Ich bin auf der Hut, weißt du. Ein schiefer Blick genügt schon.«

»Du machst nie etwas Gemeines, mein Engel.«

Er hat seine Sachertorte aufgegessen. Aber er hat immer noch Hunger, und so ruft sie die Kellnerin. Die junge Frau eilt mit einem breiten Lächeln auf den Lippen herbei. Der Ausschnitt ihrer Schürze gibt den Blick auf ihren Busen frei. Mileva befürchtet, ihr Sohn könnte eine obszöne Bemerkung machen. Sie bestellt einen Kirschstrudel. Die junge Frau notiert die Bestellung, richtet ihren Blick auf Eduard und sagt in seine Richtung:

»Was für ein hübscher junger Mann. Woher kommt er denn?«

»Aus Zürich«, antwortet sie.

»Das ist eine schöne Stadt.«

»Sehr schön«, bestätigt sie.

Als das junge Mädchen sich entfernt hat, starrt Eduard auf den leeren Teller vor sich. Sie streicht über seine Wange, fragt, ob er den Prater besuchen möchte. Er könnte Riesenrad fahren und Wien vom Himmel aus sehen.

Eine andere Kellnerin kommt an ihren Tisch und bringt den Kuchen. Eduard hebt den Blick zu ihr und fragt: »Hat die Kellnerin von vorhin Angst vor mir?«

Die Bedienung schüttelt irritiert den Kopf und geht weg. Am Nachbartisch schauen zwei Männer kurz hinter ihren Zeitungen hervor. Eduard verschlingt seinen Strudel, trinkt einen großen Schluck Wasser, dann steht er abrupt auf und ruft laut: »Ich bin fertig, gehen wir!«

»Wir haben Zeit.«

»Die Zeit drängt! Dr. Minkel hat behauptet, ich würde gesund werden. Ich habe es satt, krank zu sein. Wenn es nur nach mir ginge, dann würde ich nicht leiden und würde niemandem Leid zufügen. Ich mag diesen Ort hier, alles ist so prachtvoll, nie habe ich so schöne Tassen gesehen, Silberlöffel, diese hohen Decken, dieser Kronleuchter. Diese Stadt ist zauberhaft. Nur die Zauberer können mich heilen.«

Sie bezahlt und erhebt sich. Spürt die Blicke vom Nachbartisch in ihrem Rücken. Jetzt bloß nicht so auffällig hinken.

Als sie wieder auf dem Ring sind, zeichnet sich in der Ferne das Riesenrad des Praters ab. Eduard fixiert es unverwandt. Sein Blick scheint wie magnetisch von der Bewegung des Rads angezogen zu werden. Sie müssen in die Herrengasse rechts abbiegen, wo sich diese Aussicht nicht mehr bietet. Aber seine Schritte folgen ihr nicht. Er geht Richtung Park. Vorsichtig ergreift sie seinen Arm. Es gelingt ihr nicht, ihn von seinem Kurs abzubringen. Wir müssen hierhin, sagt sie sanft, doch er geht geradeaus weiter. Sie würde ihm gerne sagen, dass sie keine Zeit haben. Man erwartet sie in der Klinik. Sie mussten zwei Monate auf diesen Termin warten. Sie hat nicht den Mut, ihrem Sohn das so zu sagen. Die Worte fehlen ihr. Nein, hierher, sagt er, ich erkenne den Ort wieder, zu dem ich gehen möchte. Sie überlässt sich seiner Führung und schreitet mit ihrem Sohn auf dem Wiener Ring, schreitet unter den großen Straßenlaternen dahin, von denen einige schon brennen, obwohl es noch Tag ist.

Am Schottenring wartet inmitten der Fahrzeuge ein Fiaker. Das Pferd wiehert kurz, seine Füße trappeln auf dem Pflaster. Der Kutscher mit einem Zylinder auf dem Kopf ruft ihnen entgegen: »Eine Kutschfahrt gefällig, meine Herrschaften?« Eduard wirft ihr einen bittenden Blick zu, und sie willigt ein. Er eilt zum vorderen Teil des Wagens, streichelt die Mähne des Pferdes, umarmt das Tier und setzt sich neben den Kutscher auf den Kutschbock. Sie nimmt hinten Platz. Eduard bittet den Kutscher um Erlaubnis, die Zügel zu halten. Er bekommt eine Abfuhr, zuckt mit den Schultern. Er steigt über den Sitz nach hinten und setzt sich neben seine Mutter, dann flüstert er ihr ins Ohr: »Der Mann hat Angst, dass das Pferd mich lieber mag als ihn. Er muss erraten haben, dass ich die Sprache der Tiere verstehe.«

»Die Leute sind neidisch«, wiederholt sie. »Aber nicht böse.«

Er starrt wie verzaubert auf die prachtvollen Gebäude, die Wälder aus Säulen, die Kristallvorhänge, die glitzernde Flut der Brunnen, den Schein der metallenen Mauern, die Silber- und Goldorgien, deren Glanz in seinen Augen ein Strahlen aufleuchten lässt, das sie erloschen glaubte. Die Straßen hallen wider vom triumphalen Echo eiliger Menschenmengen auf den Gehsteigen und vom Strom der Fahrzeuge, der sie überholt. Dann herrscht plötzlich Stille, ein Schleier des Friedens liegt über einem etwas abseits gelegenen Platz, der den Blick auf einen weiteren Palast freigibt, dessen gigantische Fassade eine unsinnige Hoffnung in ihr aufleben lässt. Der Kutscher zählt die Namen der Orte auf, wie man Goldstücke in die Luft wirft, und die Namen klingen nach, Volksgarten, Hofburg. Der Mann zügelt seinen Fiaker, bringt ihn neben dem Trottoir zum Stehen. Er richtet sich wieder auf, zeigt auf eine Stelle, eine Ecke auf dem Platz dort hinten, auf dem Heldenplatz, zu der sie hinsehen sollen. Eine große Stille herrscht, dann schwillt ein regelmäßiges Grollen auf dem Pflaster an. Sie sucht nach der Ursache des Menschenauflaufs. Das Stiefelknallen hallt nun laut über den Platz. Ein paar Dutzend Meter entfernt marschiert ein Trupp Braunhemden im Gleichschritt unter Hakenkreuzfahnen und skandiert dabei Parolen. Eduard betrachtet die Szene mit einem seltsamen Gesichtsausdruck. Der Trupp zieht an der Kutsche vorbei, eine kleine Menschenmenge begleitet ihn.

»Nun, meine Verehrteste«, fragt der Kutscher, »wollen wir weiterfahren?«

Sie sagt, sie fühle sich ein wenig erschöpft. Ob der Mann sie in die Dumbastraße 3 fahren könnte?

Der Fiaker taucht in ein Gewirr von Gassen ein. Sie legt einen Arm um die Taille ihres Sohnes. Die Kälte zieht in ihre Schultern. Die Häuser haben ihre Pracht verloren. Schon naht die Dämmerung. Der Kutscher hält sein Fahrzeug an. Das Pferd wiehert. Hier ist es, sagt der Man, und sie bezahlt. Sie steigen aus, machen ein paar Schritte und stehen vor der Hausnummer 3. Es ist ein kleines Gebäude mit vier

Stockwerken und einer schmucklosen Fassade. Auf den ersten Blick deutet nichts auf eine Klinik hin. Sind sie überhaupt richtig hier? Über der Vortreppe entdeckt sie eine Tafel: Klinik Dr. Sakel. Sie stoßen die Doppeltür auf. Ein Schild weist darauf hin, dass das Sekretariat sich im ersten Stock befindet. Sie steigen die Stufen hoch. Eine junge Frau lächelt sie hinter ihrem Schreibtisch hervor an. Mileva tritt näher, sagt, sie habe eine Verabredung mit Dr. Sakel, gibt ihre Personalien an. Die junge Frau vertieft sich in ein Heft, nickt zustimmend und hebt den Blick. »Der Arzt wird Sie gleich empfangen. Allein, bitte.« Sie bittet Eduard, im Wartezimmer zu bleiben. Die Sekretärin geht zur Tür des Arztzimmers, klopft dreimal, öffnet und lässt sie eintreten.

Sie nimmt Platz und sieht sich einem Mann in weißem Kittel gegenüber. Der Arzt beginnt mit einem Akzent zu sprechen, von dem sie schwören würde, dass es Polnisch ist.

»Ich bin entzückt, Frau Einstein, und fühle mich sehr geehrt. Ich bin Ihrem Mann vor etwa zehn Jahren in Berlin begegnet, in dem Institut, in dem ich einen Vortrag über meine Behandlungsmethode gehalten habe. Er schien interessiert. Dieser Mann ist auf alles neugierig. Er hat keine Angst vor Revolutionen, und meine Behandlung ist eine. Lassen Sie mich ihr Prinzip erklären. Sie sind ausgebildete Wissenschaftlerin. Ich ziehe es vor, zuerst Ihre Intelligenz anzusprechen, dann sprechen wir über Ihr Herz. Die Idee zu meiner Behandlung, die Sakel-Behandlung, denn so nennt man sie, ist mir wie durch ein Wunder gekommen. Ich habe über Diabetes geforscht. Eines Tages ist mir aufgefallen, dass Kranke, denen ich eine sehr hohe Dosis Insulin verabreichte, hochgradig verwirrt und desorientiert reagierten, alle Bezugspunkte verloren und die Vergangenheit vergaßen. Es waren zitternde, schweißüberströmte Menschen, die von dem Hormonüberschuss geschüttelt wurden, aber sie waren wie neugeboren, als würden sie aus dem Leib ihrer Mutter kommen. Leidende Menschen, gewiss, und dennoch mit einer unerhörten Bereitschaft zuzuhören, sie schienen meine tröstenden Worte in sich aufzusaugen. Manchmal versetzte die Insulinüberdosis sie sogar in ein Koma. Und dann trat das Wunder ein: Wenn sie aus diesem Koma erwachten, befanden sie sich im Zustand eines totalen psychischen Zusammenbruchs, einer Art vorübergehender Sedierung, in einer grenzenlosen Wüste. Und in der Wüste, Verehrteste, erschaffen wir Welten.

Einer meiner Diabetiker, der außerdem geistig verwirrt war, erhielt eine hohe Insulindosis und fiel ins Koma. Als er drei Stunden später wieder daraus erwachte, waren seine morbiden Ideen verschwunden, und sein Wahn war erloschen. In seiner zerstörten

Psyche leistete nichts mehr Widerstand gegen meine Worte, während er zuvor durch seine Demenz für mich vollkommen unzugänglich gewesen war. Durch diese Auflösung seines Bewusstseins war mein Patient nach dem Zusammenbruch nicht nur von seinen schwarzen Ideen befreit, sondern vor allem war er nun in der Lage, mir zuzuhören. Ich bezeichne diese Phase als ›Bemutterung‹, wenn der Patient seine kindliche Psyche wiedergefunden hat, die frei von jeder Krankheit ist. Wir können dann eine neue Seele formen. Natürlich gibt es Leute, die mich als Scharlatan hingestellt haben, manche haben mich gar als Teufel beschimpft. Nur, meine Liebe, die Ergebnisse sprechen für sich. Die Kranken sind nicht mehr dieselben, wenn sie meine Behandlung hinter sich haben. Oh, ich bin nicht so vermessen, sie als geheilt zu bezeichnen. Dennoch hat ihr morbider Trieb seine Kraft verloren. Und glauben Sie nicht, wir hätten Gespenster aus ihnen gemacht. Nein, Verehrte, meine Behandlung ist keine Lobotomie, ich durchschneide keine Nervenbahnen. Meine Behandlung beruhigt und erleichtert. Nun, so werden Sie mir sagen, wo liegen dann die Risiken? Wollen Sie es genau wissen? Natürlich löst der Sturz in dieses induzierte Koma eine schreckliche Angst aus. Die Patienten verlieren jede Kontrolle über sich. Ihre Bewegungen und Gedanken laufen heillos durcheinander. Sie werden von

Krämpfen geschüttelt. Zuckungen packen sie. Drei schreckliche Stunden. Aber sie haben schon so viel erlitten. Es ist ein notwendiges Übel. Man muss weiterdenken. Sie werden sehen, was für ein Frieden die Seele erfüllt, nachdem der Körper durch eine Zuckerinjektion aus seiner Betäubung gerissen wurde und sein Leidensweg beendet ist. Dann kann unsere Arbeit beginnen. Dann kann die Analyse ihre volle Wirkung entfalten. Die Tür zur Heilung steht offen. Natürlich ist die Zwangsjacke unerlässlich, um die Folgen der starken Konvulsionen zu vermeiden, das will ich Ihnen nicht verhehlen. Und natürlich werden Sie bei der Auslösung des Komas nicht anwesend sein, es ist ein unerträgliches Schauspiel. Sie werden den Pfleger, der die Laken voller Schweiß und Tränen wechselt, so wenig sehen wie die Fesseln an den Füßen und die zusammengebundenen Handgelenke oder das Mundstück zum Schutz vor Krämpfen. Alles, was Sie, meine Liebe, sehen werden, ist eine Metamorphose in dreißig Tagen, nach dreißig Injektionen. Die Seele Ihres Sohnes im Frühling ihrer Jugend. Ich weiß, dass das eine harte Prüfung ist, meine Verehrte. Aber ich weiß auch, dass es den Einsatz wert ist. Genug der Worte nun, jetzt heißt es zur Tat schreiten.«

Sie führt ihren Sohn ins Zimmer 217. Eduard geht schweigend. Seine Augen blicken starr geradeaus.

Sein Gesicht hat alle Begeisterung, die den Tag über darauf lag, verloren. Sie gehen an einer Reihe von Türen vorbei. Manchmal dringt ein Klagelaut durch die Mauern. Manchmal ertönt ein Lachen. Bestimmt ist noch Zeit, um kehrtzumachen? Laufen, die Treppe hinabstürzen, in die Stadt zurückkehren. Fliehen. Einen Fiaker nehmen, in den Prater fahren, eine Gondel im Riesenrad besteigen, sehen, wie die Lichter Wiens nach und nach angehen und die ganze Stadt wie zu einer Fackel wird, sich von dem Schauspiel berauschen lassen, in einem Ausflugslokal zu Abend essen, ins Hotel zurückkehren und am frühen Morgen den Zug nach Zürich nehmen, nach Hause fahren, die Koffer abstellen und wieder den Weg ins Burghölzli einschlagen. Dem Lauf der Tage folgen. Geduldig warten. Sie sind vor dem Zimmer 217 angelangt. Sie wird nicht umkehren. Eine Putzfrau macht gerade das Bett.

»Sie haben mich aber erschreckt! Ich bin fast fertig. Ich soll mich besonders anstrengen. Anscheinend ist der Patient in 217 nicht irgendjemand. Sie sagen mir immer erst im letzten Moment Bescheid. Und danach wundern sie sich! Es ist also für den jungen Mann? Sie werden sich wohlfühlen, mein Junge, wer immer Sie sein mögen. Ich bin wie der liebe Gott, ich mache keinen Unterschied. Hier kommt sowieso jeder in den Genuss einer Sonderbehandlung. Ich wechsle anschließend die Laken und mache sauber. Seien Sie unbesorgt, meine Liebe, ich kümmere mich um den Kleinen. Sie scheinen mir sympathisch, und Sie machen sich nicht wichtig … So, ich glaube, ich bin fertig. Gefällt es dir, junger Mann? Du kannst mich rufen lassen, wenn dir etwas nicht passt. Greta. Es gibt nur eine. Morgen stelle ich Blumen in die Vase. Und ich bringe dir einen Kuchen. Du wirst sehen, das ist Balsam fürs Herz. Und Herz hat Greta mehr als diese verfluchten Ärzte. Ich gehe jetzt, meine Liebe. Sie können bleiben, bis es dunkel wird. Ich rate Ihnen: Lassen Sie den Kleinen sich ausruhen. Morgen wird er alle seine Kräfte brauchen. Wie ich immer sage, um die Atmosphäre etwas aufzulockern: Die Behandlung von Dr. Sakel ist kein Spaziergang.«

Sie geht durch die Straßen. Sie erkennt nichts wieder, weiß nicht mehr, wo sie ist, fragt sich, warum sie hierhergekommen ist, ihren Sohn allein gelassen hat in den Händen von Unbekannten, vorgeblichen Ärzten, Barbaren, die Böses mit Bösem bekämpfen, Sakel ist der Teufel in Person, und sie ist die Verbündete des Teufels, sie wird ihren Sohn ins Koma stürzen, sie hat ihn gebadet, das scheint erst gestern gewesen zu sein, sie darf ihn den ganzen Monat nicht sehen, die Behandlung erfordert das. Die »Bemutterung«, hat Sakel gesagt, kann nur ohne Mutter stattfinden. Man muss zu den Anfängen zurückkehren, sie wäre bereit zu verschwinden, wenn es nur darum ginge, reinen Tisch zu machen. Sie werden sein Bewusstsein in einem Bad der Schmerzen auflösen. Warum hat sie sich überreden lassen? Sie bahnt sich einen Weg zwischen den Schatten. Aller Glanz der Paläste und Brunnen ist erloschen. Wien ist eine tote Stadt. Sie fragt einen Passanten nach dem Weg zum Bahnhof. Sie geht geradeaus weiter. Sie fährt nach Zürich zurück. Sie lässt den besten und einzig wertvollen Teil von sich in dieser Stadt zurück.

MERCER STREET 112

1

Er erkennt die Schrift seines Freundes Besso auf dem Briefumschlag aus der Schweiz. Michele teilt ihm darin mit, dass er seine Nachkommen gesehen habe und dass sie alle munter und bei guter Gesundheit seien.

Tete sei übergewichtig und schnell erschöpft, aber eindeutig bei besserer Gesundheit als im Jahr zuvor. Die Luftveränderung in Wien sei also nicht nutzlos gewesen. Vielleicht könne er aus einer großen Freude neue Kräfte schöpfen.

Das ist der kürzeste Brief, den er je von Michele erhalten hat. Doch er überbringt mehr Hoffnung als jeder andere zuvor.

Bern, den 23. VI. 35

Sonntags sah ich Deine vier Nachkommen – sie sind alle wohl und munter; war lange mit Tete. Er ist zu dick, wird leicht müde, ist aber entschieden wöhler als vor einem Jahr. Die Umstimmungskur in Wien war wohl doch nicht vergebens. Möglicherweise könnte

ihm noch eine große Freude ein Sprungbrett zu neuer Kraft werden.
Herzliche Grüße
Dein Michele

Die Umstimmungskur in Wien war wohl doch nicht vergebens. Michele Besso hat Takt- und Sprachgefühl, einen Sinn für Nuancen und für Euphemismen. Sakels Behandlung – eine Luftveränderung. Was die große Freude angeht, auf die Michele anspielt, so steckt dahinter andeutungsweise eine neuerliche Aufforderung, Eduard nach Amerika kommen zu lassen. Diesmal ist die Botschaft angekommen. Albert hat Kontakt mit den zuständigen Behörden aufgenommen. Er verlässt das Haus ein wenig früher. Er will den Immigrationsbeauftragten des Außenministeriums, John Sturcon, nicht warten lassen. Der Mann kommt aus Washington. Er hat die Reise selbst vorgeschlagen. Oh, machen Sie sich keine Umstände, Herr Professor. Das erlaubt mir, die Orte wieder aufzusuchen, an denen ich mein Diplom gemacht habe. Treffen wir uns bei Bracy's, das erinnert mich an meine Jugend. Er folgt der Mercer Street bis ins Zentrum. Er bezweifelt, dass die Unterredung lange dauern wird. Er glaubt schon zu wissen, was dabei herauskommen wird. Er kennt die Gesetze und den Geist der Gesetze. Die Amerikaner verstoßen nie gegen diesen Geist.

Amerika ist das Land der Freiheit, und dennoch hegt kein Land, ausgenommen vielleicht Deutschland, eine solche Verehrung für seine Gesetze. Er kennt auch das Einwanderungsgesetz. Jeder in seiner Umgebung sollte es kennen. Das sind die modernen Gesetzestafeln. Doch an diesem Morgen wird er den Unwissenden spielen.

Er betritt das Bracy's. Das Restaurant ist beinahe leer. Ein Kellner begrüßt ihn, teilt ihm mit, dass er am Tisch dort hinten erwartet wird. Mr Sturcon erhebt sich, als er ihn erblickt, drückt die entgegengestreckte Hand und setzt sich wieder. Nach einer kurzen Einleitung erklärt der Immigrationsbeauftragte: »Lieber Herr Professor, ich habe Ihre Akte eingehend studiert. Nicht jede Wahrheit sollte man laut verkünden. Das behauptet man in den Häusern neben uns. Die Dienste von Mr Hoover sehen überall das Böse. Ich wiederhole, wer diskret ist, hat die beste Position. Und Sie können auch diskret sein, Herr Professor, selbst wenn das nicht Ihre Stärke ist und Sie immer auf die Pauke hauen. Das ärgert manche. Kommen wir also zu den Fakten. Die Zeiten sind nicht leicht für Angehörige Ihrer Rasse. Ein Stolz, den ich durchaus angebracht finde, bewegt manche dazu, sich dieser Befragung nicht zu unterwerfen. Ich habe also eine gute und eine schlechte Nachricht für Sie. Dabei weiß ich, dass ich Ihnen nichts Neues mitteile. Was den Älteren, Hans Albert, angeht, so lautet die Antwort ja, wir nehmen ihn in Amerika auf. Bei Eduard, dem Jüngeren, ist dies nicht möglich. Sie werden mir antworten, dass dies ein wenig grausam ist. Dass ich von einem Vater verlange, sich zwischen seinen zwei Kindern zu entscheiden. Natürlich. Aber ich übe diesen Beruf nicht aus, um gut zu sein, sondern um gerecht zu sein. Und nur das Gesetz ist gerecht.«

Sturcon sieht sein Gegenüber an, als erwarte er Widerspruch. Aber er blickt nur in eine verschlossene, stumme Miene, und so fährt er fort:

»Sie sind nicht jemand, der die Dinge nur oberflächlich betrachtet. Bestimmt haben sie sich schon mit dem Einwanderungsrecht der Vereinigten Staaten etwa im Hinblick auf Behinderte befasst. Ich spreche hier wohlgemerkt von niemand Besonderem. Wohlgemerkt wurde ich von niemandem beauftragt, und Sie können den Fall jedem Beliebigen in der Verwaltung vortragen, und Mr Hoover wird sich persönlich mit Ihrem Fall befassen, wiederholen wir also: In den Vereinigten Staaten wird die Einwanderung durch die Gesetzgebung des Immigration Act und seine Auslegungen in jedem Staat geregelt. Alle Antragsteller für ein Einwanderungsvisum müssen sich einer körperlichen und mentalen ärztlichen Untersuchung unterziehen. Die Beurteilung des Gesundheitszustands eines Bewerbers ist das Ergebnis einer medizinischen

Untersuchung, die ein ziviler Arzt nach präzisen Anweisungen durchführen muss. Abgelehnt wird jeder, bei dem entweder eine geistige oder körperliche Störung und Verhaltensstörungen festgestellt werden, die eine Gefahr für das Eigentum, die Sicherheit oder das Wohlergehen des Fremden oder eines anderen darstellen können, sofern dieses Verhalten sich wiederholen oder andere traumatische und zerstörerische Verhaltensweisen auslösen kann. Geistige Zurückgebliebenheit führt nicht automatisch zum Ausschluss, außer wenn der Antragsteller ein destruktives Verhalten zeigt oder gezeigt hat. Im Sinne des Gesetzes ist außerdem jeder Antragsteller abzuweisen, der dem Staat irgendwann zur Last zu fallen droht.

Das alles wissen Sie leider bereits, lieber Herr Professor, indes ist es manchmal gut, sich die wesentlichen Dinge in Erinnerung zu rufen. Nach einer summarischen Begutachtung ähnlicher Fälle wie dem Ihren, denn wir wissen beide, dass Sie um nichts gebeten haben, würde ich persönlich sagen, dass einer von zwei Söhnen viel besser ist als die meisten Anträge Ihrer Schicksalsgenossen, die ich in Ellis Island zu bearbeiten habe. Und ich möchte noch meiner persönlichen Ansicht Ausdruck verleihen, dass es der Schweiz zur Ehre gereicht, wenn sie ihre Geisteskranken besser behandelt als jedes andere Land. Lieber

Herr Professor, ich würde mit Vergnügen die Einbürgerungsurkunde für Hans Albert Einstein unterzeichnen und ihn in unserem schönen und großen Land empfangen. Alle Einsteins sind bei uns willkommen. Zumindest die, deren Kopf richtig funktioniert.«

Mein Bruder Hans Albert hat die erforderlichen Genehmigungen bekommen, um unseren Vater in einem anderen Erdteil wiederzusehen. Er kommt mich heute besuchen, um sich vor der großen Reise von mir zu verabschieden. Ich habe ein Geschenk für Hans Albert vorbereitet. Ich habe eine Collage aus drei Fotos gemacht. Ein Foto meines Vaters aus einer Zeitung. Ein Foto von meiner Mutter und mir in Wien auf dem Heldenplatz, nachdem ich lebend die Klinik von Doktor Sakel verlassen habe. Und ein Foto von Hans Albert bei seiner Hochzeit mit Frieda. Ich habe sorgfältig die Umrisse von uns allen ausgeschnitten und sie zusammen auf einem Blatt Papier verteilt. Daraus ist ein echtes Familienporträt entstanden. Wir haben kein anderes als Erwachsene, soweit ich weiß.

Ich habe mich in Schale geworfen, damit mein Bruder die bestmögliche Erinnerung an mich mit nach Amerika nimmt. Damit er meinem Vater einen guten Eindruck von mir übermittelt. Ich will nicht, dass Papa sich meinetwegen Sorgen macht. Ich verabscheue ihn nicht mehr in dem Maße, wie ich das früher vielleicht gesagt habe. Ich würde gerne Frieden mit ihm schließen. Ich möchte niemandem Probleme bereiten. Ich hoffe auch, dass mein Bruder nicht über den Zustand, in dem er mich vorfindet, bekümmert sein wird. Ich habe zu viel zugenommen. Wärter Heimrat behauptet, ich wiege mehr als hundert Kilo. Als ich seine Unterstellungen bezweifelt habe, ist er in Zorn geraten.

»Ich weiß, wovon ich spreche, vom Gewicht und von einer Waage! Du willst die Waagen besser kennen als ich? Du Klugschwätzer, du hältst dich schon wieder für Einstein? Keine Behandlung ist dir eine Lehre. Du hältst unbeirrt an deiner Meinung fest. Du bist unbelehrbar.«

Er hat das Zimmer verlassen. Dann habe ich den kleinen, scharfen Eisendraht wiedergefunden, den ich von meinem Aufenthalt in Wien mitgebracht habe. Ich habe mir das linke Handgelenk aufgeschnitten. Mit meinem Blut habe ich an die Wand geschrieben: Ich bin Einsteins Sohn. Heimrat ist zurückgekommen. Die Schmiererei hat ihn zur Raserei gebracht. Ich kam kurz in die Krankenstation, damit man mich zusammennähte, dann bin ich mit meiner Zwangsjacke im dritten Untergeschoss gelandet. Ich hoffe, das wird ihm eine Lehre sein.

Jemand klopft an der Tür. Das muss mein Bruder sein. Niemand anders käme auf die Idee, meine Privatsphäre so zu respektieren. Privatsphäre wird hier niemandem zugestanden. Unsere Leben liegen offen zutage wie ein Buch. Aber mein Bruder achtet jede menschliche Person. Sogar mir gegenüber bezeugt er Respekt, das will etwas heißen.

Wir fallen uns in die Arme. Seine Wangen sind frisch rasiert. Er riecht gut. Sein beigefarbener Anzug sitzt tadellos. Seine Jacke fasst sich weich an. Es ist lange her, dass ich einen Anzug angezogen habe. Wer mich heute sieht, kann sich nicht vorstellen, dass ich einmal gut ausgesehen habe. Hans Albert sagt zu mir, ich hätte mich nicht verändert. Ich antworte, dass er lügt. Ich fasse mich kurz. Ich weiß, dass die Leute, selbst die wohlmeinendsten, sich nicht gerne lange hier aufhalten. Auch ich würde nicht ewig im Burghölzli bleiben, wenn es nur nach mir ginge.

»Du reist also ab?«, frage ich.

»In einer Woche.«

»Ich würde auch gerne nach Amerika fahren …«

»Aber du bist doch gut aufgehoben hier? … Besser als bei Mama, nicht wahr?«

»Mach dir keine Sorgen um mich.«

Ich spüre, wie eine große Traurigkeit in ihm aufsteigt. Sein Blick fällt auf die Mauer über meinem Bett, an der ein paar rote Spuren zurückgeblieben sind. Er hat so viel Feingefühl, mich nicht danach zu fragen. Daran erkennt man seinen Bruder. Ein Mann, der keine Fragen stellt, weder über aufgeschnittene Handgelenke noch über Flecken an der Wand. Das sind die Blutsbande.

»Du wirst also unseren Vater wiedersehen. Wirst du in Princeton leben?«

»Nein, wir gehen nach South Carolina, meine Familie und ich.«

»Du hast recht, man muss eine gewisse Distanz wahren. Man darf nicht zu sehr aufeinanderhocken. Nicht seine Gewohnheiten verändern. Wir müssen Papa nicht näherkommen, nur weil Hitler an der Macht ist. Sag mir: Ist Carolina weit weg von Zürich im Auto?«

Plötzlich setzt er eine verständnislose Miene auf. Dieser Ausdruck ist mir vertraut. Ich sage lieber nichts mehr. Ich werde Mama nach dieser Strecke fragen. Falls nötig, nehme ich den Zug, was soll's.

»Du wirst amerikanischer Staatsbürger werden!«, rufe ich. »Du musst mir erzählen, was man dabei fühlt. Du brauchst keine Angst zu haben, dass ich dann neidisch werde. Das ist nicht meine Art.«

Hans Albert weist darauf hin, dass er sich nicht lange aufhalten kann. Ein Wagen wartet draußen auf ihn. Er umarmt mich lange und fest. Ich sage: »Pass auf dich auf, Amerikaner!«

Er wirft mir einen letzten Blick zu, bevor er mein Zimmer verlässt. Ich höre seine Schritte im Korridor. Ich ergreife das nasse Handtuch, das ich unter das Bett gelegt habe. Ich beginne die Flecken an der Wand abzuschrubben für den Fall, dass Hans Albert zurückkommt, um seinen Bruder ein letztes Mal zu umarmen. Ich reibe mit aller Kraft. Ich setze mich hin. Mir fällt ein, dass ich vergessen habe, ihm mein Geschenk zu geben. Ich hoffe, ich kann die Collage mit der Post verschicken. Es wäre so schade darum, das Porträt einer Familie wie der unseren.

2

Er steht am Kai des Hafens von New York und sieht zu, wie Hans Albert mit dem Koffer in der Hand den Dampfer verlässt. Die Sonne, gerade erst aufgegangen, umgibt die Passagiere auf der Gangway mit einem hellen Lichtschein. Je näher Hans Albert kommt, umso heftiger wird seine innere Bewegung. Eine törichte Hoffnung, die sich aus einem stolzen Irrglauben speist. Die Ankunft seines älteren Sohnes auf amerikanischem Boden birgt das Versprechen eines Neubeginns. Das Leben der Einsteins fasst wieder Fuß. Die Familie gründet sich neu. Die Saga der Einsteins wird Gründungsdaten enthalten. 1635 lässt Baruch sich in Deutschland nieder. 1905 das *Annus mirabilis,* die großen Forschungen. 1938 übersiedelt Hans Albert zu seinem Vater in die Vereinigten Staaten. Der aus der feindlichen Erde herausgerissene Stammbaum wird mit neuer Kraft auf amerikanischem Boden wachsen. Seine lange Lebenserfahrung hat ihn das gelehrt. Irgendwo auf der Welt schlägt man Wurzeln. Das Land bedeutet wenig. Nur das, was unser Verhalten bestimmt und was in unseren Erinnerungen Bestand hat, zählt. Wir wiederholen die Vergangenheit unserer Väter, so wie wir als Kinder ihre Gebete anstimmten. Man bleibt nirgendwo. Wer an die Unvergänglichkeit der Orte glaubt, der macht sich etwas vor. Wir leben den ewigen Neubeginn. Wir lernen das Chaos kennen, nachdem wir den Ruhm erfahren haben. Das Flüchtige ist unser Urzustand. Wir bahnen uns unseren Weg durch den Schlamm der Zeit. Die Erde wird feindlich, wenn wir darin Wurzeln schlagen. Wir leben in der Illusion der Wertschätzung unserer Mitmenschen. Wir stellen uns vor, dass unsere Mitmenschen uns als ihresgleichen betrachten. Das stimmt bei einigen. Die meisten sehen uns nicht so, wie wir sind. Wir sind die Projektion unendlicher Fantasien. Jeder hat eine Meinung darüber, wer wir sind und wer wir sein sollten. Unser Leben vollzieht sich unter dem Blick der anderen.

Die Geschichte entreißt uns unablässig unseren ursprünglichen Bestimmungen. Darin liegt seit unvordenklichen Zeiten unsere Kraft, unsere grenzenlose Freude und unser schlimmstes Unglück begründet. Diese grandiose Ungewissheit ist unser Gelobtes Land.

Innerlich jubelt er über die Ankunft seines Ältesten. Er hoffte, dass Zeit und Entfernung das Ihre getan hatten, damit Hans Albert die von den Widrigkeiten der Pubertät überschatteten Stunden, die hasserfüllten Zerfleischungen zwischen seiner Mutter und seinem Vater aus seiner Erinnerung getilgt hatte. Vielleicht hatte er ihm sogar seine Vorbehalte gegen eine Eheschließung mit Frieda verziehen?

Ja, er hat es damals übertrieben mit seiner Ablehnung Friedas, die er nicht mochte. Diese Antipathie gab er seinem Sohn zu verstehen. Auch schaltete er damals Freunde wie Hermann Anschütz-Kaempfe und den Gerichtsmediziner Heinrich Zangger ein, um seinen Sohn von der Heirat abzuhalten. Heimlich versuchte er sogar, die Krankheitsgeschichte von Friedas Mutter, die in psychiatrischer Behandlung gewesen war, auszuspionieren. Heute, viele Jahre später, ist ihm bewusst, dass er nichts anderes getan hatte, als die Haltung seines eigenen Vaters Mileva gegenüber zu reproduzieren. Er war so weit gegangen, Hans Albert zu empfehlen, er solle keine Kinder mit Frieda bekommen. Er führte die fadenscheinigsten Argumente an: Frieda war älter als Hans, man heiratete keine Frau, die älter war als man selbst. Er sprach von Erfahrungen. Und dann schenkte Frieda ihm zwei Enkel, Klaus und Bernhard. Er hat sich mit der Vorstellung, Großvater zu sein, angefreundet, er glaubt sogar, er könnte Wiedergutmachung leisten für seine eigene erbärmliche Leistung als Vater.

Sein Sohn hat soeben den Fuß an Land gesetzt. Ihre Blicke treffen sich. Anstelle des erwarteten Ausdrucks von Freude sieht er einen Funken von Traurigkeit, eine winzige Andeutung, die nicht allein den Strapazen der Reise zuzuschreiben ist. Sie umarmen sich kurz, geben die Floskeln von sich, die man bei einem Wiedersehen zwischen Vater und Sohn erwartet. Aber die Worte haben keinen Hall und klingen falsch. Er begreift die Vergeblichkeit seiner Hoffnungen. Die Vergangenheit hat Spuren hinterlassen, die nicht so leicht zu verwischen sind.

Hans Albert teilt ihm mit, dass er nicht nach Princeton ziehen, sondern mit Frieda und den zwei Söhnen in Clemson, in South Carolina, seinen Wohnsitz nehmen wird. Die Universität dort habe einen Fachbereich für Ingenieure, an dem er zu lehren hoffe. Zur Stunde erwartet man ihn in New York. Danke, dass du gekommen bist.

Er bleibt allein am Kai zurück.

Meiner Mutter zufolge ist mein Vater nun seit fünf Jahren in Amerika. Er ist rechtzeitig fortgegangen. Sonst hätte man ihn in Dachau eingesperrt. Dachau ist nicht sehr weit von hier entfernt. Das wäre einmalig gewesen, zwei Einsteins zur gleichen Zeit interniert, in dreihundert Kilometern Entfernung. Vielleicht hätte man die Familie zusammenführen können? Obwohl die Aussicht, den Rest meines Lebens hinter Stacheldraht neben meinem Vater zu verbringen, nichts Verlockendes hat. Aber es hätte nicht so lange gedauert. Wenn mein Vater verhaftet worden wäre, hätte die ganze Welt versucht, ihn freizubekommen. Während sich um mich niemand kümmert.

Jeden Tag beende ich um Viertel vor Zwei meinen Mittagsschlaf, stehe vom Bett auf, streiche sorgfältig das weiße Laken glatt, platziere das Federbett mehr in der Mitte, wo es hingehört, ziehe die Bettzipfel zu einem Rechteck glatt, zuerst die am unteren Bettende, dann die oberen. Ich trete einen Schritt zurück, begutachte das Ergebnis, korrigiere die rechte Ecke unten, klopfe auf eine unebene Stelle des Lakens, blase eine Feder der Zudecke weg, bis sie auf den Boden fällt, nehme sie zwischen Daumen und Zeigefinger, lege sie unter das Bett, damit sie vor Blicken geschützt ist, glätte die Bettzipfel, die ein wenig hochstehen, gehe einen Schritt zurück, bin mit dem Ergebnis zufrieden, will nachprüfen, ob die Arbeit einem Gewicht von circa zweiundneunzig Kilo standhält, strecke mich auf der Matratze aus, bleibe einen Augenblick mit neben dem Körper ausgestreckten Armen liegen, stehe wieder auf, stelle fest, dass das Laken zerknittert ist, mache mich wieder an die Arbeit.

Alles muss perfekt sein. Bestimmt kommt Gründ, um das Zimmer in Augenschein zu nehmen, obwohl mir Forlich lieber ist. Gründs Visiten nehmen immer ein schlechtes Ende. Auch wenn er wegen der zu einem Rechteck drapierten Bettdecke und der Lage des Federbetts nicht so pingelig wie Forlich ist. Im Gegensatz zu Forlich sieht er nie unter dem Bett nach – er kann sich wegen eines Rückenleidens, über das er unablässig klagt, nicht bücken. Seine Wirbel stellen ein unerschöpfliches Gesprächsthema dar, seitdem einer davon sich verschoben hat. Es geht einem ans Herz, ihn leiden zu sehen. Ich bin manchmal zu Tränen gerührt, wenn Gründ schildert, wie heftig seine Schmerzen sind, für die er nur dadurch Linderung findet, dass er sich auf dem kalten Marmorboden ausstreckt. Ich weiß, was leiden bedeutet. Obwohl ich durch einen glücklichen Zufall nie Rückenschmerzen hatte. Und das ist vielleicht der einzige Teil meines Körpers, der sich nicht zu Wort gemeldet hat.

»Du weißt nicht, was leiden heißt, wenn du nie Rückenschmerzen hattest«, entgegnet Gründ immer in vorwurfsvollem Ton.

»Nein, mein Leutnant. (Aus unerfindlichen Gründen verlangt Gründ seit einigen Monaten, dass ich ihn *mein Leutnant* nenne.) Ich kann mir vorstellen, wie sehr Sie leiden.«

»Und ich sage dir, dass du es dir nicht vorstellen kannst!«

»Ich versichere es Ihnen, mein Leutnant. Wenn ich Kopfschmerzen habe, dann ist das manchmal auch furchtbar.«

»Du kleiner Angeber. Du behauptest, du leidest so viel wie ich?«

»Es hämmert dabei stark zwischen meinen Schläfen.«

»Nicht mehr als in meinem Rücken.«

»Ziemlich stark jedenfalls.«

»Spiel dich nicht auf. Du hast kein Recht auf irgendeine Vorzugsbehandlung hier. Du wirst behandelt wie jeder andere auch.«

»Ich verlange gar keinen Sonderstatus, mein Leutnant.«

»Doch. Du beharrst, du gibst nicht nach, du verzichtest nie. Du zwingst mich, Gewalt anzuwenden. Das ist nicht gut für dich. Du weißt, dass es mir außerdem schreckliche Schmerzen in den Lendenwirbeln bereitet, dir eine Tracht Prügel zu verpassen. Du liebst es, mich leiden zu sehen, stimmt's? Dafür wirst du bezahlen, du wirst ein böses Ende nehmen, Einstein!«

Und weil Gründ ein Mann ist, der Wort hält, endet das Gespräch immer mit einem blauen Auge im Karzer. Deswegen ist mir Forlich lieber.

3

Eine feierliche Stille senkt sich auf den Konzertsaal der McCarter Hall. Das gesamte Auditorium scheint den Atem anzuhalten. Plötzlich ertönt ein Beifallsruf und erfüllt den Raum. Das Publikum applaudiert wie entfesselt. Marian Andersons Gestalt erscheint wieder auf der Bühne, als hätte der Beifall sie magnetisch angezogen. Die Sängerin grüßt. Das Gefühl der Verbundenheit dauert an.

Er sitzt im dritten Rang. Noch immer ist er von der *Aria* Händels aufgewühlt. Durch die Musik fühlt er sich fünf Jahre zurück an die Berliner Oper versetzt, wo Marian Anderson schon einmal vor ihm auf der Bühne stand. Er war bei der ersten Auslandstournee der berühmten Stimme Amerikas zugegen gewesen. Elsa hatte ihn begleitet.

Die Beifallsstürme schwellen wieder an. Marian Anderson verlässt die Bühne. Hurrarufe ertönen. Sie erscheint neuerlich. Der Saal steht nun ganz und gar im Freudentaumel versunken. Wie gerne hätte Elsa einem solchen Schauspiel beigewohnt. Aber Elsa lebt nicht mehr. Elsa ist wieder mit ihrer Tochter im Jenseits vereint. Ihre angegriffene Gesundheit hat dem dritten Schlaganfall nicht widerstanden.

Einer nach dem anderen verlassen die Menschen, die er geliebt hat, diese Welt. Die Monate und Tage folgen aufeinander und machen aus seinem Leben eine große Wüste voller Erinnerungen und bar jeder Substanz. Dennoch sind ihm Anfälle von tiefer Melancholie fremd. Nur selten erliegt er der Versuchung, aus seinen Erinnerungen Trost zu ziehen. Er ist nicht für den eigenartigen Reiz empfänglich, den nostalgische Anwandlungen bieten können. Tagsüber geht er lieber in dem bewaldeten Park spazieren, als in Gedanken die Relikte seines Lebens Revue passieren zu lassen. Er hält sich nicht lange damit auf, dem Flüstern der Vergangenheit zu lauschen, wenn die Abwesenden in der Stille der Nacht ihre Stimme erheben.

Der Saal leert sich. Er begibt sich in die Loge von Marian Anderson. Die Sängerin eilt ihm entgegen und umarmt ihn, als sie ihn erblickt. Sie ist überglücklich, ihn zu sehen. Sie ergreift seinen Arm. Sie gehen durch den Personaleingang hinaus. Er schlägt ihr vor, zu Fuß zu gehen. Sie willigt ein, unter der Bedingung, nicht am Hotel Nassau Inn vorbeizugehen. Das wäre zu viel der Ehre. Sie verlassen die Gegend um die McCarter Hall. Sie gehen nebeneinander. Sie würde sich auch lieber nicht länger im Viertel um die Whips Street aufhalten. Er lädt sie ein, Witherspoon zu erkunden.

Während sie die obere Nassau Street entlanggehen, begegnen ihnen die Repräsentanten jenes Amerikas, mit dem er jeden Tag zu tun hat: Professoren und Studenten der Universität, die aus Restaurants treten oder in der Stadt flanieren, sportliche weiße Studenten mit glänzenden Noten in perfekt geschnittenen, dreiteiligen Anzügen und makellosen Hemden, strahlend schöne, schlanke Verlobte, die sorglos den Park entlangschlendern und ihre Begleiter beeindrucken wollen, eine siegessichere Jugend, die in direkter Linie von den Helden der *Mayflower* abstammt, selbstbewusste Menschen, die davon überzeugt sind, dass ihnen die Welt gehört.

Sie beschließen, den Friedhof zu umrunden, und biegen in die Witherspoon Street ein, wo sie an Holzhäusern vorbeigehen, die weit vom Glanz der Mercer Street entfernt sind. Das hier ist ein anderes Amerika, dessen Bewohner, allesamt schwarz, nicht in den Restaurants der Wipple Street verkehren, nur in Busse steigen, die für sie bestimmt sind, und nicht das Hall

Theatre besuchen. In den meisten Restaurants der Nassau Street ist ihnen der Zutritt verboten. Im vergangenen September hat ein junger Mann namens Bruce Wright ein Stipendium für die Universität von Princeton erhalten. Als der Rektor ihn in sein Büro eintreten sah, bedeutete er dem glücklichen Stipendiaten kalt, dass ein Irrtum vorliege. Princeton hat seine Traditionen aus dem Jahr 1796 bewahrt. Kein Schwarzer auf den Bänken der Universität.

Kinder kommen ihnen entgegen, während sie die Jackson Street entlanggehen. Die Kleinen kennen ihn. »Der Professor« ist einer der seltenen Weißen, die sich auf diesen Straßen blicken lassen. Sie wissen, dass er immer ein paar Bonbons in seiner Tasche hat. Die Kinder lachen, wenn sie ihn in seiner zu weiten Hose und seinen Sandalen sehen. Es gibt sonst niemanden, der wie er dieses Viertel durchquert, ohne seine Schritte zu beschleunigen, und der nicht so aussieht, als wäre er nur aus Versehen hier.

Marian Anderson sagt ihm, wie sehr seine Unterstützung für die Sache der Schwarzen sie berührt. Sie weiß, dass sein Antirassismus nicht erst an dem Tag erwachte, als Hitler die politische Bühne Deutschlands betrat.

Sie erinnert sich an sein Engagement bei der Verteidigung der *Scottsboro Boys*, die zu Unrecht des Mordes beschuldigt und zum Tode verurteilt worden waren. Sie sagt ihm, wie sehr sein Brief an den Schwarzenführer W. E. B. Du Bois 1931 sie bewegt hat, wie sehr er die Schwarzen beeindruckt hat. Er antwortet, dass er die Rassentrennung verabscheut. Seine größte Enttäuschung in Amerika ist, dass diese Plage in Princeton allgegenwärtiger scheint als in jeder anderen Stadt in New Jersey.

Sie gehen die Mercer Street Richtung Nr. 112 entlang. Er hat Marian Anderson eingeladen, bei ihm zu wohnen, nachdem das Nassau Inn ihr eine Bleibe verwehrt hat. Die größte Stimme Amerikas ist eine Persona non grata. Das Haus weist alle Farbigen ab – ausgenommen Kindermädchen und Hausbedienstete. Marian Anderson musste sich sagen lassen, dass kein Zimmer frei sei. Ein Verstoß gegen die ungeschriebenen Regeln des Hotels kam nicht infrage. Als sich die Neuigkeit, dass Einstein die schwarze Sängerin bei sich aufgenommen hatte, verbreitete, reagierten die Zeitungen mit scharfer Missbilligung. Einige witterten Verrat. Dutzende von Beleidigungsbriefen wurden an die Nummer 112 gerichtet. Man empörte sich über seine Entscheidung. Wie konnte ein gerade erst angekommener Emigrant, der noch nicht eingebürgert und zu allem Überfluss Jude war, sich erlauben, dem ehrbaren Besitzer des Hotels Nassau Inn Lektionen in Sachen Moral zu erteilen? Sie verhöhnen die Institutionen der Stadt Princeton, dieser Stadt, die sie aufgenommen hat, als Europa Sie loswerden wollte! Es gibt so etwas wie Anstandsregeln, Mr. Einstein! Niemand steht über den Traditionen, nur weil er den Nobelpreis erhalten hat. Die Rassentrennung ist ein integraler Bestandteil dieser ungeschriebenen Gesetze. Das lässt uns nachgerade bedauern, dass wir solche Leute auf unserem Kontinent aufgenommen haben. Das stachelt den allmächtigen und eingefleischten Antisemiten und Außenminister im Weißen Haus, Cordell Hull, dazu auf, die Einreise von Juden nach Amerika im Jahr 1938 noch mehr zu erschweren. Das ermutigt Edgar Hoover, seine Zusammenarbeit mit der Gestapo fortzusetzen, freundschaftliche Beziehungen mit Heinrich Himmler zu pflegen, den Nazi-Führer zur Weltpolizeikonferenz in Montreal 1937 einzuladen und dessen Mitarbeiter bei einem Besuch in den Vereinigten Staaten persönlich in Empfang zu nehmen.

Nun sind sie beide an der Hausnummer 112 angekommen. Im Wohnzimmer setzen sie ihr Gespräch fort. Marian Andersons Blick fällt auf ein Foto, das auf dem Bücherregal steht. Sie greift nach dem Rahmen und fragt, wer dieser junge Mann, umgeben von seinen zwei Jungen, ist. Er antwortet, dass es sein Sohn Hans Albert mit seinen beiden Enkeln Bernhard, neun Jahre, und Klaus, fünf Jahre, ist. Sie leben seit ein paar Monaten in South Carolina und besuchen ihn von Zeit zu Zeit. Er hat zwar nicht mehr genügend Kraft, um Bernhard mit ausgestreckten Armen hochzuheben, aber er kann Klaus noch auf seine Schultern setzen.

Hat er noch andere Kinder als Hans Albert? Ja, einen Sohn namens Eduard, der mit seiner Mutter in der Schweiz lebt. Ob sie wohl eine Tasse Tee möchte?

Sie sitzen an dem kleinen Tisch. Marian Anderson spricht über ihr Projekt, demnächst in Washington in der Constitution Hall aufzutreten. Was für ein Traum wäre das und was für ein Erfolg, die erste Schwarze, die sich je in diesem sagenumwobenen Saal zeigen würde. Noch immer gibt es zahlreiche Hindernisse. Die Initiative der *Daughters of the American Revolution* widersetzt sich ihrem Auftritt. Er erinnert sie lächelnd daran, dass die *Woman Patriot Corporation* ihm fünf Jahre zuvor die Einreise in die Vereinigten Staaten untersagen lassen wollte. Sie sagt, sie überlege, ob sie allein im Freien vor dem Lincoln Memorial singen solle. Sie stellt sich hunderttausend Menschen vor und ihre Stimme, die über den Bäumen schwebt. Sie hofft, dass er kommt, um zuzuhören.

Sie spürt jetzt die Erschöpfung nach dem Konzert und wünscht ihm Gute Nacht und geht in ihr Zimmer im ersten Stock. Er stellt den Rahmen an seinen Platz auf dem Bücherregal zurück.

Ich liebe es, auf den Hügeln in der Umgebung des Burghölzli spazieren zu gehen und auf den Wegen zu wandern, die das hohe Gras teilen, das von Bächen durchzogen wird. Ich stelle mich auf die Holzbrücken, die die Ufer überspannen. Ich könnte Stunden damit zubringen, über das Geländer gebeugt zuzusehen, wie das sprudelnde Wasser zwischen den Steinen dahinfließt. An schönen Tagen glitzern Lichtfunken auf dem Wasser, sein Rauschen murmelt mir ins Ohr. Ich lausche und verstehe. Die Natur spricht zu mir. Ich höre ein frohes Zittern und Beben. Wenn man mich anspricht, dann antworte ich, eine Frage der Höflichkeit. Das habe ich von meiner Mutter. Abgesehen von den Hüften, bin ich ihr Ebenbild. Ein vernünftiger und unauffälliger Mensch. Ich will niemandem etwas Böses. Daran sieht man, wie groß mein Schmerz hier ist.

Am frühen Nachmittag habe ich mich mit meinem Zimmernachbarn Herbert Werner unterhalten. Der Mann kennt offenkundig keine Anstandsregeln. Nachdem er sich vorgestellt hatte, brüstete er sich sogleich damit, dass er seinen Onkel getötet, in Stücke geschnitten und die Knochen in den Rheinfall geworfen habe, nicht weit von hier entfernt. Er hat es in seinem Tagebuch beschrieben. Er hat mir einige Seiten daraus gezeigt – eine akkurate Schrift, die das ganze Blatt bedeckt. Aus Höflichkeit habe ich in dem

Büchlein geblättert. Eine Aneinanderreihung von Abscheulichkeiten. Dieser Mann ist bedrohlich. Eine echte öffentliche Gefahr.

Davon abgesehen, ruhen die sterblichen Überreste von Herbert Werners Onkel am schönsten Ort, den es gibt. Der Rheinfall ist so grandios, dass er es leicht mit den Niagarafällen aufnehmen kann. Von Zürich aus fahren Sie nach Schaffhausen. Rechnen Sie mit gut zwei Stunden. Legen Sie einen kurzen Stopp in der mittelalterlichen Stadt ein. Das Kloster Allerheiligen ist einen Umweg wert. Schiller fand dort die Inspiration für sein Gedicht *Die Glocke*. Nach der Besichtigung des Klosters nehmen Sie wieder die Vordergasse, verlassen die Altstadt und folgen dem auf der Karte bezeichneten Weg gut fünfzehn Minuten lang. Danach erwartet Sie ein atemberaubendes Schauspiel, die Wildheit des großen Flusses, die aufgewühlten, ungestüm sprudelnden Wasser des Rheins.

Ich hege keinerlei persönliche Feindseligkeit Herbert Werner gegenüber, unter anderen Umständen könnte ich seine Gesellschaft sogar schätzen. Aus Vorsicht bleibe ich allerdings in seiner Gegenwart auf der Hut. Herbert würde Ihnen möglicherweise mit einem Löffelhieb die Kehle durchtrennen. Aber ich kann mir nicht vorstellen, dass er die Hand gegen mich erheben würde. Die Leute mögen mich im Allgemeinen recht gern – abgesehen vielleicht von meinem Vater, einer Ausnahmegestalt in jeder Hinsicht.

Eines allerdings bedauere ich: Man hat mir verboten, den Flügel im großen Saal im Burghölzli anzufassen. Man behauptet, ich würde nur Radau machen. Ich gebe zu, dass ich nicht mehr so gut spiele wie früher. Die Noten wirbeln in meinem Kopf durcheinander. Die Partituren sagen mir nichts mehr. Ich sehe Zeichen zwischen den Kreuzen. Die Erniedrigungszeichen verschwimmen vor meinen Augen, ich übersehe die b. Um allem die Krone aufzusetzen, gehorchen meine Finger nicht mehr den Befehlen meines Gehirns. Eines Tages werde ich zeigen, wozu ich fähig bin. Ich war ein herausragender Pianist. In meinem Zustand merkt man das nicht mehr. Ich habe gespielt wie niemand sonst. Meine Mutter sagte, ich hätte eine große Begabung. Ich weiß nicht, was ich damit gemacht habe.

Schon von frühester Kindheit an bekam ich bei berühmten Lehrern aus Zürich Unterricht. Heinrich Reinhart war ein freundlicher Lehrer, mit dem ich einen großen Sprung nach vorn machte. Die *Nocturnes* von Chopin, die *Pathétique* von Beethoven und dann Brahms, sein ganzes Klavierwerk. Reinhart empfahl mir, beim Spielen ganz aus meiner natürlichen Melancholie zu schöpfen. Man versteht, dass mein Zustand eine lange Vorgeschichte hat.

Danach hatte ich mit einem gewissen Franz Braun zu tun, einem strengen und bornierten Mann, der immer wie aus dem Ei gepellt war und sich als Maître anreden ließ. Er war der Ansicht, dass mein Niveau nicht meinen künstlerischen Ansprüchen entsprach. Wenn ich eine Achtelnote ausließ, sauste ein Metalllineal auf meine Finger nieder. Man hat den Künstler in mir immer gezügelt.

Mama hat mich aus den Klauen dieses Ungeheuers befreit. Sie gab selbst Unterricht, um unsere Einkünfte aufzubessern. Ich habe Stunden bei ihr genommen. Aber wenn man die Uhr zurückdrehen könnte, dann würde ich die falschen Töne nicht in der Familie durcheinanderbringen.

Franz Braun terrorisiert mich heute noch, dabei könnte ich ihm mit einem Faustschlag das Rückgrat brechen. Ich sehe immer sein Gesicht am Fenster, wenn ich an seinem Haus vorbeigehe. Er mustert mich unverwandt. Er bedroht mich noch immer. Er schlägt den Takt, während er mich beobachtet. Was erwartet er von mir?

Tatsache ist, dass ich ein ausgezeichneter Pianist war. Bach, Schumann, Mozart, ich habe alles oder beinahe alles gespielt. Natürlich ist nur Albert Einsteins Vorliebe für die Geige im allgemeinen Gedächtnis haften geblieben. Die Sonne scheint immer auf die Gleichen hernieder.

Aber es gibt Menschen, die es noch schlechter getroffen haben als ich. Es heißt, Alfred Frezger, der Patient aus Zimmer 57, hat seit den Zwanzigerjahren kein Wort gesprochen. Er verständigt sich durch Grunzlaute. Einmal standen wir nebeneinander im Hof, und ich habe versucht, ihn in ein Gespräch zu verwickeln. Ich habe ihn gefragt, ob das, was man sich über ihn erzählt, wahr sei. Er hat nur geächzt. Ich habe ihn weiter gefragt, ob er seit 1920 Beziehungen zu einigen Insassen geknüpft hat oder ob er lieber für sich geblieben ist. Er hat mich mit müdem Blick angesehen und ist ans andere Ende des Hofs verschwunden. Ich werde ein andermal versuchen, ihn in ein Gespräch zu verwickeln, wenn der Zufall uns wieder zusammenführt. Als ich Doktor Minkel von meiner Begegnung erzählt habe, hat er mich beglückwünscht und gesagt, Gespräche mit anderen Insassen seien ein gutes Mittel, um aus meiner Isolation herauszukommen. Nach Meinung des Doktors sollte ich auf diesem Weg weitergehen. Ich habe ihn gefragt, ob das der Weg zur Heilung ist. Er hat mich kalt angeblickt. Dann ist sein Gesicht geschrumpft. Sein Kopf ist in den Hals hineingefahren. Sein enthaupteter Körper hat das Zimmer verlassen, als wollte er mir bedeuten, dass man bestimmte Fragen nicht stellte. Ich habe ihn später wiedergesehen. Er trug den Kopf wieder auf den Schultern. So ist er mir lieber. Aber von nun an überlege ich mir jedes Wort zweimal, wenn mir eine wichtige Frage in den Sinn kommt. Ich mag es nicht, Doktor Minkel in heller Aufregung zu sehen. Ich mag es nicht, wenn jemand meinetwegen leiden muss.

4

Mitten im Dezember erkrankte der kleine Klaus in Clemson, North Carolina, an einem schweren Fieber. Das Kind konnte nichts mehr hinunterschlucken, brachte kein Wort mehr hervor. Manchmal entrang sich seiner Kehle ein rauer Schrei. Bei der Untersuchung des Rachens sah man weiße Ablagerungen auf den Mandeln. Der kleine Klaus war an Diphtherie erkrankt. Eine allgemeine Lähmung befiel ihn, und er drohte zu ersticken. Es gab Behandlungsmöglichkeiten. Seren und Antitoxine konnten die Krankheit lindern. Die Tracheotomie, eine einfache Maßnahme für einen erfahrenen Chirurgen, hätte ihn vor dem Ersticken bewahrt und ihn vielleicht das Schlimmste überstehen lassen.

Doch Hans Albert und Frieda sind seit Längerem glühende Anhänger einer strengen Glaubensbewegung. Die *Church of Christ* ist schon im 19. Jahrhundert von Mary Baker Eddy an der Ostküste der Vereinigten Staaten gegründet worden. Und Mary Baker Eddy schrieb:

Die physische Heilung durch die Christliche Wissenschaft ist wie schon zu Jesu Zeiten das Werk des Göttlichen Prinzips, vor dem die Sünde und die Krankheit ihre Tatsächlichkeit im menschlichen Bewusstsein verlieren und ebenso natürlich und notwendig verschwinden, wie die Schatten dem Licht und die Sünde der Erneuerung weichen.

Daher lehnt die Christliche Wissenschaft jede Behandlung des Patienten ab. Einzig das Gebet soll die kranken Körper retten und die verzweifelten Seelen wieder aufrichten. Hans Albert und Frieda Einstein sind schon vor Jahren in Europa zur *Church of Christ* konvertiert. Jetzt verweigern sie jedes Medikament, jeden Eingriff, ja jede ärztliche Hilfe für ihren Sohn. Stattdessen beten sie eine Woche lang für ihn, Tag und Nacht.

Bis zum letzten Moment versucht Einstein, seinen Sohn davon zu überzeugen, dass Klaus im Krankenhaus besser versorgt werden könnte.

»Mit welchem Recht maßt du dir an, mir Lektionen zu erteilen? Du bist mein Vater, wenn es dir passt. Du hast dich von uns abgewandt, so wie du dich von unserer Mutter abgewandt hast. Du hast uns verlassen, um mit einer anderen zusammenzuleben. Plötzlich tust du so, als würde unser Leben dich etwas angehen. Du behauptest, du würdest über Klaus' Leben wachen? Erinnere dich, du hast mir empfohlen, keine Kinder mit Frieda zu zeugen. Wenn ich auf deinen Rat gehört hätte, wäre Klaus nicht auf dieser Welt. Heute wacht einzig der Herr über Klaus. Du kannst das vielleicht nicht verstehen. Du bist nicht gläubig. Du kannst über Gott nur lästern und spotten. Ich, ich lege das Leben meines Sohnes in die Hände des Herrn. Unsere Gebete sind mehr wert als alle Medikamente, die man ihm verabreichen könnte. Du wunderst dich über meine Entscheidungen, ich, ein Ingenieur, ein Wissenschaftler, der Brücken baut, solide Brücken, die die Menschen miteinander verbinden. Nichts ist solide auf dieser Welt, nichts außer dem göttlichen Willen und dem Glauben an Jesus Christus. Dieser Glaube hat mich zum Anhänger der Christlichen Wissenschaft gemacht, und dieser Glaube wird unerschütterlich bleiben. Und nun, Papa, würde ich dieses Gespräch gerne beenden.«

Der kleine Klaus starb in der Nacht zum 5. Januar, ohne einen Arzt an seinem Bett, von der Krankheit dahingerafft. Keine Behandlung zur Linderung seiner Schmerzen war ihm zuteilgeworden.

Es gibt Unglücksschläge, für die man nichts kann. Man kann weder sich selbst noch anderen einen Vorwurf machen. In diese Kategorie ordnet er das Unglück ein, das Eduard trifft. Zu seinem Kummer gesellt sich ein Gefühl der Ohnmacht. Aber er empfindet nicht den Hauch eines Schuldgefühls. Er lebt in der sicheren Überzeugung, dass schon seine Anwesenheit den Zustand seines Sohnes verschlimmern würde. Die bloße Erwähnung seines Namens wirkt wie eine Feuersbrunst in Eduards Geist.

Doch für das Drama seines Enkelkinds wähnt er sich mitverantwortlich. Das Gefühl einer schrecklichen Verschwendung bedrückt ihn.

Er denkt an seine Begegnung mit Stefan Zweig 1930 in Berlin im Café Beethoven zurück. Es war das erste Mal, dass die beiden Männer sich trafen, trotz der langen Liste von Freunden, die sie gemeinsam hatten. Mitten unter dem Essen hatte der Wiener ihm ein Buch geschenkt. Es war ein frisch aus der Druckerpresse gekommenes Exemplar seines Werkes mit dem Titel *Die Heilung durch den Geist*. Zweig hatte ihm mitgeteilt, dass dieses Buch ihm gewidmet war. Und tatsächlich hatte er beim Durchblättern auf Seite drei gelesen: *Für Albert Einstein*. Darunter hatte der Autor mit violetter Tinte seine persönliche Widmung hinzugefügt: *Einen Mann, den ich über alles bewundere.* »Vielleicht schreibe ich eines Tages über Sie«, hatte Zweig gesagt. »Die Welt Einsteins ist letzten Endes genauso fesselnd wie die von Freud, und ihre

Mysterien sind ebenso undurchdringlich.« Sie hatten sich verabschiedet mit dem Versprechen, sich wiederzusehen.

Das Buch enthielt jeweils einen Essay über Freud, Mesmer und Mary Baker Eddy.

Und siehe da: Sein Jüngster, der von Freud fasziniert war, litt in einer Heilanstalt vor sich hin. Und sein Enkel Klaus war durch Bakers wahnwitzige Theorien ums Leben gekommen.

Die Heilung durch den Geist
Für Albert Einstein.

Er fragt sich, ob das Schicksal vorgezeichnet ist. Und ob es manchmal in den Büchern geschrieben steht. In jedem Fall, denkt er, treibt es ein Spielchen mit den Menschen und macht sich über sie lustig.

NOVI SAD –
   PRINCETON

1

Auf dem Bahnhof von Novi Sad dringt die Kälte durch die Ärmel ihres Mantels. Eine dicht gedrängte Menschenmenge hastet an ihr vorbei, ein Mann rempelt sie an, ohne sich zu entschuldigen. Um ein Haar wäre sie hingefallen, was niemanden zu stören scheint. Nur ein Polizist in einer zerknitterten Uniform mit einer zu großen Mütze auf dem Kopf bietet ihr seine Hilfe an. Sie lehnt einsilbig ab. Ihr Koffer ist fast leer, nichts weiter drin als ein Kleid, ein paar persönliche Dinge, eine am Bahnhof gekaufte Zeitung. Sie hat die Zeitung nicht aufgeschlagen.

Ihre Hüfte schmerzt. Sie stützt sich an einer Bank ab, doch sie zögert, sich hinzusetzen, aus Angst, danach gar nicht mehr aufstehen zu können.

Am Ausgang verharrt sie für einen Augenblick wie ratlos. Sie würde so gerne jemanden erkennen, der dort auf dem Trottoir steht und sie abholen will, inmitten der Grüppchen, die sich umarmen, küssen, sich um den Hals fallen, laut auflachen oder in Tränen ausbrechen. Es ist das glückliche Ballett zärtlicher Wiedersehensfreuden, zu dem sie nicht mehr eingeladen ist.

Niemand erwartet sie. Sie könnte einfach durch die Straßen der Stadt flanieren und an den Ufern der Donau entlangspazieren, wie sie es früher so gerne tat, als Zorka sie am Bahnsteig abholte. Aber sie hat diese Reise unternommen, um Zorka zu beerdigen.

Vor sechs Monate ist sie schon einmal gekommen, um an Lieserls Grab zu beten. Nur sie und Albert wissen, wo der kleine Sarg ruht. Das wird auf ewig ihr Geheimnis bleiben. Niemand wird je erfahren, wo sie jedes Jahr mitten im Frühling diese Blumen niederlegt. Kein Zeuge wird es wagen zu enthüllen, dass Einstein im Jahr 1932, bevor er ins Exil ging, nach jüdischem Brauch einen Stein auf das Grab gelegt hatte. Ein paar Leute haben ihn gesehen. Später hat man sie zur Anwesenheit des großen Wissenschaftlers an diesem Ort gefragt. Man hatte ihn im März in Novi Sad erkannt. Nein, meine Herren, Sie haben etwas getrunken und ein Gespenst gesehen. Oder vielleicht hat ein Mann mit ergrauten und zerzausten Haaren die Straße überquert, und der Alkohol hat Sie glauben gemacht, dass Sie diesen Mann kennen. Fremde mit grauen Haaren laufen in allen Orten Europas vorbei. Sie irren hier und da herum. Eine Fata Morgana, meine Herren, hören Sie lieber mit dem Trinken auf.

Sie hält ein Taxi an, nennt dem Fahrer das Ziel, die Kisačkastraße Nummer 20. Der Mann erkundigt sich, ob sie eine gute Reise hatte, ob sie nach Hause kommt. Natürlich hört er an ihrem Akzent, dass sie von hier stammt.

»Es gibt nichts, das mit unserer schönen Stadt Novi Sad mithalten kann. Ich habe Leute getroffen, die die ganze Welt umrundet haben und versichern, dass dies der schönste Ort auf Erden sei. Finden Sie nicht auch? Sie müssen mir nicht zustimmen. Hier hat jeder das Recht auf eine freie Meinung. Wir sind nicht in Deutschland.«

Sie sieht kaum noch die Straßen. Die Passanten sind wie Schemen. Sie könnte nicht sagen, wie spät es genau ist. Ihr ist kalt, das ist alles. Sie kuschelt sich an den Sitz. Sie hat ihre Handschuhe vergessen. Bestimmt liegen sie auf der Anrichte. Beim Weggehen hat sie sie abgelegt, um nachzusehen, ob sie ihre Schlüssel eingesteckt hat. Sie hat gedacht: bloß nicht die Handschuhe vergessen. Sie hat empfindliche Hände. Sie spürt ihre Finger nicht mehr, wenn es Abend wird.

»Die Deutschen hätten eine Lektion verdient. Aber nein, Chamberlain und Daladier geben ihnen die Sudeten. Jetzt stehen sie an unseren Grenzen. Sie werden sehen, die Lust, uns zu überfallen, wird sie überkommen. So sind sie. Sie lieben es, sich überall daheim zu fühlen. Und nachdem sie nirgends willkommen sind … Leider reden Daladier und Chamberlain ständig nur von Frieden. Wenn man Taxifahrer ist, weiß man, dass kein Frieden möglich ist. Man kennt die Menschen. Das liegt an unserem Beruf. Man errät schnell, mit wem man es zu tun hat. Ich weiß zum Beispiel, dass Sie ein trauriger Mensch sind. Traurigkeit ist unser täglich Brot. Sie steht in ihren Augen geschrieben und auch Angst, täusche ich mich? Angst ist kein Makel. Wer heute keine Angst hat, ist ein Lügner.«

Das Haus liegt in einem Vorort. Während sie durch die Stadt fahren, hallen in ihrem Kopf die Worte von Zorkas Nachbarin nach, die sie telefonisch über das Drama in Kenntnis gesetzt hat. Das unbehagliche Schweigen, mit dem sie jeden ihrer Sätze begleitet hat. Sie hatte sich offenbar vorgenommen, ihr die Nachricht schonend beizubringen. Als könnte das Leben sie noch schonen. Mileva hat das Gefühl, dass sie zum letzten Mal nach Novi Sad kommt. Seit einigen Monaten ist sie von Vorahnungen erfüllt. Sie lassen sie nicht mehr los, wenn sie sich erst einmal in ihrem Kopf festgesetzt haben. Sie weiß heute, dass sie den Fuß nicht mehr auf diesen Flecken Erde setzen wird, auf dem sie geboren wurde, aufgewachsen ist und ihre glücklichsten Momente erlebt hat. Durch das halb geöffnete Fenster riecht sie die Ausdünstungen der Donau, diesen starken Geruch, den sie so gut kennt. Sie sieht sich wieder an der Seite ihres

Vaters am Ufer entlanggehen. Die Zeit der Kindheit ist fern. Sie ist dreiundsechzig Jahre alt. Sie ist eine alte Frau.

»Wie heißen Sie, ich bin mir sicher, dass wir irgendwie miteinander verwandt sind? Novi Sad ist nur ein großes Dorf ... Marić? Wollen Sie sagen, Mileva Marić? Und das verschweigen Sie? Sie müssten es laut hinausposaunen! Sie sind ein Nationalheld, der Stolz des serbischen Volkes, größer als Peter I.! Geben Sie es zu, mir können Sie es sagen, Herr Einstein hat alles gestohlen! Sie haben alles erfunden. Die Relativitätstheorie und das ganze Drumherum. Mir können Sie alles anvertrauen. Ich schweige wie ein Grab! Seien Sie nicht so bescheiden! Tun Sie mir einen Gefallen. Lassen Sie mich einen Umweg über die Prinz-Tomislav-Brücke fahren. Es wird uns nicht viel Zeit kosten. Wie stolz würde es mich machen, diese Brücke neben der Mutter des Mannes zu überqueren, der sie konstruiert hat. Dieses Bauwerk ist unser ganzer Stolz hier, das wissen Sie genau. Bitte, willigen Sie ein!«

Hans Albert hat die Pläne der Prinz-Tomislav-Brücke gezeichnet. Das schönste und neueste Bauwerk des Landes. Ihr eigener Sohn, 1928. Eine prachtvolle Brücke, 341 Meter lang, die die Donau an einer Stelle überspannt, wo sie so breit ist wie nirgendwo sonst. Zehn Jahre zuvor hatte sie ihrer Einweihung beigewohnt. Das Werk ihres Sohnes in ihrer Heimat.

Damals arbeitete er in Dortmund in einem Stahlbauunternehmen. Der Bau der Brücke war von der serbischen Regierung in Auftrag gegeben worden. Hans Albert war damit beauftragt worden, das Modell zu entwerfen und die Bauarbeiten zu überwachen. Ein Einstein, der andere. Der geliebte, der gute. Obwohl auch Hans Albert sie verlassen hat. Einer nach dem anderen verlassen die Einsteins sie und gehen nach Amerika. Zum Glück gibt es noch Eduard. Man könnte sich fast fragen, ob Eduard ein Einstein ist. Wenn da nicht diese Augen wären, die nicht täuschen. Sie gibt der Bitte des Taxifahrers nach. Tausend Dank, Frau Einstein! Diese Brücke ist ein Prachtbau. Und wissen Sie, warum ich mich doppelt darüber freue? Ihr Sohn hat sie sich ausgedacht, und die Deutschen haben sie bezahlt. Als Reparationszahlung. Auch wenn uns das jetzt natürlich teuer zu stehen kommt. Sie sind nachtragend. Die Serben für die erlittene Schmach bluten zu lassen, das muss irgendwo im Kopf des Führers eingebrannt sein. Sehen Sie, da vorn rechts! Oh, wie großartig sie ist. Sehen Sie nur, wie sie unter unserer schönen Sonne funkelt. Man könnte glauben, sie ist ein Vogel, der sich emporschwingt und wieder hinabtaucht. Ein schöner Vogel aus Eisen und Feuer.

Der Taxifahrer hält in der Mitte des Bauwerks an und lässt sie aussteigen. Sie beugt sich über die

Balustrade und betrachtet den Strom. Sie legt ihre Finger auf das Geländer. Es ist ein bisschen so, als würde sie die Hand ihres Sohnes umfassen. Ob sie sie noch ein einziges Mal an ihr Herz drücken wird? Sie fürchtet, nein. Die Tränen, die über ihre Wangen rinnen, fallen in die Donau. Sie hebt den Kopf, und ihr Blick fällt auf die fernen Dächer der Stadt. Sie ahnt, wohin sie sich begeben muss, macht ein paar Schritte zum Taxi, öffnet die Wagentür und setzt sich. Ins Auto!, ruft der Fahrer. Ihr Schicksal wartet in der Kisačkastraße 20 auf sie.

Ihre Freundin Milana steht vor dem Haus und winkt ihr zu, als sie das Taxi erblickt. Der Wagen setzt sie ab. Die beiden Frauen umarmen sich einen Moment lang. Dann sagt Milana zögernd und unter Tränen aufschluchzend: »Ich habe nichts angefasst. Wladimir ist gekommen und hat alle Fenster aufgerissen. Ich konnte es nicht. In einer Stunde wird der Priester erscheinen. Du musst nicht hereinkommen. Der Tod muss schon einige Tage zurückliegen. Wir haben seit Dienstag nichts von ihr gehört, aber Zorka blieb oft tagelang allein zu Hause, das konnten wir nicht ahnen, weißt du.«

»Nein, natürlich nicht«, versichert sie.

»Verstehst du«, setzt Milana hinzu, »sie hat sich immer mit ihren Katzen eingeschlossen. Das war ihre Art, das war Zorka.«

Sie stößt die halb geöffnete Tür auf. Der Gestank ist extrem. Mileva hält sich ein Taschentuch vor die Nase und den Mund. Was sie sieht, lässt sie unwillkürlich zuürckweichen: An die dreißig Katzen haben das Zimmer in Besitz genommen, laufen unter dem Tisch herum, streichen an den Wänden entlang. Manche starren sie mit ihren durchdringenden Blicken an. Sie nähert sich dem Bett im Halbschatten. Plötzlich erblickt sie die Tote. Sie steht nun vor dem ausgestreckten Leichnam, dessen Haut auf den Knochen spannt. Sie betrachtet das unkenntliche Gesicht, die aus den Augenhöhlen tretenden Augen, die hohlen Wangen, die grauen, spärlichen Haare. Magst du es, wenn ich dir Zöpfe flechte, hatte Zorka sie in ihrer Kindheit gefragt. Sie drückt einen Kuss auf die Lippen. Sie macht das Kreuzzeichen. Sie geht zur Tür zurück, wo Milana wartet. Sie denkt: Das war Zorka, meine Schwester.

Gründ hat mir sein Beileid ausgesprochen. Es ist das erste Mal, dass ich das erlebe, und ich habe nichts dafür getan. Gründ hat mir gesagt, dass er Zorka gut gekannt habe, als sie hier gewesen sei. Er hatte sie gern. Ich danke ihm. Er erzählt mir, dass sie eine gemeinsame Leidenschaft hatten. Auch er liebt Katzen. Er empfindet eine große Zuneigung zu Menschen, die mit Katzen zusammenleben. Er bittet mich, das, was er mir anvertraut hat, für mich zu behalten, es wie ein Geheimnis zu hüten, denn er hält es für eine Schwäche, und manch einer hier könnte daraus Nutzen ziehen, Herbert Werner beispielsweise. Ich danke ihm für sein Vertrauen und verspreche ihm, den Mund zu halten.

Gründ ist nicht der Einzige, der mich in seinen Kummer einweiht. Sobald die Neuigkeit sich verbreitet hat, sind die Leute gekommen, um mich zu trösten. Jeder hier erinnert sich an Zorka. Es kam mir so vor, als ob sie sich bei ihren langen Aufenthalten Freunde gemacht habe. Das entspricht nicht den Gewohnheiten der Familie. Wir sind ein reservierter Menschenschlag, wir verschenken unser Vertrauen nicht leichthin, manche sprechen sogar von Misanthropie. Nicht, dass wir die Leute nicht mögen. Vielmehr mögen die meisten Leute uns nicht. Diejenigen, die in der Illusion des Gegenteils leben, haben nichts begriffen.

Tante Zorka hasste die ganze Welt. Insbesondere die Männer. Nur wenige Frauen fanden Gnade vor ihren Augen. Sie wiederholte mir ständig: Sag mir einen Menschen, der Gutes tut auf Erden – abgesehen von deiner Mutter natürlich. Es fiel mir schwer, ihr zu antworten. Obeohl ich letzten Endes nur ziemlich wenige Menschen kenne, um mein Urteilsvermögen zu schulen. Ich gehe selten aus. Ich reise nicht.

Und was die Gestalten betrifft, die mir an diesem Ort begegnen, wer wollte glauben, dass das zu meinem Besten ist?

Tante Zorka liebte nur ihre Katzen. Damit die genug zum Essen hatte, schränkte sie sich selbst ein. Ich habe Mama vorgeschlagen, sie nun zu adoptieren. Mama hat geantwortet, dass in meinem Zimmer nicht genug Platz wäre und dass die Pfleger so viele Mäuler zum Füttern nicht gerne sähen. Ich habe das an Wärter Heimrat überprüft – er hat mit Tante Zorka gemeinsam, dass er die Menschheit verabscheut. Heimrat hat mich durchdringend angesehen. Er hat mich gefragt, wie viele Katzen Tante Zorka hatte. Etwa dreißig. Er hat einen Augenblick überlegt. Dann hat er geantwortet, dass man sie essen könnte, dass er Katzenfleisch liebe, dass es nach Menschenfleisch schmecken würde. Danach ist er lachend aus dem Zimmer gegangen. Ich ziehe es vor zu glauben, dass er einen Witz gemacht hat.

In dem Haus in Novi Sad sind die Katzen in Sicherheit. Niemand dort würde auf die Idee kommen, sie zu essen. Wir lieben Tiere, wir Serben. Sie sind Geschöpfe Gottes.

Zorkas Tod hat Mama in einen tiefen Kummer gestürzt. Ich versuche sie zu trösten. Ich bringe Stunden an ihrer Seite zu. Wir stehen schweigend auf dem Balkon, einer neben dem anderen. Ich bin keine große Hilfe. Mama ist immer auf der Hut, nur weil ich da bin. Was kann ich dafür, wenn die Leere mich anzieht?

2

Er beobachtet den Mann, der ihm gegenübersitzt. Juliusburger, der ihn begleitet, behauptet, dieser Victor Schleiss habe ihm etwas von höchster Bedeutung mitzuteilen. Der Psychiater ist 1937 aus Deutschland geflohen. Es gelang ihm, in die Schweiz zu entkommen. In Zürich hatte er eine Stelle als Assistent am Burghölzli. Danach erhielt er ein Visum für die USA und emigrierte.

»Was ich Ihnen zu sagen habe, betrifft Sie ganz besonders«, fährt der Besucher fort.

»Und geht über unser aller Verstand«, fügt Juliusburger hinzu.

»Sie kennen Ernst Rüdin, nicht wahr?«

Ja, er kennt ihn. 1902 hat er als Student am Polytechnikum an Milevas Seite einen Vortrag gehört, den Rüdin im Burghölzli hielt. Rüdin ist ein Schweizer Arzt, der in Deutschland lebt. Rüdin ist der Verfasser des Werks *Erblehre und Rassenhygiene im völkischen Staat* und einer der Begründer der Theorie von der Vererbbarkeit der Schizophrenie. Rüdin ist auch der große Vordenker der Eugenik des Reichs. Er hat das 1933 verabschiedete *Gesetz zur Verhütung erbkranken Nachwuchses* ausgearbeitet, das die Zwangssterilisierung von Geisteskranken fordert.

»Sie wissen, was heute im Gange ist, nicht wahr?«, fragt Schleiss.

Das Programm zur Ermordung der deutschen Geisteskranken ist öffentlich bekannt, seitdem der katholische Bischof von Berlin 1941 die »als Euthanasie bezeichneten Morde« angeprangert hat. Bereits im Februar 1940 waren Geisteskranke aus anderen Heilanstalten in Brandenburg an der Havel zusammengezogen und dort vergast worden. Insgesamt gab es sechs solcher Tötungseinrichtungen im ganzen Reich. Mehr als siebzigtausend Menschen fielen ihnen zum Opfer, darunter auch viele jüdische Anstaltsinsassen. Offiziell wurden die Maßnahmen zwar eingestellt, gingen aber teilweise heimlich weiter. Insbesondere die Predigten des Münsteraner Bischofs von Galen, die unter der Hand verbreitet wurden, hatten für Unruhe in der Bevölkerung gesorgt.

Allgemein herrscht der an Sicherheit grenzende Verdacht, dass diese zahlreichen unerwarteten Todesfälle von Geisteskranken nicht von selbst eintreten, sondern absichtlich herbeigeführt werden, dass man dabei jener Lehre folgt, die behauptet, man dürfe sogenanntes ›lebensunwertes Leben‹ vernichten, also unschuldige Menschen töten, wenn man meint, ihr Leben sei für Volk und Staat nichts mehr wert. Eine furchtbare Lehre, die die Ermordung Unschuldiger rechtfertigen will, die die gewaltsame Tötung der nicht mehr arbeitsfähigen Invaliden, Krüppel, unheilbar Kranken, Altersschwachen grundsätzlich freigibt!

Bis zu diesem Fanal hatten die deutschen Bischöfe zur Ausrottung der jüdischen Kranken weitgehend geschwiegen.

»Sie wissen sicher, welche herausragende Rolle Rüdin bei diesem Unterfangen gespielt hat. Die SS und ihre Mediziner war nur sein verlängerter Arm. Nun, während meiner Tätigkeit am Burghölzli habe ich erfahren, dass Rüdin seine Schweizer Abstammung genutzt hat, um beim Direktor des Burghölzli, Hans Wolfgang Maier, zu intervenieren. Rüdin hat Maier gebeten, ihm die Krankengeschichte des Patienten Eduard Einstein zu überlassen.

»Das fällt unter das ärztliche Schweigegebot!«, ruft Juliusburger aus.

»Ich habe mir eine Kopie der Antwort besorgt, die Maier Rüdin gegeben hat.«

Schleiss holt ein Papier aus seiner Tasche, setzt seine Brille auf und liest:

Verehrter Herr Kollege, Professor Ernst Rüdin,
wir bedauern Ihnen unsere Krankengeschichte über stud.med. Eduard Einstein nicht zusenden zu können, da der junge Mann bei uns in der Klinik ist. Wir können Ihnen aber so viel mitteilen, dass er an einer schweren Schizophrenie leidet, die allerdings stark psychogen überlagert ist, so dass der gegenwärtige Schub hoffentlich bald wieder in eine gute Remission übergehen wird. Über die Hereditätsverhältnisse von Seiten des Vaters sind wir nicht orientiert, da er, seitdem ich ihn zuerst ambulant behandelt habe, nie mehr bei uns war. Sicher ist, dass eine schizophrene Heredität von der Mutter her kommt, deren Schwester wegen Katatonie interniert ist. Die Mutter ist eine schizoide Persönlichkeit.

Wie Sie wohl wissen, ist die Ehe von A. Einstein, von der dieser Sohn stammt, vor längerer Zeit geschieden worden. Sollten Sie noch weitere Fragen zu stellen haben, so sind wir gerne zu deren Beantwortung bereit.

Schleiss faltet den Brief zusammen und legt ihn auf den Tisch.

»Lieber Victor«, ergreift Juliusburger das Wort, »Sie kommen ja gerade aus Zürich. Glauben Sie, dass die Schweizer fähig wären, den Nazis auch andere Dinge als ärztliche Unterlagen auszuliefern?«

»Meinen Sie damit ... Menschen?«

»Ich meine *einen* Menschen.«

»Nein, das würden die Schweizer nicht tun. Die Schweizer Banken sammeln das Geld der Nazis. Die Schweizer Behörden verwehren den jüdischen Flüchtlingen die Einreise in ihr Land. Die Schweizer Armee treibt die Juden an der Grenze zu den SS-Leuten zurück, die sie verfolgen. Aber einen Schweizer Bürger ausliefern, nein, das werden sie nicht tun.«

»Auch wenn der Patient Gold wert ist?«, murmelt Juliusburger.

Victor Schleiss wiederholt seine Antwort, lässt einen Moment verstreichen und fügt dann in leichterem Tonfall hinzu: »Wissen Sie, ich bin ein Schüler Freuds. Sie haben seine Bekanntschaft gemacht, Herr Professor, nicht wahr?«

Albert erzählt von seiner Begegnung mit Freud in Berlin. Es war im Winter 1926. Freud besuchte seinen Sohn Ernst, der als Architekt in der Hauptstadt arbeitete. Eigentlich verlief das Treffen in entspannter Atmosphäre. Und doch entstand da keine echte Sympathie zwischen ihnen. Freud war schon über siebzig Jahre alt. Er war erst achtundvierzig. Er hatte eine Art Feindseligkeit aufseiten des Wieners gespürt. Freud schien ihre Beziehung als Rivalität zu erleben. »Sie Glücklicher«, hatte ihm der Psychiater zu seinem fünfzigsten Geburtstag geschrieben.

Er selbst hat Freud nie seine Vorbehalte gegen die Psychoanalyse verschwiegen: Er wolle »gern im Dunkel des Nichtanalysiertseins verbleiben«. Er bezweifelte, dass es immer nützlich sei, im Unbewussten zu graben, und fragte Freud, ob er glaube, »wir könnten besser laufen, wenn wir unsere Beine analysieren?«.

Er unterstützte Freuds Kandidatur für den Nobelpreis 1928 nicht. Er sagte, er könne sich nicht über die Wahrheit seiner Lehren äußern. Er bezweifelte, dass ein Psychologe sich um den Nobelpreis in Medizin bewerben konnte. Die Feindseligkeit des Wieners verstärkte sich, als er erfahren musste, dass auch Einstein ihn im Stich gelassen hatte und er nie den Nobelpreis erhalten würde.

1931 hatte er Freud allerdings gestanden, dass er seine Meinung geändert habe: »Jeden Dienstag lese ich Ihre Bücher und kann nicht umhin, ihre Schönheit und Klarheit zu loben ... Ich schwanke zwischen Glauben und Unglauben.« Ihre Beziehung hatte sich dann langsam erwärmt.

»Wie ist dieser Essay über den Krieg zustande gekommen, den Sie zusammen verfasst haben?«, fragt Victor Schleiss.

Er erläutert, dass die Idee zu einem Buch mit zwei Verfassern Anfang der Dreißigerjahre auf Anregung des Völkerbunds und des Internationalen Instituts für geistige Zusammenarbeit entstand. Das Werk wurde als großes Ereignis angekündigt. Der Entdecker der Relativitätstheorie und der Erfinder der Psychoanalyse taten sich zusammen, um über den Zustand der von Gewalt und Hass erfüllten Welt nachzudenken. Ein Buch aus der Feder der beiden Genies der schreibenden Zunft, von einem der intelligentesten Denker und vom Beherrscher der Psyche. Der Völkerbund war gerettet. Die Menschheit war gerettet. *Warum Krieg?* Die uralte Frage, die in den unerforschlichen Trieben des Menschen wurzelte, würde beantwortet werden. Das Buch war am 22. März 1933 erschienen. Bereits am darauf folgenden 10. Mai hatte es das gleiche Schicksal wie die anderen Bücher Einsteins und Freuds erlitten und war unter dem Gejohle der deutschen Massen in Flammen aufgegangen.

»Es wäre mir eine Ehre, wenn Sie mir dieses Buch mit einer persönlichen Widmung Ihrerseits überlassen würden«, sagt Victor Schleiss.

Er erhebt sich, geht zur Bibliothek und findet in einem Regal das Werk, von dem er noch drei Exemplare hat. Er zieht eines hervor. Setzt sich an seinen Schreibtisch, greift zur Feder, schreibt eine Widmung und reicht das Buch seinem Besucher. Schleiss bedankt sich. Juliusburger, sein Hausarzt aus Berliner Zeit, bedankt sich noch einmal, dass er für seine beiden Kinder ein Affidavit beschafft hat, das ihm die Ausreise ermöglichte, und erklärt, dass es Zeit zum

Gehen sei. Die beiden Gäste verabschieden sich. Er steigt wieder in den ersten Stock, nimmt in seinem Sessel Platz. Er betrachtet den Himmel durch das Panoramafenster. Freuds Gesicht kommt ihm wieder in den Sinn. Dann denkt er an Eduard. Er hat nie mit Freud über das Unglück gesprochen, das seinen Sohn getroffen hat. Dabei ist Zürich nicht weit von Wien entfernt. Und Freud gehört zu den besten Kennern der Psychosen. Freud hätte ihn beraten können. Ihm eine Orientierung geben und, warum nicht, Eduard in Behandlung nehmen können.

Sie haben *Warum Krieg?* im Jahr 1932 zusammen geschrieben. Eduard war damals im Burghölzli untergebracht. Behandelt von Kollegen von Freud, manche davon seine Schüler. Er hätte in einem seiner Briefe an den Wiener ein Wort darüber verlauten lassen können.

Freud war das Vorbild, das Idol seines Sohnes. Eduard war ein glühender Anhänger der Psychoanalyse. Wenn er in Eduards Zimmer trat, sah er ein großes Porträt von Freud an der Wand. Ohnmächtig betrachtete er den Schiffbruch seines Sohnes vor dem Porträt des unübertroffenen Kenners der Psyche. Und zur gleichen Zeit schrieb er an Freud und arbeitete mit Freud an dem Buch, dessen Ziel nichts Geringeres war, als die Menschheit wieder zur Vernunft zu bringen.

Aber kein Wort über den Fall Eduard Einstein.

1936 schrieb er aus Princeton an Freud: Er habe immer schon den Einfluss, den die Theorie der Psychoanalyse auf die Zeitgenossen ausgeübt habe, bewundert, sei sich aber über die Tagfähigkeit der Hypothesen nicht im Klaren gewesen. Dann habe er im privaten Kreis Fälle miterlebt, die man sich ohne die Theorie der Verdrängung nicht recht erklären könne. *»Seitdem ist diese Überzeugung anhand kleiner eigener Erfahrungen doch langsam zu mir durchgedrungen, wenigstens, was die Hauptthesen anbelangt.«*

Welche waren diese »kleinen eigenen Erfahrungen«, die ihm bekannt waren und über die er niemanden ins Vertrauen zog? Gehörte der Fall Eduard Einstein auch dazu?

»Es hat mich gefreut, diese Fälle zu entdecken.« Heute bedauert er eine solche Formulierung. Es hat ihn nicht gefreut, irgendeinen Fall zu entdecken.

Bis ins Jahr 1938 hat er mit Freud korrespondiert. Wusste der Psychoanalytiker, dass sein Gesprächspartner und Rivale einen psychotischen Sohn hatte? War es möglich, dies nicht zu wissen? Nie hat Freud darüber das geringste Wort verloren.

Er holt in seiner Bibliothek ein weiteres Exemplar von *Warum Krieg?* aus dem Regal. Er blättert in dem Büchlein. Er stößt auf die Frage, die er als Zusammenfassung seines Texts an Freud gerichtet hat:

Gibt es eine Möglichkeit, die psychische Entwicklung des Menschen so zu leiten, dass sie den Psychosen des Hasses und des Vernichtens gegenüber widerstandsfähiger werden?

Diese Frage bildet das Rückgrat ihres Briefwechsels. Was ging ihm insgeheim 1932 im Kopf herum? *Ist es möglich, die psychische Entwicklung des Menschen so zu leiten?*

Er blättert weiter in dem Buch. Die Antwort des Arztes lautet folgendermaßen:

Als ich hörte, dass Sie die Absicht haben, mich zum Gedankenaustausch über ein Thema aufzufordern, dem Sie Ihr Interesse schenken und das Ihnen auch des Interesses Anderer würdig erscheint, stimmte ich bereitwillig zu. Ich erwartete, Sie würden ein Problem an der Grenze des heute Wissbaren wählen, zu dem ein jeder von uns, der Physiker wie der Psychologe, sich seinen besonderen Zugang bahnen könnte, sodass sie sich von verschiedenen Seiten her auf demselben Boden träfen. Sie haben mich dann durch die Fragestellung überrascht, was man tun könne, um das Verhängnis des Krieges von den Menschen abzuwehren. Ich erschrak zunächst unter dem Eindruck meiner – fast hätte ich gesagt: unserer – Inkompetenz …

Er setzt seine Lektüre fort und kommt zu Freuds Schlussfolgerung:

Ich habe Bedenken, Ihr Interesse zu missbrauchen, das ja der Kriegsverhütung gilt ... Der Todestrieb wird zum Destruktionstrieb, indem er mit Hilfe besonderer Organe nach außen, gegen die Objekte, gerichtet wird. Das Lebewesen bewahrt sozusagen sein eigenes Leben dadurch, dass es fremdes zerstört.

Er denkt an Eduard. Und an sich selbst. *Das Lebewesen bewahrt sein eigenes Leben dadurch, dass es fremdes zerstört.* Er fragt sich, ob er sich selbst schützt, indem er eine solche Distanz zwischen Eduard und sich schafft. Er schützt sein eigenes Leben. Er zerstört das fremde. Er unterwirft sich dem Todestrieb.

Vorgestern hat sich mir mitten im Garten des Burghölzli bei strahlendem Sonnenschein ein sehr schönes Mädchen genähert, meine Hand ergriffen und mich zu einer Bank gezogen, auf die wir uns gesetzt haben. Niemals hat sich eine Person des anderen Geschlechts mir gegenüber so verhalten. In ihren Augen leuchtete ein Strahlen, das mich hypnotisierte. Sie legte ihre Hände auf meine. Sie lächelte mich einfach so an. Dann sagte sie: »Ich heiße Maria Fischer, und mir ist, als hätte ich dich schon irgendwo gesehen.«

»Das sagt man oft zu mir. Ich habe ein sehr gewöhnliches Gesicht.«

»Du hast ein sehr schönes Gesicht.«
»Das hat noch niemand zu mir gesagt.«
»Die Leute lügen immerzu. Sie verheimlichen etwas.«
»Das glaube ich auch.«
»Weißt du, was sie verheimlichen?«
»Dann wäre ich nicht hier.«
»Warum bist du hier?«
»Ich weiß nicht.«
»Ich weiß es auch nicht.«
»Bei dir muss ein Irrtum vorliegen. Du bist schön, du siehst intelligent aus.«
»Ich glaube, das ist keine Frage der Intelligenz.«
»Dann verstehe ich nicht.«
»Sie werfen mir vor, ich sei verrückt.«
»Das werfen sie uns allen vor. Sie sind regelrecht besessen davon. Ich glaube, wir müssten die Behörden verständigen.«
»Zwecklos, sie machen mit ihnen gemeinsame Sache ... Und du, findest du mich verrückt?«
»Ich finde dich sehr schön, wenn ich mir diese Äußerung erlauben darf.«
»Oh, alle Welt erlaubt sich das! ... Sagst du zu allen Mädchen, die du kennenlernst, dass sie schön sind?«
»Ich lerne überhaupt keine Mädchen kennen!«
»Dann redest du, ohne eine Ahnung zu haben. Wie soll ich dir da glauben?«

»Du hast recht. Das ist schwierig. Ich bin wohl nicht vertrauenswürdig.«

»Versuch es zu sein.«

»*Du hast mich beschuldigt, dich nicht zu lieben, und dieser Vorwurf verbittert mich, denn was mich quält und was dir lästig ist, das ist mein Übermaß an Liebe, Adèle.*«

»Das ist schön.«

»Das ist von Victor Hugo. Ich mag die französischen Dichter sehr gern.«

»Hast du mir nichts Persönlicheres zu sagen?«

»Lass mir Zeit zum Nachdenken.«

»Ihr sagt alle das Gleiche. Deswegen verabscheue ich Dichter ... Ich glaube, ich gehe jetzt.«

»Bleib! Ich werde jede Menge persönliche Dinge finden, die ich dir sagen will. Hab ich dir noch nicht von meinem Vater erzählt? Meistens mögen die Leute das.«

»Und was ist mit deinem Vater?«

»Es ist Einstein.«

»Na und?«

»Kennst du Einstein nicht?«

»Dem Namen nach.«

»Er ist ein furchtbarer Vater.«

»Was hat er Schlimmes getan?«

»Er hat uns, meinen Bruder und mich, bei meiner Mutter zurückgelassen. Er hat unsere Mutter auf schreckliche Weise verlassen. Er hat sie nach Strich und Faden betrogen. Er ist wegen einer anderen Frau fortgegangen. Und Mama zufolge betrügt er auch diese Frau mit anderen Frauen. Er liebt die Frauen, er sammelt sie. Er ist entsetzlich. Niemand sagt das. Man wird mich nicht daran hindern, die Wahrheit zu offenbaren. Ich verabscheue ihn.«

»Ich verabscheue meinen Vater auch.«

»Hat er deine Mutter mit anderen Frauen betrogen?«

»Nein, er hat mit mir geschlafen. Er vergewaltigt mich, seitdem ich fünf bin. Samstagmorgens, wenn meine Mutter zum Markt geht. Jeden Sonntag vergewaltigt er mich. Ich mag Sonntage nicht. Hat dein Vater dich auch vergewaltigt?«

»Nein.«

»Dann habe ich mich in deinem Fall getäuscht.«

»Ich kann dir etwas anderes über meinen Vater erzählen.«

»Du sprichst zu viel über deinen Vater. Dein Vater ist nicht mehr wert als meiner, nur weil er Einstein heißt. Berühmtsein macht nicht zwangsweise schändlicher. Alle Männer sind niederträchtig. Wenn es einen Nobelpreis für Schweinereien gäbe, dann würde mein Vater ihn bekommen. Deiner hat schon einen. Ich werde dir eine Frage stellen. Antworte mir offen ... Möchtest du gerne mit mir schlafen?«

»Jetzt?!«

»Im Schuppen, im Keller. Willst du?«

Er denkt an das Frühjahr 1930 zurück, an die geschiedene Frau, ihr Locken, ihr Sichentziehen, an die Stunde, als sie ihn endlich zu sich ließ.

»Ich kann nicht auf Befehl mit jemandem schlafen.«

»Hast du keine Lust auf mich?«

»Oh, doch, natürlich. Noch nie hat mich eine so schöne Frau angesprochen.«

»Du benimmst dich seltsam, Einstein. Gewöhnlich nehmen die Männer mein Angebot ohne Diskussionen an, und wir schlafen im Keller im Schuppen miteinander.«

»Wer sind diese Männer?«

»Ich erinnere mich nicht.«

»Sag mir einen Namen.«

»Gründ.«

»Gründ!?«

»Und Forlich.«

»Forlich!?«

»Heimrat hat es wegen der Vorschriften abgelehnt. Aber ich habe genau gesehen, dass es ihm nicht aus dem Kopf ging. Bei dir sieht man, dass es dir nicht im Kopf herumgeht. Du bist seltsam.«

»Das sagt man mir immer wieder.«

»Das heißt nicht, dass du mehr taugst als die anderen.«

»Ich habe schon verstanden.«

»Nicht mehr und nicht weniger, du bist ein Schwein wie alle anderen. Wenn du das verstanden hast, dann wird es dir besser gehen, und du wirst mit mir schlafen wollen. Deswegen sollte ich dich jetzt lieber allein lassen. Solange du nicht von innen verdorben bist. Wie heißt du außer Einstein?«

»Eduard.«

»Adieu, Eduard.«

Unvermittelt geht sie fort. Geben Sie mir Bescheid, wenn Sie ihr begegnen, einer sehr schönen jungen Frau, die Ihre Hände nimmt.

3

Seit Zorkas Tod verspürt sie eine Art seltsamer Ermattung. Immer seltener verlässt sie das Haus. Allmählich entgleiten ihr ihre Gefühle. Der Tod des kleinen Klaus hat sie weniger erschüttert, als sie geglaubt hätte. Sie kann sich nicht mehr an sein Gesicht erinnern. Ihr Kummer hat sich abgestumpft. Aller Mut hat sie verlassen. Sie hat nicht die Kraft, Eduard diese Todesnachricht zu überbringen. Und was würde es letzten Endes auch ändern?

Sie verspürt keinerlei Empfindung mehr, wenn sie ans Fenster tritt und die Limmat betrachtet. Es bereitet ihr nicht das geringste Vergnügen, mit Helene einen Apfelstrudel im Café zu verzehren. Sie könnte nicht sagen, seit wann sie nicht mehr gelacht hat. Seit Jahren vielleicht. Sie erinnert sich nicht. Vielleicht verliert sie auch das Gedächtnis? So wie die guten Zeiten verschwunden sind, entschwinden auch die Erinnerungen. Sie weiß nicht, wo sie einen Grund zum Glücklichsein finden kann. Alles ist für immer verdorrt.

Das letzte Buch, das sie in Händen gehalten hat, war die *Kreutzersonate*. Ein Satz Tolstois hat sie innehalten lassen: *Wir alle, Männer und Frauen, sind erzogen in diesen Gefühlsverwirrungen, die man Liebe nennt.*

Sie liest nichts mehr.

Seltsame Erinnerungsbilder steigen in ihr auf. Ein Blick bei der Bäckerin, wenn sie ein halbes Brot verlangt. Oder die Begrüßung ihrer Nachbarin, wenn Eduard, den sie immer mal wieder zu sich nimmt, eine unruhige und laute Nacht verbracht hat. Die Gemüsehändlerin bestiehlt sie, kaum der Rede wert, hundert Gramm bei den Karotten, zwei Rappen bei den Orangen. Man hält sie für vermögend, weil sie die Exfrau des Nobelpreisträgers ist. Die Leute wissen, dass sie das Geld für den Nobelpreis bekommen hat. Eines Tages hat ihre Friseuse zu ihr gesagt:»Hundertzwanzigtausend schwedische Kronen, das ist eine hübsche Summe!« In Wahrheit haben sich ihre Ersparnisse in Luft aufgelöst. Albert, der ihr weiterhin monatlich dreihundert Schweizer Franken überweist, hat unter dem Deckmantel einer Gesellschaft die Wohnung in der Huttenstr. 62 für sie zurückgekauft. Sie konnte die Unterhaltskosten dafür nicht mehr aufbringen. Ihr drohte die Räumung. Nun wird sie bis zu ihrem Todestag in der Wohnung bleiben. Das ist ihr versprochen worden. Dieser Mann hat alle Fehler der Welt, aber immerhin hält er seine Versprechen. Seit seiner Kindheit hält er seine Versprechen.

Das Geld läuft ihr durch die Finger. Es ist ihr nicht gelungen, die zwei Wohnungen, die ihr ein Auskommen sichern sollten, vernünftig zu verwalten. Sie taugt nicht zur Verwalterin. Am Ende hat sie die beiden Wohnungen verkauft. Sie weiß nicht, wo das Geld hingekommen ist. Sie verdächtigt den Notar, sie bestohlen zu haben.

Kein Schüler klopft mehr wegen Mathematikstunden an ihre Tür. Sie fühlt sich nicht mehr zum Unterrichten in der Lage. Sie findet die Lösungen der Aufgaben nicht mehr. Sie versteht nichts mehr von Zahlen und hat den Sinn für Formeln verloren. Kein Problem hat eine Lösung.

Die Menschen um sie herum sind verschwunden. Ihre Kinder haben sie verlassen. Hans Albert ist nach Amerika gegangen. Eduard in seiner Welt verloren. Lieserl im Jenseits.

Bald wird sie sechsundsechzig. Sie ist eine alte Frau. Das Licht dringt nicht mehr in ihren Geist. Kein Fremder betritt mehr ihre Wohnung. Sie fürchtet sich davor, wie Zorka zu enden.

Verzweifelt wartet sie auf das Ende des Krieges. Man sagt ihr, dass der Wind sich dreht. Die Gegenoffensive der Roten Armee sei erfolgreich. Man spricht von einer Landung der Alliierten auf dem Kontinent. Wird sie lange genug leben, um die Befreiung ihrer Heimat zu erleben, Novi Sad unter serbischen Farben? Sie bezweifelt, dass das für sie etwas ändern würde. Sie ist zu alt, als dass die Dinge sich noch zum Besseren wenden könnten. Sie hofft nur, dass das Ende des Krieges sein Gutes für Eduard haben wird. Wird Eduard je Frieden finden?

Ihre Freundin Helene besucht sie zweimal in der Woche. Niemand sonst durchbricht den Kreislauf ihrer Einsamkeit. Im Laufe der Wochen entfernt sie sich von allem. Ihr Gedächtnis verabschiedet sich langsam. Das Leben entgleitet ihr stückweise. Nur die schlechten Momente bleiben. Die Hüften bereiten ihr ein Martyrium, und ihre Finger sind gelähmt vor Schmerzen. Auch die Sehkraft lässt merklich nach. Sie nimmt die Umrisse der Dinge nicht mehr so scharf wie früher wahr. Ihr ganzer Körper zerfällt. Ihre Seele ist das Opfer ungeheurer Qualen. Um sie herum bewegt sich nichts mehr.

Wenn sie sich im Spiegel betrachtet, sieht sie einen Ausdruck von Überdruss und Leid in einem grauen, mageren Gesicht. Sie hat alle Spiegel weggeräumt.

Zu Beginn lebte sie in der Illusion, ihre Abschottung sei ein Schutzwall gegen den Lärm und die Raserei der Welt. Sie geht allein unter, ungetröstet. Sie ist 1876 geboren worden. Jetzt klammert sie sich an das Leben, oder etwa nicht?

Ihre größte Sorge ist, dass Eduards Zukunft gesichert ist. Was wird mit ihm geschehen, wenn sie einmal nicht mehr da ist? Zu ihrem geschiedenen Mann hat sie kein Vertrauen. Sie hat alle ihre Ersparnisse im Schrank versteckt, achtzigtausend Schweizer Franken in bar. Sie hat niemandem verraten, dass ihr ganzes Vermögen hier liegt. Lieber hier als auf einer Bank. Die Banken sind Räuber. Die Bäckerin ist eine Diebin. Die ganze Welt hat sie hintergangen. Sie schreibt ihrem Exmann unablässig Briefe, in denen sie ihn um Geld anfleht. Ihr Exmann will sie entmündigen. Er hat kein Herz. Was wird aus Eduard werden?

Hans Albert spricht davon, sie zu besuchen, sobald der Krieg vorbei sei. Seit wie vielen Jahren hat sie ihren älteren Sohn nicht mehr gesehen? Sie hat nur Eduard in ihrem Leben. Und Eduard hat nichts. Eduard ist der Einzige, der sie nie verlassen wird. Der sie nie verraten wird. Sie beide, auf Leben und Tod.

Vorgestern ist Wärter Heimrat mit uns ins Kino gegangen. Wir haben *Saratoga* mit Clark Gable, einem Schauspieler, den ich sehr mag, und mit Jean Harlow, die ich sehr schön finde, gesehen. Auf dem Rückweg hat der Wärter uns erzählt, dass Frau Harlow während der Dreharbeiten gestorben ist, ohne dass man im Film etwas davon merkte. Das Ende des Films wurde mit einem Double gedreht. Ich bin also nicht der Einzige mit einer gespaltenen Persönlichkeit. Nur dass es bei mir nie Theater ist.

In der Wochenschau, die vor dem Film gezeigt wurde, sah man Menschenmassen durch die Straßen von Paris strömen. Ich würde gerne nach Paris fahren, nun, da die Deutschen nicht mehr dort sind. Man hat mir von Saint-Germain erzählt, von Saint-Paul und Sainte-Anne. Aber es gilt: entweder die Nazis oder ich. Diese Leute mögen Menschen wie mich nicht. Ich frage mich nur, was wir ihnen getan haben. Warum jemanden grundlos verabscheuen, wo es doch wirklich genug gute Gründe zum Hassen gibt? Ich habe nichts von ihrem Gerede über die Herrenrasse verstanden. Wie auch immer, jetzt, wo die Nazis verschwinden, ist es mit den Rassen vorbei.

Das Ende des Krieges lässt hier alle ziemlich kalt. Man muss dazu sagen, dass wir den Krieg nicht wirklich kennengelernt haben. Ich habe Wärter Heimrat gefragt, warum die Deutschen nicht hier einmarschiert sind. Was wir Böses getan haben. Er hat mich mit seinem finsteren Blick fixiert. »Du hättest was erlebt, wenn die Deutschen gekommen wären! So unverschämt, wie du bist! Danke lieber deiner Regierung, als so hinterhältige Bemerkungen zu machen!«

Wenn es einen Fehler gibt, den ich nicht habe, dann ist es Hinterhältigkeit.

Ich mache mir meinen eigenen Reim auf diese Geschichte.

Es gibt einen Grund dafür, dass die Deutschen uns nicht überfallen haben. Wir sind nicht weniger wert als die ganze Welt. Wir sind die Tür nebenan, und die Tresore unserer Banken sind voll. Meine Meinung: Die Schweiz verfügt über eine Geheimwaffe, mit der sie Berlin zerstören könnte. Diese Waffe ist unter dem Mont Blanc vergraben. Der Geheimcode für diese Waffe ist im Tresor der Bundesbank verborgen. Anders gesagt, unverletzlich. Die Deutschen haben Angst bekommen, sie haben diese Waffe mehr gefürchtet als die Rote Armee und die Armee Roosevelts. Ich sehe keine andere Erklärung.

Nach allem, was man erzählt, müsste sich unsere Lage durch das Kriegsende verbessern. Auch wenn ich mich nicht wirklich über Entbehrungen beklagen muss. Ich habe immer genug zu essen bekommen. Man lässt mich nach Belieben hinausgehen. Was will man mehr vom Leben?

4

Im August 1945 hat man ihn zur Siegesfeier nach New York eingeladen. Er hat abgelehnt. Eine Parade im Konfettiregen will er nicht miterleben. Er will keine Gesänge und Fanfaren auf der Fifth Avenue hören. Kein Bad in der Menschenmenge nach dem Blutbad. In seinen Augen bedeutet dieser Tag keinerlei Befreiung. Er läutet nur das Ende eines schrecklichen Martyriums ein.

Er hat die Bilder einer strahlenden Jugend gesehen, die zwischen den Hochhäusern defilierte, schöne, stolze und tapfere Soldaten, die von der Front zurückgekehrt sind, und junge Mädchen an ihrem Hals, Boulevards, schwarz vor Menschen voller Lebensfreude. Aber er selbst hat nichts zu feiern. Dieser Tag kommt zu spät. Die Hälfte der jüdischen Bevölkerung ist ausgelöscht. Hitler hat sein Versprechen zur Hälfte wahrgemacht. Dieser Tag markiert den halben Sieg der Nazis.

Albert Einstein gelobt dem deutschen Volk grenzenlosen Hass. Andere wollen verzeihen, aber nicht vergessen. Er wird nie vergessen und nie verzeihen. Die Zeit wird seinem Groll nichts anhaben. Sein Hass soll dem Ausmaß des begangenen Massakers gerecht werden, des Verbrechens der Deutschen würdig sein. Sein Hass verjährt nicht.

Inzwischen schwebt eine neue Drohung über ihm: Sein Nimbus hat sich in dem Feuerball aufgelöst, der den Himmel über Hiroshima zerrissen hat. Er ist auf der Titelseite der *Times* mit einem Atompilz im Hintergrund abgebildet. Er ist der Mann, der das atomare Unglück in die Welt gebracht hat.

Was wirft man ihm vor? Eine Formel über die Eigenschaften der Energie, die er als junger Mann entdeckt hat. Was noch? Einen Brief an Roosevelt aus dem Jahr 1939, geschrieben auf Anregung des ungarischen Physikers Szilárd, verfasst in der Sorge, die Nazis könnten als Erste eine Bombe bauen, weil Otto Hahn in einem Berliner Labor die Spaltung eines Urankerns gelungen war. Er war auf keine andere Weise am Bau der Atombombe beteiligt. Er war vom Manhattan-Projekt ausgeschlossen worden. Man hat ihn über das Unternehmen, an dem über hunderttausend amerikanische Soldaten, Ingenieure, Wissenschaftler mitgewirkt haben, auch seine Freunde Oppenheimer, Niels Bohr und Fermi, in Unwissenheit gelassen. Man hat ihn als unerwünscht eingestuft. Das FBI behauptete, er könnte die Geheimnisse der Bombe an die Sowjets verraten. Als einziges Zugeständnis an seinen Wunsch, mit seinen Mitteln und in seinem Alter gegen Nazideutschland zu kämpfen, gestattete man ihm die Mitarbeit bei der Produktion von Sonargeräten. Ehrenamtlicher Berater der Marine, das also war der ganze Kriegsbeitrag des Mannes, der die Relativitätstheorie entwickelt hatte. Im März 1945, als die Bombe fertig und Deutschland besiegt war, hat er erneut an Roosevelt geschrieben, wieder auf Anregung Szilárds, dieses Mal, um die aberwitzige Maschinerie anzuhalten. Roosevelt starb, bevor er seinen Brief lesen konnte.

Und dennoch gilt er als der Vater der Atombombe. Mit dem Brief an Roosevelt hat er quasi die Geburtsurkunde unterschrieben. $E = mc^2$ ist seine Anerkennung der Vaterschaft. Er erkennt sein Kind nicht wieder, er will die Vaterschaft nicht auf sich nehmen. Er verweigert die Rolle des bösen Genies.

Inzwischen besucht ihn Hans Albert jeden Monat. Sie machen lange Spaziergänge am Ufer des Carnegiesees oder essen zusammen zu Mittag. Hans Albert spricht über den Lehrstuhl für Physik, an dem er inzwischen unterrichtet, schneidet manchmal das Thema seiner Arbeit an, den Transportmechanismus von Sedimenten im Wasser, oder erzählt einfach von einem Schultag seines Sohnes Bernhard. Die Schicksalsschläge haben sie einander wieder näher gebracht. Die Zeit hat ihren Groll ausradiert. Sie haben ein gemeinsames Hobby, über das sie reden können, das Segeln. Doch die Jahre der Enttäuschung, der Schmerzen und der Wut haben Spuren hinterlassen. Das Gesicht des Sohnes scheint nicht ganz das gleiche zu sein, wenn er sich an seinen Vater wendet, wie wenn er mit anderen spricht. Der Groll hat in sein Gesicht die Spuren alter Ängste eingemeißelt. Man muss ständig auf der Hut sein. Schon die belangloseste Bemerkung kann ein Gewitter auslösen. Man bemüht sich, die Verbindung aufrechtzuerhalten. Man hält die Vergangenheit auf Abstand. Doch ein Schweigen genügt, damit der Ton sich schlagartig ändert. Der Aufruf zur Ruhe ist vergessen und der Waffenstillstand gebrochen. Hans Albert sucht den Streit. Er schwingt sich zum Ankläger auf, nimmt sein Plädoyer wieder auf.

»Ist es wahr, was man erzählt, oder ist es ein Märchen? Hast du meine Mutter einen Vertrag unterschreiben lassen, in dem geregelt war, unter welchen Bedingungen du bei uns bleiben würdest? Stand darin geschrieben, dass sie dich nicht ohne deine Erlaubnis ansprechen und nicht ohne deine Einwilligung dein Arbeitszimmer betreten durfte?«

Das alles lag dreißig Jahre zurück. Er musste sich nicht vor seinem Sohn rechtfertigen, aber er würde es dennoch versuchen. Er stand damals unmittelbar vor einem ungeheuren Ruhm. Seine in den *Annalen der Physik* veröffentlichten Theorien hatten Planck, den Patron der deutschen Wissenschaft, zu dem Satz verleitet, er sei ein neuer Galileo. Er wünschte sich nur eines, nämlich einen Durchbruch bei der Verallgemeinerung der speziellen Relativitätstheorie zu schaffen. Prag bot ihm einen Professorenlehrstuhl an. Berlin nahm ihn auf. Er war davon besessen, seine Forschungen fortzusetzen. Mileva lebte in einem Zustand krankhafter Eifersucht. Sie war ein lebender Dauervorwurf und lehnte seine Lebensweise ab. Sie warf ihm die Zeit vor, die er seiner Arbeit widmete, sein Ausgehen mit seinen Freunden Besso, Grossmann und Solovine. Während er sich der Welt öffnete, zog sie sich in sich selbst zurück. Sie bürdete ihm die Verantwortung für ihr eigenes Unglück auf. Natürlich war dieser Vertrag absurd. Er war jung, er war kaum fünfundzwanzig Jahre alt. Machen wir mit fünfundzwanzig keine Fehler?

»Aber du hast sie geliebt, nicht wahr?«

Er antwortet, dass er sie geliebt hat. Er geht nicht genauer darauf ein. Er will seinen Sohn nicht verletzen. Er lügt. Man konnte das nicht als Liebe bezeichnen. Ja, er nannte sie »mein Doxerl«, aber er war nie im engeren Sinne verliebt in sie gewesen. Er ließ sich von flüchtigen Leidenschaften mitreißen. Er wusste nicht, was Treue bedeutete, lebte in der Illusion, keine Bindungen zu haben. Er hat neben der Ehe viele Affären gehabt. Die Liebe war nicht sein Lebensthema. Mileva war ein Jugendschwarm. Er empfand ihr gegenüber eine Mischung aus Zuneigung und Faszination. Die Zerbrechlichkeit der jungen Frau hatte ihn ebenso angezogen wie ihre Intelligenz und Willensstärke. Er war kaum zwanzig gewesen, als sie sich kennengelernt hatten. Er entdeckte gerade erst das Leben. Er dachte nicht an die Tragweite seiner Handlungen. Lieserl kam zur Welt. Sie hatten geheiratet. Mileva veränderte sich, wurde sauertöpfisch. Aber wozu darauf zurückkommen? Das alles schien ihm so fern. So viele Jahre waren seitdem vergangen, so viele Dramen hatten sich abgespielt. Die meisten Menschen, über die sie sprachen, waren tot.

»Die Zeit löscht gar nichts aus. Es geht um unser Leben. Sag mir irgendetwas, einen mildernden Umstand für dein Verhalten meiner Mutter gegenüber.«

Eine Erinnerung kommt ihm in den Sinn. Er hofft, dass sein Sohn versteht. Es geschah am 21. September 1913. Er war aus Zürich verreist. Mileva hatte davon gesprochen, nach Novi Sad zu fahren und Zorka zu besuchen, um ihr vorzuführen, wie sehr die Kinder gewachsen waren. Sie hatte von nichts sonst gesprochen. Religion war kein Thema zwischen ihnen. Religion war eine Art unausgesprochenes Tabu, ein Status quo. Sie wusste, wie sehr er an seinen jüdischen Wurzeln hing. Das war einer der Gründe, weshalb seine Mutter sich seiner Heirat widersetzte. Sein eigener Vater Hermann hatte ihm erst auf dem Totenbett seinen Segen gegeben. Er hatte das jüdische Gesetz verletzt, um Mileva zu heiraten.

»Hast du das wiedergutgemacht, indem du deine Cousine geheiratet hast? Deine Mutter hat Elsa gemocht, stimmt's? Du hast dich in gewisser Weise mit ihr versöhnt, indem du Elsa geheiratet hast. Du hast deinen Fehler rückgängig gemacht!«

Albert fährt fort, ohne auf diese mutwillige Deutung einzugehen. Im Hinblick auf die Kinder hatten er und Mileva weder über Konversion noch über eine Taufe oder Beschneidung gesprochen. Dann kam dieser Herbsttag. Mileva nimmt die Kinder und fährt mit ihnen nach Novi Sad. Die ganze Familie Marić erwartet sie. Sie haben ein Fest vorbereitet. Die Kirche Sankt Nikolaus wurde zu diesem Zweck geschmückt. Der Messwein wird hervorgeholt. Das Marmorbecken vor dem Altar ist gefüllt worden. Der Priester Theodor Milić hält seine Predigt. Zuerst holt man ihn, Hans Albert. Pater Milić gießt das Weihwasser über sein Gesicht. Dann ist Eduard an der Reihe. Eduard reißt aus, rennt durch die Kirche. Man fängt ihn unter Gelächter ein. Man trägt ihn zum Taufbecken. Pater Milić tauft Eduard. Und damit sind Einsteins Söhne orthodoxe Christen geworden. Am nächsten Tag berichtet die Tageszeitung von Novi Sad in einem Artikel darüber, noch bevor er, Albert, davon erfährt.

»Was ist so schlimm daran, getauft zu sein? Christ zu sein? Wir sind nicht alle dazu berufen, jüdische Heilige zu werden wie du.«

Kann oder will sein älterer Sohn nicht nachvollziehen, dass er das damals als Verrat empfand? Begreift Hans Albert wirklich nicht, dass dieser eigenmächtige Akt einer Aufkündigung der Beziehung gleichkam? Hans Albert wollte einen mildernden Umstand hören. Er hat ihm einen geliefert.

Er spricht so aufrichtig wie möglich über seine Ehe. Sein Sohn und er erwecken die Vergangenheit zum Leben. Und dennoch bringt es weder der eine noch der andere über sich, an Eduard zu erinnern, ja auch nur seinen Namen zu erwähnen.

Als ich an diesem Morgen Wärter Heimrat begegnet bin, wollte ich mir Klarheit verschaffen. Ich stellte ihm die Frage: »Wärter, soll ich mich über den Sieg der Alliierten freuen?«

Er hat geantwortet, ja, das kannst du.

Ich habe genauer nachgefragt. Ich hasse es, im Ungewissen zu bleiben. *Konnte* ich mich freuen oder *sollte* ich mich freuen? Die Dinge müssen klar sein in meinem Kopf.

»Du sollst«, knurrte er.

»Wenn es eine Pflicht ist, dann ist es kein echtes Vergnügen mehr.«

»Mach, was du willst, Einstein.«

»Das ist etwas anderes. Sie lassen mir die freie Wahl. Ich werde mich freuen.«

»Kannst du.«

»Ich habe noch eine Frage, Wärter Heimrat.«

»Normalerweise fragst du nicht, Einstein.«

»Ich wüsste gerne, ob Sie sich über den Sieg der Alliierten freuen.«

»Meine Meinung interessiert dich?«

»Ich interessiere mich für mehr, als man glaubt.«

»Ich werd's dir erklären ... Ich bin nicht wie alle diese verkommenen Politiker, die uns regieren. Ich hänge mein Fähnchen nicht nach dem Wind. Ich bewahre meine Überzeugungen. Ich war während des ganzen Krieges ein neutraler Schweizer. Neutral seit September 1939. Seit sechs Jahren wahre ich eine absolute Neutralität. Absolut und aufrichtig, das entspricht meinem Charakter, du kennst mich ja langsam, nach fünfzehn Jahren, in denen wir miteinander zu tun haben. Weder für Hitler noch für Churchill. Das gewährleistet meine moralische Ordnung und meine Sicherheit, meine Segeltouren mit meiner Frau Gisela auf dem Genfer See jeden Sommer und meine langen Wanderungen zu den Gipfeln der Alpen im Frühling. Ich stehe zu meinem Wort, das weißt du. Nun, ich bewahre sie weiter. Gestern neutral und heute neutral. Ich hege keinerlei Sympathie für Hitler. Aber der Nazismus war Ausdruck des Willens eines Volkes. Die Deutschen haben eine Lehre verwirklicht, an die sie aufrichtig glaubten. Wer bin ich, um diese Lehre zu kritisieren und zu verkünden, dass sie schlecht ist? Diese Ideologie hat einige Nachteile, gewiss. Sie ist kriegerisch und gewaltverherrlichend, sie geht nicht zimperlich um mit manchen Menschen. Sie ist manchmal ungerecht. Aber ist das Leben gerecht? Ist Churchill gerecht? Ist die Moralordnung gerecht? Und unter einem egoistischeren Blickwinkel war Hitler nicht schlecht für uns. Wir haben mit ihm gehandelt. Wer könnte uns das vorwerfen? Die Kriegstreiber? Die Anhänger des gegnerischen Lagers, die Demokraten? Wir haben diesen Leuten nichts zu sagen. Wir ziehen nicht den Krieg vor. Wir ziehen den Handel vor. Findest du das schlecht, den Handel?«

»Sie wissen genau, dass ich die Vorstellung von Gut und Böse verloren habe, als ich zwanzig Jahre alt war.«

Daraufhin hat Heimrat einen Geldschein aus seiner Hosentasche gezogen, einen Zehnfrankenschein, und mich gefragt: »Was ist das, Einstein?«

»Ein Geldschein.«

»Scheint dir dieser Schein gut oder böse?«

»Können Geldscheine böse sein?«

»Ausgezeichnet, Eduard, du hast die Antwort gefunden. Ein Mann kann böse sein, schau deinen Freund Werner an, schau Gründ an. Aber ein Geldschein kennt keine Moral. Deshalb gab es keinen

Grund, nicht mit dem Dritten Reich zu handeln. Wer das Gegenteil behauptet, sieht Böses, wo es keinen Grund dafür gibt. Solche Leute sehen das Böse in diesem Schein. Diese Leute sind wie du, sie haben den Verstand verloren. Aber sie haben nicht deine Entschuldigungsgründe. Sie sind Feinde der Moral. Feinde der Schweiz. Du, du bist ein Freund der Schweiz, nicht wahr?«

»Ich bin selbst Schweizer, Wärter Heimrat.«

»Dann wirst du mit uns einer Meinung sein. Im Übrigen ist es nicht gesund, sich gegen seine Heimat zu stellen. Schau dir an, wohin es deinen Vater gebracht hat.«

»Ihrer Meinung nach, Wärter Heimrat, soll man also den Sieg der Alliierten nicht feiern?«

»Ich bin niemandes Alliierter. Ich bin niemandes Feind. Wir sind Leute ohne Geschichten, Eduard. Die Deutschen machen Bier. Wir machen Geld. Als Macher können wir uns verstehen. Wir werden uns auch mit den Amerikanern verstehen, die große Schaumschläger sind. Wir wollen nur unsere Ruhe. Deswegen haben wir auch Ernst Rüdin das Schweizer Bürgerrecht entzogen. Wir haben Milliarden unserer Schweizer Franken gegen Tonnen von Gold des Reichs getauscht. Mussten wir wissen, woher dieses Gold stammte? Nein, Einstein, die Herkunft ist nicht unser Problem. Dass dieses Gold zum Teil den Juden geraubt wurde, Eduard, das ist das Problem der Juden. Oder auch das Problem der Deutschen. Nicht unseres. Dass dieses Gold aus dem Mund der Juden selbst und ihren Zähnen stammt, muss uns nicht bekümmern. Das ist die Grundlage unseres Reichtums, das ABC unseres Friedens: Wir fragen nicht nach der Herkunft. Wir pfeifen auf die Quellen. Wir stellen keine unnützen Fragen. Wir müssen das Wie und Warum ignorieren. Im Gegensatz zu dem, was man uns vorwirft, haben wir keine Schnüfflermentalität. Wir wissen, wie man sich mit der Welt arrangiert. Ist das ein Fehler? Wir hatten Arrangements mit dem Reich. Ist es unser Fehler, wenn die Belgier oder die Holländer weniger einigungsfähig sind als wir?«

»Bestimmt nicht, Wärter Heimrat.«

»Unsere Tresore sind voll, und wir haben keinen Krieg mitgemacht. Wäre es dir andersherum denn lieber? Die Schweiz hat nie Krieg geführt. Sie hat niemandem eine Niederlage, niemandem den Sieg gewünscht. Wer das Gegenteil behauptet, ist ein Lügner. Entweder er belügt jetzt dich und deine siegreichen Alliierten, oder er hat sechs Jahre lang die Deutschen belogen. Und ich ertrage nun einmal keine Lügen. Ich bin ein Vertreter der Wahrheitspartei. Ich habe keinen erklärten Feind. Ich kann mich nicht über die Niederlage von jemanden freuen, der nicht mein Feind war.«

»Kann ich es?«

»Bei dir ist das etwas anderes.«

»Danke, Wärter Heimrat.«

»Du musst mir nicht danken. Ich kann nichts dafür, dass du jüdisches Blut hast. Ich kann es so wenig verhindern, wie ich mich darüber freue. Und auch wenn ich eine Meinung zu dieser Frage habe, muss ich doch, auch in diesem Fall, in Ausübung meines Amtes die Neutralität wahren. Ich bin weder für die Juden noch gegen sie. Obwohl ich finde, dass man zu Beginn des Krieges zu viele davon hier aufgenommen hat. Es ist schlecht, wenn es zu viele Juden gibt, sie ziehen das Unglück an. Schau, wie es den Holländern ergangen ist, schau dir Polen an, das in Trümmern liegt. Zum Glück hat man bei uns die Stoßrichtung geändert, man hat schnell erkannt, dass das Boot voll ist. Wirksame Maßnahmen wurden ergriffen. Waren diese Maßnahmen richtig? Das hängt vom Standpunkt ab, den man einnimmt. Für die Deutschen, die die Juden dadurch aufgreifen konnten, waren sie richtig. Für die Schweizer, deren Boot voll war, waren sie richtig. Und für die Juden, wirst du fragen. Aber es ist der Jude in dir, der sich das fragt. Der Schweizer in dir hat schon seine Schlüsse gezogen. Die Schweizer sind vernünftige Menschen. Vernünftig und neutral. Ich bin nicht gegen die Juden, Eduard. Ich komme mit ihnen aus.«

»Sie wissen genau, dass ich kein Jude bin, nicht mehr. Sie haben überhaupt keinen Grund, mit mir auszukommen.«

»Das hat deine Mutter behauptet, als sie hier war. Angeblich bist du nach orthodoxem Ritus getauft. Aber du weißt, dass ich ein misstrauischer Mensch bin. Wer kann uns sagen, was in dir jüdisch ist? Wer kann uns versichern, was es nicht ist? Gestatte, dass ich meine Zweifel bewahre. Für mich bist du mindestens zur Hälfte Jude.«

»Ich fühle mich gespalten.«

»Das hast du nicht von mir.«

»Eine Hälfte meines Gehirns wendet sich an die andere. Sie spricht eine Sprache, die ich nicht verstehe, die ich nicht gelernt habe.«

»Vielleicht ist es Hebräisch.«

»Vielleicht, denn ich verstehe kein Hebräisch. Und in so einem Moment spielt in meinem Gehirn alles verrückt. Ein Teil meines Körpers übernimmt die Führung, und der andere gehört mir nicht mehr.«

»Ich weiß, Einstein. Du bist hier, damit das aufhört.«

»Aber es geht weiter.«

»Hast du nicht das Gefühl, dass du weniger leidest als vorher? Oder ist alles, was wir für dich tun, umsonst? Du musst es sagen, Eduard, wenn du dermaßen undankbar bist.«

»Es ist wahr, dass ich die Dinge nicht mehr so stark spüre wie früher.«

»Das bedeutet, dass du auf dem richtigen Weg bist, Eduard. Der Fortschritt besteht darin, dass man den Schmerz des Lebens weniger spürt. Dass man unempfänglich für die Turbulenzen wird. Die fünfzehn Jahre hier haben einen anderen Menschen aus dir gemacht, weißt du. Das habe ich selbst festgestellt.«

»Ich habe sehr stark zugenommen.«

»Was schert uns das Gewicht.«

»Ich spreche langsamer, und manchmal fällt es mir schwer, meine Gedanken klar auszudrücken.«

»Die Leute sind nicht zum Denken im Burghölzli, Eduard.«

»Die, die schon seit dreißig Jahren hier sind, sprechen fast gar nicht mehr.«

»Sind sie wirklich zu bedauern? Fühlst du dich in unserer Welt nicht mehr in Sicherheit als draußen? Viele Leute beneiden dich, weißt du.«

»Ich sehe nicht, worum man mich beneiden könnte.«

»Du bist Einsteins Sohn. Das kann nicht jeder von sich sagen.«

»Beneiden Sie mich?«

»Nein, ich kenne dich ja, das ist etwas anderes ... Hättest du gerne, dass ich dich beneide?«

»Ich will niemandem etwas Böses, Wärter Heimrat.«

»Eigentlich bist du ein guter Junge, Einstein.«

Er ist gegangen und hat die Tür hinter sich zugemacht. Das Türenknallen muss etwas in meinem von so viel Nachdenken strapazierten Gehirn zum Zerspringen gebracht haben. Ich habe gespürt, wie ein Teil meiner linken Gehirnhälfte sich abgelöst hat. Und eine ganze Seite meines Körpers, die rechte Hälfte, hatte plötzlich keinen Tonus mehr. Beinahe wäre ich zu Boden gestürzt. Doch mein linkes Bein und mein linker Arm hielten stand. Ich schleppte mich zur Tür, um Wärter Heimrat nachzulaufen. Ich wollte ihm mitteilen, in welchen Zustand mich dieses Gespräch gestürzt hatte, ihm sagen, dass mich seine Worte nicht kaltgelassen hatten. Unter großen Mühen ist es mir gelungen, die Tür zu öffnen. Ich bin den Gang hinabgegangen. In der Ferne habe ich die Gestalt des Wärters Heimrat gesehen. Ich wollte seinen Namen brüllen. Stattdessen ist ein Bellen aus meiner Kehle gekommen. Ich habe mich an die Hoffnung geklammert, dass ich als Mensch geboren wurde und als Mensch sterben würde. Ich fühlte, dass die Anhäufung der jüngsten Ereignisse mich vielleicht endgültig verwandeln würde. Das Bellen war wohl nur das Vorspiel für eine tiefere Metamorphose, und es kündigte zugleich den Verlust meines linken Arms und meines linken Beins an sowie das endgültige Zerspringen meines Gehirns. Ich versuchte mich zu fassen. Wieder habe ich Heimrats Namen geschrien. Ein weiteres Bellen ist aus meinen Lungen aufgestiegen. Gründ und Forlich setzten sich zu mir in Bewegung. Auf ihren Gesichtern standen böse Absichten geschrieben. Als Gründ bei mir ankam, habe ich mich auf ihn geworfen und ihn in die Kehle gebissen. In diesem Moment habe ich einen gewaltigen Schlag auf den Kopf gespürt. Ich habe aufgehört zu beißen. Anscheinend habe ich das Bewusstsein verloren. Ich erwachte im dritten Untergeschoss, gefesselt in meine Zwangsjacke. Ich habe überprüft, ob ich wieder ein Mensch geworden war, und festgestellt, dass ich nicht mehr bellte und meine Gliedmaßen, wenn auch eingeschränkt, wieder bewegen konnte. Den Rest des Tages habe ich niemanden mehr gesehen. Einige Stunden habe ich gefürchtet, dass auf meinen Armen ein Fell und an meinem Steißbein ein Schwanz wachsen könnte. Die Verwandlung hat nicht stattgefunden. Ich bleibe auf der Hut. Ich lasse meine Deckung nicht aus den Augen.

NORDHEIM

1

Man hat sie bewusstlos auf dem Gehweg gefunden. Vielleicht ist sie auf dem Schnee ausgerutscht. Sie erinnert sich nicht. Ihr rechtes Bein tut schrecklich weh. Der Arzt hat sie gefragt, ob sie das Bewusstsein verloren habe, bevor sie gestürzt sei, oder ob sie durch den Sturz bewusstlos geworden ist. Er hat gesagt, das sei wichtig, weil in einem Fall das Bein krank sei und im anderen vielleicht ein Schlaganfall vorliege. Was spielt das für eine Rolle, mein Bein ist gebrochen, hat sie geantwortet, und der Arzt hat nicht weiter nachgefragt. Als er zurückkam, ist ihr wieder eingefallen, dass ihr linkes Auge vor dem Sturz nicht mehr klar gesehen hat. Sie wollte die Umstehenden warnen. Kein Wort kam über ihre Lippen. Dann war sie hingefallen. Und ihr Bein war gebrochen. Der Arzt hat ihr gedankt. Gern geschehen.

Sie war auf dem Weg zu Eduard im Burghölzli, als der Unfall geschah, denn sie wollte ihm Kipferl bringen. Jetzt fragt sie sich, ob die Keksschachtel gefunden wurde. Ob wenigstens jemand anders, ein Fremder, die Plätzchen gegessen hat. Oder ist die

Schachtel bei ihrem Sturz am Boden zerbrochen und die Plätzchen haben sich im Schnee verteilt, sodass sie den Gang völlig umsonst gemacht hat? Sie hatte das Gebäck am Abend zuvor gebacken. An den Rändern sind sie leider etwas schwärzlich, leicht verbrannt.

Man erklärt ihr, dass sie frühestens in eineinhalb Monaten wieder laufen kann.

Wer wird Eduard Plätzchen bringen?

Der Arzt hat gefragt, welche Angehörigen er informieren soll. Sie wusste keine Antwort.

Einen Verwandten, eine Freundin?

Sie hat den Kopf geschüttelt.

Der Arzt sah erstaunt aus. Sollen wir Ihren Exmann benachrichtigen?

Bloß das nicht!

Niemand anderen?

Sie hat gezögert. Letzten Endes ist ihr jedoch lieber, dass Eduard die Neuigkeit erfährt. Damit er wegen ihrer Abwesenheit nicht beunruhigt ist. Sie hat darum gebeten, dass man es ihm schonend beibringt. Der Arzt hat ihr versichert, dass er darauf achten wird.

Sie fühlt sich schuldig, jetzt so dazuliegen, bewegungslos, wie gelähmt. Der Doktor hat ihr in einer sehr sanften Geste über die Stirn gestrichen. Morgen kommt er wieder. Sie soll möglichst viel schlafen und Bescheid geben, falls sie Schmerzen habe. Es gibt Morphium. Auf Wiedersehen, Frau Marić, alles wird gut.

Die Helligkeit des Tages lässt sie die Augen aufschlagen. Sie erkennt das Gesicht ihres Sohnes, das sich über sie beugt. Sein Gesicht ist von einem Lichtkranz umgeben, er gleicht einem Engel. Sie deutet ein Lächeln an, und er lächelt wie aus einem Spiegel zurück. Er drückt ihre Hand und sagt nun mit ernsterer Stimme zu ihr, wobei er so langsam spricht, als verlange jedes Wort ihm eine große Anstrengung ab: »So gefällst du mir besser als bei meinem Eintreten ins Zimmer. Da hast du wie tot ausgesehen.«

»Wie du siehst, bin ich durchaus lebendig.«

»Man hat mir alles erzählt in der Klinik. Sie haben gesagt, dass dein Bein gebrochen ist. Sie konnten mir nicht sagen, ob es wieder zusammenwachsen wird.«

»In fünf Wochen bin ich wieder gesund.«

»Das ist lang, fünf Wochen. In Tagen macht das ...«

»So lange ist es nicht. Und außerdem kannst du mich besuchen kommen, wann du willst.«

»Heimrat sagt, ich bin für niemanden mehr eine Gefahr. Weißt du, dass ich eine Gefahr dargestellt habe?«

»Kümmere dich nicht darum. Das Wichtigste ist, dass er dich herkommen lässt.«

»Heimrat behauptet, dass du einen Gehirnschlag gehabt hast.«

»Sehe ich so aus, als ob meinem Gehirn etwas fehlen würde? Mein Bein ist gebrochen ... Reden wir von etwas anderem, ja?«

»Mama, ich muss dir eine Frage stellen.«

»Natürlich, mein Lieber.«

»Erinnerst du dich an die Zeit, als wir glücklich waren?«

»Warum fragst du das?«

»Aus schlichter Neugier.«

»Du solltest es ausnutzen, dass es nicht mehr schneit, um zum Burghölzli zurückzukehren.«

»Sag, Mama, du wirst nicht sterben?«

»Wie kannst du solche Sachen denken?«

»Weil ich nicht weiß, wie ich zurechtkäme, wenn du sterben würdest. Ich würde mich zu einsam fühlen.«

»Glaub mir, ich werde dich nicht allein lassen.«

Ich gehe nicht gern zu Fuß, wenn es schneit. Ich höre genau, wie die Flocken auf meinem Mantel oder auf der Straße aufprallen. Das ständige Dröhnen macht einen ganz taub. Und wenn der Wind weht, habe ich das Gefühl, dass eine unsichtbare Kraft mich nicht mehr vorankommen lässt. Ich strenge mich noch mehr an, ich kämpfe gegen die Elemente. Manchmal fühle ich mich wie in der Falle. Ich rufe um Hilfe. Niemand kommt mir je zu Hilfe. Ich werfe mich zu Boden, ziehe mir meine Kleider über den Kopf. Einmal hat man mich schneebedeckt auf dem Boden liegend aufgefunden. Fremde haben mich in die Klinik zurückgebracht. Forlich und Gründ haben laut gelacht, als sie mich so halb erfroren sahen. Heute ist der Sturm vorbeigezogen. Der Wind hat sich nicht gegen mich erhoben. Und ich bin gut zu Hause angekommen.

Ah, du bist da, Fräulein Maria Fischer? Hast du in meinem Zimmer auf mich gewartet? Entschuldige, dass ich dich im Halbdunkel nicht gesehen habe. Ich habe gehofft, dass du zurückkommst. Ich habe nur wenige Besucher. Man könnte meinen, die Leute gehen mir aus dem Weg. Abgesehen von Mama natürlich. Aber Mama ist zurzeit krank, sie hat sich das Bein gebrochen. Ich kann sie nicht in diesem Zustand lassen. Das ist unterlassene Hilfeleistung. Ich muss sie retten. Allein werde ich es nicht schaffen. So viel Mut übersteigt meine Kräfte. Gehen wir zusammen nach Einbruch der Dunkelheit los, um sie zu befreien. Ich kenne eine Stelle, eine im Gebüsch verborgene Geheimtür. Wenn du bereit bist, mit mir zu fliehen, dann gehen wir weit weg von Zürich, nachdem wir Mama abgeholt haben. Ich kenne Leute in Genf. Von dort fahren wir nach Amerika. Das ist sehr en vogue. Mama wird uns nicht stören, weißt du. Sie ist die Diskretion in Person. Wie ist es, willst du, Maria? Um neun Uhr vor dem Gebäude? Du kannst nicht heute Abend? Und morgen auch nicht? Du fühlst dich nur hier sicher? Du hast bestimmt einen Grund dafür, so schön und intelligent, wie du bist. Du musst schon wieder in dein Zimmer zurück? Heimrat wartet dort auf dich? Lass ihn nicht zappeln. Es ist ein Glück, dass ich dich wiedergesehen habe. Du sollst wissen, dass ich immer bereit bin, mit dir wegzugehen, wenn du deine Meinung änderst. Bis dahin halte ich Wache. Mit den Wölfen.

2

Sie hatte sich schon wieder erholt, ihr Bein war fast verheilt, und der Arzt hatte ihr erlaubt, nach Hause zu fahren, aber dann erlitt sie einen weiteren Schlaganfall. Und nun ist sie seit einem Monat wieder im Krankenhaus, in der Eos-Klinik in der Carmenstrasse 18, Zimmer 17. Dieses Mal spürt sie die Folgen des Anfalls viel heftiger. Heute Morgen merkte sie, dass sie ihren linken Arm überhaupt nicht mehr bewegen kann. Ihr rechter Mundwinkel hängt hinunter. Sie sieht furchterregend aus.

Es war ein Sonntag, als der Anfall sie überraschte. Eduard hatte Ausgang vom Burghölzli, er saß ruhig bei ihr im Wohnzimmer. Bis ihn plötzlich eine rasende Wut packte. Er fing an, Beleidigungen gegen die ganze Welt auszustoßen. Er beschimpfte seinen Vater, seine Ärzte, sogar Zorkas Andenken. Danach ging er auf seine Mutter los. Er hat die Hand gegen sie erhoben. Sie hat sich geschützt. Der Schlag ging daneben, aber sie zitterte am ganzen Körper. Die Angst hat einen Zusammenbruch bewirkt. Eduard kann wirklich nichts dafür. Ein Schlag, das hat Dr. Monaca bestätigt, kann keinen Anfall auslösen. Es ist ihr Herz, ihr verfluchtes Herz, das nicht standgehalten hat. Ihr Herz hat sie im Stich gelassen.

Als sie in dem Zimmer erwachte, galt ihr erster Gedanke ihrem Sohn. Sie hat dafür gebetet, dass er keine Erinnerung an den Vorfall behalten möge. Dass er sich nicht für ihren Zustand verantwortlich fühlt. Zum Glück hat Eduard kein gutes Gedächtnis. Er unterscheidet kaum zwischen der Realität und seinen Albträumen. Sie hat mit aller Entschiedenheit geleugnet, als er auf den Vorfall zu sprechen kam. Sie hat gesagt, nein, nichts dergleichen ist passiert. Was bildest du dir ein? Ich verbiete dir, solche Ideen zu haben. Glaubst du wirklich, du könntest mir Schaden zufügen? Du kannst beruhigt schlafen. Es tut mir leid, dass ich an etwas Böses gedacht habe, hat er sich entschuldigt. Das war das Wichtigste für sie: zu wissen, dass Eduard sich nicht schuldig fühlte.

Anfänglich konnte sie noch ein paar Schritte am Arm einer Krankenschwester in ihrem Zimmer gehen. Jetzt fühlt sie sich zu schwach zum Aufstehen. Sie braucht Hilfe beim Essen. Nach dem Mittagessen macht sie einen langen Mittagsschlaf. Sie hält die Augen für immer kürzere Zeit offen. Sobald ihre Hüften oder ihr Bein sie schmerzen, bekommt sie eine Spritze. Sie hat ein großes Bedürfnis, umsorgt zu werden.

Sie hat den Wunsch geäußert, bei Eduard im Burghölzli aufgenommen zu werden. Sie will an der Seite ihres Sohnes sein. Wer außer ihr kann ermessen, was Eduard im Laufe der Jahre durchgestanden hat?

Nach der Behandlung in Wien hat er noch eine weitere Behandlung nach Sakels Insulinschockmethode durch Dr. Müller in der Klinik in Münsingen erhalten, dann 1944 sechs Elektroschockbehandlungen. Vor einigen Wochen hat er einen Selbstmordversuch unternommen. Sie muss unbedingt an seiner Seite bleiben.

Sie verlangt nichts Unmögliches, weder ein Luxushotel in Locarno noch einen Palast in Genf. Sie will einfach ihre Tage an der Seite ihres Sohnes beschließen. Der Direktor will nichts davon hören. Dabei ist er der Sohn von Dr. Bleuler.

Sie hat ihren Platz im Burghölzli. Auch sie ist nun nicht mehr ganz bei Trost. Ihre eigene Schwester hat lange Zeit im Burghölzli verbracht. Ihr Sohn hat den größten Teil seines Lebens dort zugebracht. Es ist die Familienpension der Marić.

Als ich das Zimmer betrat, habe ich gedacht, meine Mutter schläft. Ich bin näher getreten. Sie hatte die Augen geöffnet. Aber ihr Gesicht ist düster und starr geblieben. Das hat mich ganz durcheinandergebracht. Ich habe sofort gedacht, dass das nicht ich bin und dass ein anderer meinen Platz eingenommen hat. Das passiert mir manchmal, ohne dass ich darauf achte. Doch dieser Zustand ist immer mit vielen anderen Empfindungen verbunden. In diesem Moment fühlte ich mich aber ganz bei mir. Ich habe mich zur Vernunft gerufen. Wenn es nicht an meinem Kopf lag, dann stimmte etwas mit Mamas Gehirn nicht.

Die Krankenschwester neben ihr hat gesagt: »Es ist Eduard! Erkennen Sie ihn nicht?« Mama hat überrascht aufgesehen. Sie hat mich aufmerksam gemustert. Sie hat etwas gestammelt. Soweit ich verstanden habe, waren es Entschuldigungen. Mama muss sich für nichts entschuldigen. Mein Vater macht das jeden Morgen, mich nicht zu erkennen.

Mama hat mir ihren rechten Arm entgegengestreckt. Ihre Hand hat mein Handgelenk umklammert. Ihr linker Arm ist kraftlos herabgebaumelt. Ich habe die Krankenschwester gefragt, warum. Sie hat mir geantwortet, das ist der neue Anfall. Ich verstehe nichts von diesen Anfallsgeschichten. Ich habe gesagt, dass ich in ihrem Zimmer schlafen will, um meine Mutter zu verteidigen. Die Schwester hat gelächelt und gesagt: »Du weißt genau, dass das nicht möglich ist.«

»Und warum nicht?«

»Deine Mutter braucht Ruhe. Und du …«

»Ich?«

»Du, du bist nicht die Ruhe selbst.«

»Und wenn sie wieder einen Anfall hat?«

»Dann kommt der Arzt.«

»Ich hätte Arzt sein können. Die Umstände haben es anders gewollt.«

»Ich bin sicher, dass du ein guter Arzt gewesen wärst.«

»Wenn du sicher bist, dann lass nicht den anderen Arzt rufen.«

»Ich werde mein Bestes tun.«

»Das Krankenhaus ist mit Sicherheit nicht das Beste. Ich weiß, wovon ich spreche.«

»Deine Mutter ist alt inzwischen, weißt du.«

»Alt ist man im Kopf.«

»Deine Mutter hat ihren Kopf nicht mehr ganz beisammen.«

»Das ist eine Frage der Erblichkeit. Ich habe meinen Kopf auch nicht beisammen. Und trotzdem habe ich keine Anfälle.«

Die Krankenschwester verlässt das Zimmer. Ich bin allein bei meiner Mama, sie starrt an die Decke. Ich gehe um das Bett herum. Ich lege ihren linken Arm wieder auf die Matratze. Ihr Arm fällt wieder herunter. Ich lege ihn wieder zurück. Mama dreht den Kopf zu mir. Sie scheint die Situation nicht zu verstehen. Ich rate ihr, sich nichts daraus zu machen. Sie ist Rechtshänderin, was auch passiert. Sie hebt wieder den Blick. Ich hole den Stuhl an der Wand. Ich setze mich neben das Bett. Ich fange eine Unterhaltung an. Ich spreche über den Regen und das schöne Wetter. Es löst nicht die geringste Reaktion bei ihr aus. Ich versuche über mein Leben zu sprechen. Mama macht sich immer Sorgen deswegen. Mein Ziel im Leben bleibt in vielerlei Hinsicht unscharf. Ich weiß nicht, was die Zukunft mir bringt. Das ist natürlich das Schicksal eines jeden, aber manchen setzt das Schicksal mehr zu als anderen. Ich beschließe, ihr von meiner Freundin Maria Fischer zu erzählen. Ich weiß, dass es Mama Freude macht, wenn sich eine junge Frau für mich interessiert. So sind Mütter. Ich schildere ihr Marias Schönheit. Sie ist auch eine intelligente Frau. Ich erwähne verschiedene Projekte, die in meinem Kopf Gestalt annehmen. Ich erkläre, dass Maria und ich eines Tages das Burghölzli verlassen werden. Wir haben noch nicht beschlossen, wann. Es kann nicht mehr lange dauern.

Wir werden alles ordnungsgemäß machen. Maria pflegt gute Beziehungen zum Wärter Heimrat. Wir werden in Zürich leben. Der Rest der Welt scheint zu weit zu sein. Wir werden am Ufer der Limmat wohnen. Wir werden eine Familie gründen. Wir werden drei Kinder haben. Wir werden jeder einen Beruf ausüben. Wir werden abends nach Hause kommen. Wir werden am Tisch zu Abend essen. Wir werden schöne Sonntage miteinander verbringen. Mamas linker Arm fällt wieder herunter. Ich stehe auf, um ihn wieder an seinen Platz zu legen.

3

Die Krankenschwester gibt ihr eine Morphiumspritze. Langsam lässt der Schmerz nach. Ein Gefühl von Wohlbefinden erfüllt sie. Sie hat das Gefühl, auf eine Reise zu gehen. Sie geht durch die Luft. Endlich muss sie nicht mehr hinken. Sie ist auf dem Weg ins Burghölzli. Sie geht hinter drei Männern her. In der Ferne erblickt sie die Fenster des großen Gebäudes. Es ist ein strahlend schöner Tag. Die Straße ist in Licht gebadet. Die Männer vor ihr sind elegant gekleidet. Sie sind jung und gehen mit federnden Schritten. Sie kann ihnen folgen, ohne ihre Hüfte zu sehr zu strapazieren. Auch sie ist jünger geworden. Das muss die Wirkung der Spritze sein. Einer der Männer dreht sich um. Er lächelt ihr zu. Er sagt: Wir sind bald da, mein Doxerl. Er bleibt stehen. Die beiden anderen gehen weiter. Sie liebt das Lächeln auf seinen Lippen. Sie bewundert das Leuchten in seinen Augen. Sie liebt es, seine Stimme zu hören, vor allem, wenn er sie so nennt, mein Doxerl. Er ist der Einzige, der sie so nennt. Bis dahin war ihr Kosename Miza. Ihr Vater und auch ihr Bruder nannten sie so. Das Grüppchen ist nun im Park des Burghölzli angelangt, mein Gott, wie rein die Luft ist, wie hell das Licht. Der junge Mann flüstert ihr Liebesworte ins Ohr. Sie lacht aus vollem Hals. Er erzählt ihr, dass er es liebt, wenn sie aus vollem Halse lacht. Sie versichert ihm, dass sie lachen wird, wann immer er es will. Sie kann genauso gut lachen, wie sie zählen kann. Er gesteht ihr, dass er nie ein Mädchen gesehen hat, das so gut zählen kann. Sie fragt ihn, ob sie ihm etwas bedeutet. Mehr als alles auf der Welt, erklärt er. Sie haben das Gebäude betreten und sind im Vortragssaal angekommen. Sie nehmen nebeneinander Platz. Ein Herr tritt ein, grüßt, stellt sich vor. Er ist Medizinprofessor. Er verkündet, dass er über Hypnose sprechen wird. Er versichert, dass diese Behandlung das Leben der Geisteskranken revolutionieren wird. Er beginnt seinen Vortrag, und sie hört ihm perplex zu. Dann hört sie nicht mehr hin. Sie denkt, dass sie mit dem jungen Mann über das, was passiert ist, reden muss. Dass nichts mehr zwischen ihnen so sein wird wie zuvor. Dass etwas Stärkeres als ihre Gefühle sich angekündigt hat. Etwas, was sie unauflösbar verbinden wird. Sie weiß nicht, warum, aber sie ist sicher, dass es ein Mädchen wird. Doch sie ist auch glücklich, wenn es ein Junge wird. Ein großes Glück erwartet sie, das größtmögliche Glück. Sie werden alle drei zusammenleben, sie hat den Namen schon ausgewählt, es wird Lieserl heißen. Später werden Jungen kommen, aber als Erstes ist ihr ein Mädchen lieber, damit wird sie besser umgehen können. Plötzlich spürt sie ein unangenehmes Gefühl am Bein. Die Worte des Professors sind kaum noch hörbar. Sie versteht nichts mehr von dem, was er sagt. Das Unwohlsein wird stärker. Sie kann einen Schmerzensschrei nicht unterdrücken. Der Schrei hat den jungen Mann in die Flucht geschlagen, den Professor verschwinden lassen, das Licht vertrieben, alles um sie herum in eine undurchdringliche Dunkelheit getaucht. Hände machen sich sanft an ihr zu schaffen, stechen in ihren rechten Arm. Sie hört, es ist nichts, das wird schon wieder. Sie öffnet die Lider einen Spaltbreit und glaubt Schneeflocken am Fenster zu sehen. Es ist fast Nacht draußen. Sie hofft, so schnell wie möglich wieder den Weg ins Burghölzli zu finden. Sie hofft, dass der junge Mann noch auf sie wartet. Sie spürt, wie ihre Lider schwer werden. Sie fragt sich, ob der Hypnosevortrag weitergeht. Sie muss sich bereithalten. Sie muss aufstehen. Sie versucht sich hinzusetzen. Es gelingt ihr nicht, sich aufzurichten. Sie versucht, ihre Hände zu Hilfe zu nehmen. Ihre Hände reagieren nicht mehr. Sie hat das seltsame Gefühl, dass ihr ganzer Körper ihr nicht mehr gehorcht. Sie gehört sich nicht mehr. Ihr ist, als würde etwas in ihrer Brust durchdrehen. Ein schrecklicher Schmerz zerreißt ihr das Herz. Dann spürt sie nichts mehr.

Wärter Heimrat hat die Tür geöffnet, ist ins Zimmer getreten und hat sich vor mich gestellt. Ich habe die Arme schützend über mein Gesicht gehoben. Kein Schlag ging auf mich nieder. Heimrat hat mit ungewöhnlich sanfter Stimme erklärt: »Ich muss dir eine traurige Nachricht überbringen.«
»Kommt mein Vater mich besuchen?«
»Etwas Schlimmeres.«
»Ich verstehe nicht.«
»Deine Mutter ist gestorben, Eduard.«
»Das gibt es nicht.«
»Was heißt das?«
»Was Sie sagen, gibt es nicht, Wärter Heimrat.«
»Ich möchte nicht, dass wir uns jetzt streiten, Eduard.

Du kannst glauben, was du willst. Und wenn du lieber nicht verstehen willst, dann ist das dein gutes Recht.«

»Danke, dass Sie meine Rechte respektieren, Wärter Heimrat.«

»Du musst allerdings wissen, dass es bestimmte Regeln gibt. Und die Regel Nummer eins lautet, dass ich nicht lüge. Aber ich werde über die Regeln hinwegsehen an diesem besonderen Tag. Die andere Regel ist, dass wir nicht ewig auf dieser Erde leben und dass deine Mutter keine Ausnahme von dieser Regel bildet. Das musst du allerdings verstehen.«

»Ich glaube, ich habe es verstanden.«

»Was genau hast du verstanden?«

»Was Sie über meine Mutter gesagt haben.«

»Das ist gut.«

»Muss man sie begraben?«

»Natürlich, Eduard.«

»Muss ich zur Beerdigung gehen?«

»Nein, das musst du nicht. Im Übrigen ist es besser, wenn du es nicht tust. Du kannst sie später besuchen.«

»Danke, dass Sie sich um mich kümmern, Wärter Heimrat.«

»Das sind wir unseren Insassen schuldig.«

»Ich möchte Ihnen eine Frage stellen.«

»Frag.«

»Was muss ich normalerweise jetzt empfinden?«

»Niemand hat je verstanden, was der Tod eines uns nahestehenden Menschen bedeutet. Die größten Weisen haben sich mit der Frage beschäftigt. Der Mensch hat die Religionen erfunden, um Trost für diese grenzenlose Trauer zu finden. Bis heute hat niemand eine befriedigende Antwort gefunden. Es bleibt eines der größten Rätsel der Menschheit.«

»Ihrer Meinung nach gehöre ich zur Menschheit?«

»Vollkommen, Eduard.«

»Sogar jetzt, wo meine Mutter gestorben ist.«

»Das ändert nichts an deinem Zustand, Eduard.«

»Sie behaupten, das muss mich traurig machen.«

»Aber im Grunde ändert es nichts.«

»Sie scheinen das zu bedauern.«

»Vielleicht ... Du hast verstanden, was Bedauern heißt, dann bist du auf dem richtigen Weg, der zur Trauer führt.«

»Ich werde weitermachen, so gut ich kann, Wärter Heimrat.«

»Ich lasse dich jetzt allein. Du musst lernen, allein zu sein.«

»Sie haben bestimmt wichtigere Dinge zu tun als ich, Wärter Heimrat. Ich möchte nur noch eines wissen, bevor Sie gehen.«

»Sag.«

»Wann kommt meine Mutter mich besuchen? Allmählich fehlt sie mir.«

4

Durch einen Anruf von Helene Hurwitz hat er vom Tod seiner geschiedenen Frau erfahren. Helene hat ihm erklärt, dass die Beisetzung nach orthodoxem Ritus auf dem Friedhof Nordheim in Zürich stattfinden wird. Sie haben über Milevas letzte Stunden gesprochen. Er wusste schon seit Wochen, dass das Ende nah war. Er brachte seine Trauer zum Ausdruck. Er sagte: »Nur ein für andere gelebtes Leben ist lebenswert.« Dann legte er auf.

Ein Abschnitt seines Lebens ist Vergangenheit. Er denkt an das letzte Mal zurück, als er Mileva gesehen hat, den Abschiedsabend bei ihr vor fünfzehn Jahren. Er erinnert sich an das erste Mal, als sie ihm vor nunmehr einem halben Jahrhundert im Polytechnikum begegnete. Er kann nicht sagen, ob alles schnell vergangen ist, wie fern ihm das alles scheint. Nach Elsa nun also Mileva. Bald ist er an der Reihe.

Zu Mamas Beerdigung sind nur wenige Leute gekommen. Mitten im Sommer fahren die Leute in Urlaub. Es ist eine schlechte Zeit für einen schönen Tod mit einer würdigen Beerdigung.

Schade trotzdem. So wenige Kränze, so wenige Blumen für eine Frau, die Pflanzen liebte, auch wenn ihre Vorliebe den Kakteen galt. Ich hätte es lieber gesehen, wenn die Allee schwarz vor Menschen gewesen wäre. Wenn Leute aus der ganzen Welt gekommen wären, um von ihr Abschied zu nehmen. Das ist ein einzigartiger Moment im Leben.

Es war schön. Es heißt, Regen bei einer Beerdigung sei ein Segen des Himmels. Ich hoffe, die Sonne ist kein Fluch.

Als ich auf dem Friedhof ankam, habe ich von hinten einen Mann mit Hut gesehen, der langsam vorwärtsschritt. Für den Bruchteil einer Sekunde habe ich geglaubt, es sei mein Vater. Ich konnte eine ungeheure Freude nicht unterdrücken. Ich wollte ihm in die Arme fallen. Ich bin losgerannt. Im Näherkommen habe ich erkannt, dass es jemand anders war. Ich hätte misstrauisch sein sollen.

Auch mein Bruder war nicht da. Du kommst nicht zur Beerdigung deiner eigenen Mutter? Du trägst deinen Vornamen zu Recht, Hans Albert.

Es war kein einziges Familienmitglied da, um die Wahrheit zu sagen. Man kann sich fragen, ob ich noch eine Familie habe, sofern ich je eine gehabt habe. Dabei erkennt man gerade unter solchen Umständen seine wahren Freunde.

Wir waren gerade einmal an die zehn Personen. Das ist wirklich wenig für eine Frau mit solch herausragenden Qualitäten. Mein Vater wird einen Massenauflauf verursachen, da bin ich mir sicher.

Der Priester, ein Russe namens Subow, hat eine sehr schöne Rede gehalten, in der er erklärte, dass Mama das wahre Glück im Himmelreich Gottes zuteilwerden wird. Die erlittenen Schmerzen würden ihr den Eingang ins Paradies sichern. Sie verdiene ewige Ruhe. In Wirklichkeit ist jeder Tod eine Befreiung, für Mama wohl noch mehr als für andere. Für die Seele ist es eine Wiedergeburt. Mileva Marić weilt nun unter ihresgleichen, den barmherzigen Seelen. Mileva Marić ist zu den Engeln zurückgekehrt. Mileva hat nichts mehr zu befürchten. Die Zeit vor ihr ist zu Ende. Die Prüfung hat zu lange gedauert. Mileva Marić lebte im Gefängnis ihres Körpers, mit der Zeit hatte sie sich aus dem Kreis ihrer Zeitgenossen zurückgezogen. Mileva ist jetzt frei. Nichts wird den Gang ihres Geistes mehr stören. Im Himmelreich gibt es keine Behinderten. Man hinkt nicht zur Rechten des Herrn. Die Zeit des Unglücks ist vorbei. An diesem Punkt der Predigt wurde ich durch ein unbestimmtes Gefühl abgelenkt. Meine Aufmerksamkeit wurde durch die Tatsache angezogen, dass das Grab die Nummer 9357 trug. Ich habe auch bemerkt, dass rechts von Mama ein gewisser Geza Ritter ruhte, links ein Jakob Serena. Ich trat an das Grab von Geza Ritter heran. Ich habe lange Zeit vor ihm verharrt. Als ich mich umgedreht habe, warfen die Leute eine Handvoll Erde in ein Loch. Der Priester hat mich aufgefordert, es ihnen gleichzutun. Ich gehorchte. Ich mag das Gefühl, die Hände voller Erde zu haben.

Dann haben die wenigen Anwesenden mich der Reihe nach umarmt und mir dabei tröstende Worte zugeflüstert. Ich habe nicht verstanden, warum.

Ein wie zum Ausgehen gekleideter Mann in einem dreiteiligen Anzug hat sich mir vorgestellt. Er hat behauptet, er heiße Heinrich Meili und sei von meinem Vater beauftragt. Ich wich unwillkürlich zurück. Er lächelte. Er behauptete, er sei mein offizieller Vormund. Er erklärte, er sei ein ausgebildeter Jurist aus Zürich, als wollte er mir seine Überlegenheit beweisen. Ich habe ihm geantwortet, dass ich ein Jahr Medizin studiert hätte. Er hat gelächelt. Er hat erklärt, dass er von nun an meine Interessen vertreten würde. Ich habe gar nicht gewusst, dass ich Interessen habe. Er schloss mit den Worten, dass wir ein andermal weiterreden würden, dies hier sei nicht der richtige Ort. Ich glaubte, es sei der richtige Ort.

Dann trat Pater Subow zu mir und nahm mich beiseite. Er hat mich lange umarmt, als stünden wir einander nahe. Er sprach mich an und teilte mir mit, ich hätte das Recht, traurig zu sein.

»Traurigkeit ist ein Gefühl, das ich nicht gut beherrsche, Pater. Ich neige mehr zur Verzweiflung und zu heftigen Wutausbrüchen. Ich bin nicht für Feinheiten geschaffen.«

»Du wirst es lernen.«

»Mir kommen nicht so leicht die Tränen. Soll ich mich dazu zwingen?«

»Übe dich in Geduld.«

»Ich habe Angst, Mama zu vergessen, wenn ich zu viel Zeit verstreichen lasse.«

»Man vergisst nicht.«

»Das beruhigt mich, ich dachte, ich sei nicht normal.«

»Du bist normal.«

»Das ist nicht das, was man sonst sagt … Wenn ich Sie richtig verstanden habe, dann werde ich Mama nie wiedersehen.«

»Wir sehen uns im Jenseits wieder.«

»Wie erkenne ich sie da oben? Behält sie ihre menschliche Erscheinung? Ist ihr Tod endgültig? Muss ich auf meinen Tod warten, damit ich sie wiedersehen kann? Muss ich meinen Tod erhoffen?«

»Du stellst Fragen, die Kinder stellen.«

»Man wirft mir vor, ich hätte mir eine Kinderseele bewahrt.«

»Du hast eine reine Seele.«

»Seit Jahren heißt es, sie sei krank.«

»Bist du gläubig, Eduard?«

»Ich empfinde nichts Besonderes.«

»Hör einfach auf dein Herz.«

»Mein Herz klopft, Pater, ich höre es.«

»Du bist auf dem richtigen Weg.«

Er hat mich neuerlich an sich gedrückt. Dann ist er gegangen. Ich fand mich allein inmitten der Gräber. Ich fühlte mich verloren. Ich begann nach meiner Mutter zu rufen, wie immer in solchen Fällen. Keine Antwort. Ich schrie lauter. Nichts. Vielleicht war es das, was der Priester als das Nichts bezeichnet hatte. Ich bin an die Stelle zurückgegangen, wo er seine Rede gehalten hatte, an den letzten Ort, an dem über meine Mutter gesprochen worden war. Die Stelle war mit einem Haufen weißer Kieselsteine bedeckt. Ich habe mich gefragt, ob die Antwort dort, unter der Erde, verborgen liegt, denn vom Himmel kam keine Antwort. Ich begann mit den Händen zu graben. Es gelang mir, ein kleines Loch zu machen. Zwei Männer in dunklen Anzügen tauchten hinter mir auf und packten mich, jeder an einer Schulter. Einer von ihnen sagte: »Nach der Mutter ist der Sohn an der Reihe.« Ich habe nicht verstanden, was sie sagen wollten. Ich habe mich gewehrt. Man hat mich gefesselt, dann wurde ich in ordnungsgemäßem Zustand ins Burghölzli zurückgebracht.

Ich wünsche niemandem, dass seine Mutter auf dem Friedhof Nordheim in Zürich beerdigt wird.

PRINCETON –
BURGHÖLZLI

1

Von nun an wird er sich selbst um Eduards Wohlergehen kümmern. Aber er wird Princeton nicht verlassen. Er wird nicht das Flugzeug nehmen. Er wird nicht in Zürich landen. Er wird kein Taxi besteigen. Er wird dem Fahrer nicht das Burghölzli als Ziel nennen. Er wird nicht an das große Tor klopfen. Er wird nicht seinen Namen nennen. Er wird nicht Eduard zu sprechen wünschen. Er wird nicht in Begleitung eines Pflegers das Innere des Komplexes betreten. Er wird nicht den Garten durchqueren. Er wird nicht in das Gebäude eintreten. Er wird nicht den breiten Korridor entlanggehen. Er wird nicht Dutzenden von Geisteskranken begegnen. Er wird nicht vorher vom Direktor empfangen werden. Er wird sich nicht anhören, dass alle Behandlungen gescheitert sind. Seit wann haben Sie ihn nicht mehr gesehen? 1933? Machen Sie sich auf einen Schock gefasst, vielleicht erkennen Sie ihn nicht auf Anhieb. Eduard hat furchtbar zugenommen, er ist erst fünfunddreißig und sieht aus wie fünfzig, Sie kennen die Krankheit, sie verändert nicht nur die psychischen Funktionen. Vielleicht erkennt er selbst Sie nicht wieder? Oder vielleicht springt er Ihnen an die Kehle, sobald Sie auftauchen? Er kann äußerst grausam sein. Er spricht voller Aggressionen über Sie. Er wird nicht in die Welt seines Sohnes eintreten. Diese Welt ist nicht die seine. Diese Welt jagt ihm Furcht und Schrecken ein. Das muss er zugeben. Er hat Angst. Reisen macht ihm Angst. Seinen Sohn wiederzusehen erfüllt ihn mit Furcht. Er muss die schreckliche Wahrheit akzeptieren. Seinen Sohn zu sehen ist für ihn schmerzlicher, als ihn nicht zu sehen. Wie ist das vorstellbar? Wie kann man jemandem so etwas gestehen? Er hat Angst vor seinem Schatten. Vor seinem Schatten, seinem Nachkommen. Seinem Nachkommen, der im Schatten lebt. Für immer und ewig. Hans Albert hat ihm klargemacht, wie schrecklich es war, im Schatten eines Mannes namens Einstein gelebt zu haben. Hans Albert hat ihm deutlich gemacht, wie qualvoll es war, überall, wenn er seine Identität offenbarte, zu hören: Wenn Einstein einen Sohn hätte, dann wüsste man das, wie können Sie behaupten, Einsteins Sohn zu sein? Nirgendwo spricht er über seine Söhne. Seine Söhne nehmen nur wenige Zeilen in den zahlreichen Biografien ein, die ihm gewidmet sind. Und nirgendwo wird das Unglück erwähnt, das den Jüngeren getroffen hat. Nicht die kleinste Andeutung. Die Schande der Familie. Als ob Eduards Krankheit eine dumpfe Bedrohung verkörperte. Eduard irrt durch die Finsternis. Die Finsternis des Geistes und die des Burghölzli, wenn es Nacht geworden ist.

Er wird eine unendliche Distanz zwischen sich und ihm hinterlassen. Er will das Bild seines Sohnes vom Tag seines letzten Besuchs in Erinnerung behalten. Er möchte dieses Bild mit ins Grab nehmen. Er ist ein alter Mann. Er ist sechsundsechzig Jahre alt. Er hat nicht den Mut, sich der Realität zu stellen. Er fürchtet diese Realität. Er kennt die Wahrheit. Er weiß, was er entdecken wird. Er will diese Entdeckung nicht. Er denkt, dass sein Besuch nichts ändern wird. Dass er dem Unglück nur noch weiteres Unglück hinzufügen würde. Er zieht es vor, einen Ozean zwischen sich und seinem Sohn zu lassen.

Einige Jahre zuvor hatte er an Michele Besso geschrieben:

Es ist jammerschade um den Jungen, dass er ohne Hoffnung auf eine normale Existenz sein Leben hinbringen muss. Seitdem die Insulinbehandlung endgültig fehlgeschlagen ist, halte ich nichts mehr von medizinischem Beistand. Ich halte überhaupt wenig von dieser Zunft und finde es im Ganzen besser, die Natur unbehelligt damit zu lassen.

Es geht überhaupt nicht um Natur. Es geht um Mut. Er hat tausendfach Mut bewiesen. Er hat der Gestapo getrotzt, hat als einer der Ersten die Sache der Schwarzen unterstützt, an der Gründung des Staates Israel mitgewirkt, sich dem FBI widersetzt, ist nicht zu Kreuze gekrochen, hat nie verzichtet, hat an Roosevelt geschrieben, damit er die Bombe gegen Deutschland baut, und an Roosevelt appelliert, damit er die Bombe für Japan stoppt. Hat den vom Reich verfolgten Juden geholfen. Petitionen geschrieben. Stand an vorderster Front. Aber seinen Sohn besuchen, das geht über seine Kräfte. Er hat seine Grenzen gefunden. Nur das Universum kennt keine Grenzen.

Ich könnte nicht sagen, wann meine Mutter gestorben ist. Manchmal scheint mir, es sei gestern gewesen. Manchmal kommt es mir so vor, als läge es Monate zurück. Mama wüsste die Antwort auf diese Frage, wenn sie noch auf der Welt wäre. Sie hatte für alles eine Antwort. Seitdem sie mich verlassen hat, habe ich meine Orientierungspunkte verloren. Ihr Tod hat alles fortgerissen.

Hingegen erinnere ich mich, wie hart die erste Zeit ihrer Abwesenheit war. Anscheinend ist das normal. Überall habe ich ihr Gesicht gesehen. Auch das scheint sehr verbreitet zu sein. Warum hat man mich dann aber wieder vermehrt mit Elektroschocks behandelt? Man erklärt mir heute noch, dass man nicht Tag und Nacht mit seiner Mutter sprechen und eine

Antwort von ihr verlangen muss, indem man sich den Kopf an der Wand blutig schlägt, nur weil man ihr Gesicht überall sieht. Wozu ist es dann gut? Wenn Sie Visionen haben, dann haben Sie Visionen. Wenn Sie Ihre Mutter sehen, dann sprechen Sie mit ihr! Sie fragen sie. Aber im Burghölzli will man das nicht verstehen. Und dann brüsten sie sich damit, was für tolle Psychologen sie sind!

Im Laufe der Zeit hat Mama allmählich aufgehört, das Gesicht der Menschen anzunehmen, die mir begegnet sind. Ich habe mich nicht mehr bei jeder Gelegenheit an sie gewandt. Man wies mich weniger häufig zurecht, und das Leben wurde dadurch einfacher.

Aus der Klinik hätte man mich gerne entlassen. Leider gab es keinen Ort, an den ich hätte gehen können, und die Verwaltung nimmt es mit den Vorschriften sehr genau. Man lässt einen Menschen wie mich nicht frei herumlaufen. Ich frage mich, wovor sie eigentlich Angst haben.

Ich hätte im Burghölzli verrotten und bis ans Lebensende dortbleiben können. Zum Glück hat man eine Gastfamilie für mich gefunden. Das ersetzt in keiner Weise einen Verstorbenen. Aber es bietet einem ein Dach über dem Kopf und die Möglichkeit, das Reich der Psychiatrie zu verlassen, das nicht so gastfreundlich ist, wie man behauptet.

Die Familie, bei der ich lebe, wohnt auf einem Hügel in der Umgebung Zürichs, dessen Namen ich verschweigen will, um die Anonymität zu wahren. Ich verbringe dort regelmäßig mal längere, mal kürzere Aufenthalte. Das hängt nicht von mir ab, sondern von den Wölfen, die ums Haus streichen. Wenn ich ihr Geheul höre oder ihre Gestalten aus den Wäldern kommen sehe, dann bringt man mich in die Klinik zurück. Wenn kein wildes Tier die Ruhe des Ortes stört, dann kann ich auf Dauer bleiben.

Es sind reizende Leute, die mir Kost und Logis gewähren, obwohl ich doch um gar nichts gebeten habe. Sie haben mich nie geschlagen, und ich glaube, sie wissen nicht einmal, dass es so etwas gibt. In ihrem Garten spielen viele Kinder, und man lässt mich mit ihnen spielen. Ich glaube, das ist der größte Respektbeweis, den man einem Menschen wie mir zeigen kann. Vorher hatten alle Leute Angst um ihren Nachwuchs, sobald ich auch nur in dessen Nähe kam. Dabei habe ich nie jemandem außer mir selbst etwas zuleide getan und Kindern erst recht nicht. Ich sehe Kindern gerne beim Spielen zu. Sie reden davon, eine Burg zu bauen. Und hopp, leben sie in einer Burg. Sie sagen, ich bin der König von Transsylvanien und du bist ein Vampir, und schon sind sie verwandelt. Und im Vergleich zu Erwachsenen, insbesondere zu Gründ und Forlich, sind sie sehr sanfte Wesen. Das Leben hat mich gelehrt, dass nichts endgültig ist. Trotzdem glaube ich zu wissen, dass ich nie Kinder haben werde. Das ist sicher die beste Methode, um zu vermeiden, dass man Vater wird.

2

Die *New York Times* vom 12. Februar 1950 titelte: »Deportiert den roten Hochstapler Einstein!« Er ist ein Feind Amerikas geworden. Mit über sechsundsechzig Jahren eine bevorzugte Zielscheibe der Mächtigen. John Rankin, der Senator von Mississippi, erklärt in der *Dallas Herald Tribune*: »Man hätte Einstein schon vor Jahren wegen seiner kommunistischen Umtriebe ausweisen müssen.« Der gleiche Rankin verkündete vor republikanischen Senatoren: »Allmählich begreift das amerikanische Volk, wer Einstein wirklich ist ... Dieser fremdstämmige Agitator betätigt sich als Kurier, um Geld einzusammeln, durch das wir manipuliert werden sollen, damit der Kommunismus in der ganzen Welt verbreitet wird ... Ich appelliere an den Generalstaatsanwalt, damit er den Umtrieben dieses Einstein ein Ende macht.«

McCarthy hat die Gehirne pervertiert. Ein Klima der Denunziation herrscht im Land. An jeder Universität werden die Professoren dazu aufgefordert, ihre

Kollegen zu denunzieren. Ihm nahestehende Menschen werden der Spionage für die Sowjetunion bezichtigt. Die geringste Unterstützungserklärung für eine pazifistische Bewegung, die älteste Zugehörigkeit zu einer linken Organisation kann vor einen Ausschuss und zur Verbannung aus der Gesellschaft führen. Die banale Unterstützung der spanischen Republikaner in den Dreißigerjahren wird als ein Akt des Hochverrats betrachtet. In seiner Verzweiflung hat er seiner Freundin, der belgischen Königin, geschrieben, dass die deutsche Geißel aus vergangenen Jahren in neuer Gestalt wieder über uns hereinbreche und dass die Menschen leichtsinnig zustimmten. Überall herrschten nur Brutalität und Lüge, und man bleibe ohnmächtig zurück. Außenminister Dulles bekannte auf der Titelseite der *New York Times*, dass nach gründlicher Prüfung Bücher von vierzig Autoren, die der Spionage für die Sowjetunion verdächtig waren, von Staatsbeamten verbrannt worden waren. In den Schulen leisten die Lehrer Treueschwüre. Er erlebt wieder finstere Stunden. Sein Freund Oppenheimer wird gehetzt. Die Hexenjagd ist in vollem Gang. Er ist wieder zur Zielscheibe geworden.

Man beschuldigt ihn, Propaganda für Stalin zu machen – dabei hat er sich immer geweigert, in die Sowjetunion zu gehen. Er hat nur zwei Briefe an Stalin geschrieben, einen Unterstützerbrief für den flüchtigen Trotzki und eine Bitte um Freilassung von Raoul Wallenberg, den schwedischen Diplomaten, der zwanzigtausend ungarischen Juden das Leben rettete und nun Gefangener in der Lubjanka war. Die Presse hatte vor Kurzem einen alten Artikel aus der ersten Nummer der *Monthly Review* mit dem Titel »Warum Sozialismus?« ausgegraben, der ihn, Einstein, belasten sollte. Darin erklärte er: »Die wirtschaftliche Anarchie der kapitalistischen Gesellschaft heute ist meiner Meinung nach das schlimmste Übel.« Er ist ein Feind des Kapitalismus. Ein Feind der Vereinigten Staaten.

John Edgar Hoover hat sich geschworen, ihn zur Strecke zu bringen. Es heißt, dass die Akte Einstein dicker sei als die Bibel. Er wird das Land verlassen müssen, wenn die Kampagne gegen ihn weiter um sich greift. »Deportiert Einstein!« Hätte er sich solche Schlagzeilen hier, in Amerika, zwanzig Jahre nach denen in den Zeitungen der Nazis, vorstellen können? Er hat an Otto Nathan geschrieben:

In die Menschenwelt hier lebe ich mich nicht mehr hinein, dazu war ich schon zu alt, als ich herkam – und es war eigentlich in Berlin und vorher in der Schweiz auch nicht anders. Zum Einspänner ist man schon geboren.

Im vergangenen Monat haben die Chirurgen nach unerträglichen Schmerzen seinen Bauch aufgeschnitten. Sie haben ihn ohne einen Eingriff wieder verschlossen, nachdem sie ein großes Aneurysma der Aorta diagnostiziert hatten. Man kann diese Art von Krankheit nicht operieren. Die Wände des großen Gefäßes sind gedehnt. Eines Tages werden sie reißen. Das Blut wird seine Organe überschwemmen. Sein Herz wird sich leeren. Die innere Blutung wird tödlich sein. In seinem Bauch wächst eine Zeitbombe heran. An dem Tag, da sie platzt, wird er sterben.

Manchmal legt er seine Hand auf den Bauch, wenn er liegt, und spürt eine Masse. Diese Masse klopft im Rhythmus seines Herzens. Sie wird dazu führen, dass sein Herz zu schlagen aufhört.

Er denkt daran, was aus seinem Sohn werden wird. Nach Milevas Tod hat Eduard eine sehr schwierige Zeit durchgemacht. Heute geht es ihm besser. Man hat ihm erlaubt, das Burghölzli zu verlassen. Er pendelt zwischen der Klinik und einer Pflegefamilie auf den Hügeln von Zürich. Die Nachrichten von Besso und Meili lassen darauf schließen, dass es ihm gut geht. Eduard gibt Konzerte für Kinder in einem Pfarrhaus. Man hat ihm eine Aufgabe zugewiesen: Er füllt Briefumschläge. Zum ersten Mal in seinem Leben hat Eduard eine Arbeit. Er ist in die Gemeinschaft der Menschen aufgenommen worden.

An einem Julimorgen ist Wärter Heimrat höchstpersönlich an der Haustür meiner neuen Familie erschienen und hat mich zu sehen verlangt. In seinem Gesicht stand ein breites Lächeln. Ich bin in seinem eigenen Auto mitgefahren, ich wusste nicht einmal mehr, dass man ein eigenes haben konnte. Heimrat hat mich in die Klinik gebracht. Es war ein verdammt aufregendes Gefühl, im Burghölzli anders als mit dem Krankenwagen anzukommen. Als das Auto geparkt war, sagte Wärter Heimrat: »Ich warne dich lieber vor, weil ich dich vor großen Aufregungen bewahren will. Weißt du, was für ein Tag heute ist?«

»Sie wissen doch, dass ich schon lange das Zeitgefühl verloren habe.«

»Heute ist der 23. Juli. Weißt du, was das bedeutet?«

»Ich erinnere mich, dass ich am 23. Juli geboren bin, aber das ist lange her.«

»Wir haben heute den 23. Juli 1950, Eduard. Du bist am 23. Juli 1910 geboren, das bedeutet, dass du heute vierzig Jahre alt bist.«

»Sie meinen, dass das wie mein Geburtstag ist?«

»Ganz genau.«

Ich hatte Tränen in den Augen angesichts von so viel Aufmerksamkeit nur meinetwegen, und der Wärter hat es vorgezogen, dass wir aus dem Auto aussteigen, um einem Gefühlsausbruch vorzubeugen. Er weiß, dass ich meine Gefühle kaum beherrschen kann. Wir sind in das Haus eingetreten, haben den großen Flur durchquert und sind in den ersten Stock zum Empfangssaal gegangen. Wärter Heimrat hat die Tür aufgestoßen, und dort sehe ich mir gegenüber in einer Reihe aufgestellt Doktor Minkel, Gründ und Forlich, Herbert Werner, Alfred Metzger und Maria Fischer! Sie stimmen ein »Happy Birthday, Eduard« an! Hinter ihnen erklingt Musik, und an die Wand ist aus Packpapier die Zahl vierzig wie meine vierzig Jahre genagelt! Ich darf ein Glas Champagner trinken, obwohl Alkohol für mich verboten ist. Jeder hat mich umarmt, sogar Gründ. Die Gäste sind eine Weile unter sich geblieben, um sich zu unterhalten, und Maria ist zu mir gekommen, hat mir tief in die Augen gesehen und gemurmelt, hier ist mein Geschenk, Eduard. Sie hat ihre Lippen auf meine gedrückt. Ich kann es immer noch nicht fassen. Ein paar Sekunden später hat Wärter Heimrat gesagt, los, Eduard, ich muss dich zurückbringen. Wir sind wieder ins Auto gestiegen und losgefahren.

Nachdem wir vor dem Haus meiner Gastfamilie angekommen waren, hat Wärter Heimrat mir ein Päckchen überreicht und gesagt, das sei sein Geschenk. Da erreichte meine Aufregung ihren Höhepunkt. Ich habe das Papier vorsichtig entfernt, es sorgfältig gefaltet und in meine Tasche geschoben, und dann habe ich das Buch entdeckt, das man mir geschenkt hat. Auf dem Umschlag war ein Foto meines Vaters zu sehen. Mein erster Gedanke war, das Buch zu zerreißen. Dann ist mir klar geworden, dass mir seit dem Tod meiner Mutter niemand mehr etwas geschenkt hat und dass mir vielleicht auch in meinem restlichen Leben nie mehr jemand etwas schenken würde. Ich habe meine Wut gezähmt und Wärter Heimrat gedankt.

»Ich wusste, dass du dich darüber freuen würdest«, hat er geantwortet.

Ich habe meinen Vater auf dem Foto nur mit Mühe wiedererkannt. Mit seiner schrecklich faltigen Stirn und seinen schlohweißen Haaren hätte man ihn für einen Greis halten können. Da ich mich nicht mehr erinnern konnte, wann ich ihn zum letzten Mal gesehen hatte, fragte ich danach. Wärter Heimrat dachte nach. Er erinnerte sich nur, dass ich mit zwanzig Jahren im Burghölzli aufgenommen worden war. Heute bin ich vierzig. Ich hatte also die Hälfte meines Lebens im Burghölzli verbracht und die andere draußen. Ich weiß nicht, welche dieser beiden Perioden ich für die glücklichere in meinem Leben halten soll. Ich habe meine Kindheit immer gehasst. Aber auch die Elektroschocks hinterlassen keine unvergänglichen Erinnerungen. Ich habe Wärter Heimrat gefragt, welche Lebensperiode ich bevorzugen sollte. Er hat ohne zu zögern geantwortet: den gegenwärtigen

Augenblick. Das schien mir einleuchtend, aber wie denkt man an den gegenwärtigen Augenblick? Ich will nicht philosophieren.

Wärter Heimrat und ich haben uns verabschiedet. Ich bin in das Zimmer geeilt, das an mich vermietet ist, und habe angefangen, in dem Buch zu lesen. Darin stand ein Sammelsurium aller möglichen Gedanken. Eine Meinung zu jedem erdenklichen Thema. Ich wusste nicht, dass man solche Sachen veröffentlicht. Dass es Leute gibt, die so etwas kaufen. Lernen die Leute die Sprüche meines Vaters auswendig, um sie bei feierlichen Abendessen aufzusagen und auf Kosten eines anderen zu glänzen? Oder leiten sie daraus einen Verhaltenskodex ab? Eine Moral zum Mitnehmen? Ich habe eine Menge von Aussprüchen meines Vaters gehört, und keiner davon hat es verdient, schriftlich festgehalten zu werden. Oder ich habe vergessen, welche. Das alles liegt viele Jahre zurück.

Mein Vater hat zum Beispiel gesagt: »Der wahre Wert eines Menschen ist in erster Linie dadurch bestimmt, in welchem Grad und in welchem Sinne seine Befreiung vom Ich gelungen ist.« Ich bin in meinem Ego eingesperrt. Mein Ego frisst mich auf und lähmt mich. Ich bin der Gefrierpunkt meines Vaters.

Mein Vater hat gesagt: »Wer sein eigenes Leben und das der Mitmenschen als sinnlos empfindet, der ist nicht nur zutiefst unglücklich, sondern auch kaum lebensfähig.« Wer könnte in meinem Leben einen Sinn finden? Man müsste verrückt sein.

Mein Vater hat gesagt, es gebe keine andere vernünftige Erziehung als die, selbst ein Vorbild zu sein. Ach, tatsächlich. Rede du nur.

Mein Vater hat gesagt, dass er es nicht billige, wenn Eltern auf die Entschließungen ihrer Kinder Einfluss nehmen, die für die Gestaltung ihres Lebens entscheidend sind. An diese Maxime hat sich mein Vater gehalten: Er hat nie eingegriffen, hat nie irgendeinen Einfluss auf eine meiner Entscheidungen ausgeübt. Ich weiß nicht, ob ich das bedauern soll.

Mein Vater hat einem jungen Mann, der ihn wegen eines Streits mit seinen Eltern um Rat fragte, empfohlen: »Wenn Sie aber eine Entscheidung treffen wollen, mit der Ihre Eltern nicht einverstanden sind, so müssen Sie sich fragen: Bin ich innerlich unabhängig genug, um entgegen dem Willen meiner Eltern handeln zu können, ohne dabei mein inneres Gleichgewicht zu verlieren?« Ich habe immer gegen die Wünsche meines Vaters gehandelt. Ich habe nie ein inneres Gleichgewicht gefunden.

Mein Vater hat gesagt: »Wenn ich ein junger Mann wäre und selbst über mein Leben entscheiden müsste, dann würde ich bestimmt nicht mehr Wissenschaftler, Gelehrter oder Pädagoge, sondern Klempner oder Hausierer werden wollen in der Hoffnung, mir damit jenes Maß an Unabhängigkeit zu sichern, das unter heutigen Verhältnissen noch erreichbar ist.« Ich glaube, ich habe den Traum meines Vaters praktisch verwirklicht.

Mein Vater hat gesagt: »Ich muss gestehen, dass die mir entgegengebrachte übertriebene Wertschätzung meiner Lebensarbeit mir viel Unbehagen bereitet. Ich komme mir vor wie ein unfreiwilliger Hochstapler.« Lieber Vater, nach dem, was ich manchmal über dich höre und was ich in manchen Zeitungen lese, die man mir bringt, halten dich viele Leute genau für das, als was du dich siehst.

Mein Vater hat gesagt, wer in kleinen Dingen nicht auf die Wahrheit achte, der könne uns auch in bedeutsamen Angelegenheiten kein Vertrauen einflößen. Mein Vater hat gelogen.

Mein Vater hat gesagt, es liege doch wohl eine gewisse Befriedigung darin, dass dem Leben des Individuums natürliche Grenzen gesetzt seien, weil es auf diese Weise am Ende wie ein Kunstwerk erscheint. Ich werde kein Kunstwerk sein.

Ich habe allerdings einen Satz meines Vaters gefunden, der mich angesprochen hat und von dem ich im ersten Moment den Eindruck hatte, dass er sowohl auf mich wie auf ihn gemünzt sein könnte. Dass er vielleicht beim Schreiben an mich gedacht hat und zugleich an sein Verhalten mir gegenüber. An seine große Distanz in jeder Hinsicht. Bestimmt täusche ich mich. Es wäre bekannt, wenn mein Vater an mich denken würde. Der geringste seiner Gedanken ist der ganzen Welt bekannt. Dieser wäre bis zu mir durchgedrungen. Mein Vater hat gesagt: »Das Wesentliche im Leben eines Mannes meiner Art beruht auf dem, was er denkt und wie er denkt, nicht darauf, was er tut oder leidet.« Danke für das Kompliment, Papa.

3

Von Princeton aus gesehen und in Anbetracht der Entfernung kann er die genauen Beweggründe dieses Carl Seelig nicht recht begreifen. Der Mann ist vor Kurzem in seinem Leben aufgetaucht. Er bezeichnet sich als Schriftsteller und Publizist und ist eine Art interessierter Laie und Gönner aus der wohlhabenden Züricher Gesellschaft. Seelig erklärt, er habe Stefan Zweig und Max Brod gekannt und lange Zeit mit ihnen korrespondiert. Er hat ihm seine Absicht mitgeteilt, eine Biografie über ihn zu schreiben. Er hat um seine Einwilligung gebeten. Er hat nichts anderes getan als Dutzende andere vor ihm, die seit Jahrzehnten alljährlich um Porträts oder Interviews von ihm ersuchten. Jeder hat eine Meinung über ihn. Jeder erzählt eine Anekdote über ihn. Welcher Mann kommt in den Genuss einer solchen Behandlung? Das Foto von ihm als Zweiundsechzigjährigem ist um die ganze Welt gegangen. Man interpretiert es als die Provokation eines Enfant terrible. Dabei hat er dem Fotografen nur die Zunge herausgestreckt, weil er es satthatte, für die Kamera zu posieren. Letzten Endes haben die Zeiten sich kaum geändert, seitdem der Mufti von Jerusalem ihn beschuldigte, er wolle die Omar-Moschee zerstören. Er steht immer im Mittelpunkt irgendeiner Polemik. Manche werfen ihm seinen Zionismus vor. Andere seine Vorbehalte hinsichtlich der Politik des neuen jüdischen Staates. Die Atombombe ist seine Schuld. Die sowjetische Bombe ebenfalls. Sie halten der ganzen Welt Vorträge. Sie kritisieren das amerikanische Volk, Sie beschuldigen die Regierung Johnson, Sie verachten Senator McCarthy, Sie verlangen eine Weltregierung. Sie sind seit gut zehn Jahren Amerikaner, Sie sollten sich bedanken und den Mund halten. Glauben Sie, Sie stünden über den Nationen, halten Sie sich für höher als die Gesetze?

Er pfeift auf die Wahrheiten, die über ihn im Umlauf sind. Er will nur ein Geheimnis bewahren. Er wird nie über Lieserl sprechen.

Seine Schwiegertochter Frieda ist nach Zürich gefahren. Beim Räumen der Huttenstrasse 62 hat sie die Korrespondenz zwischen ihm und Mileva entdeckt.

Diese Briefe enthüllen Lieserls Existenz. Sie droht damit, sie zu veröffentlichen. Frieda hat außerdem achtzigtausend Schweizer Franken in Scheinen in einer Schuhschachtel entdeckt. Ein Vermögen. Mileva beschuldigte ihn ununterbrochen, er würde ihr nicht genug geben. Mileva war empört, dass man sie nach ihrem ersten Schlaganfall entmündigt hatte.

Dieser Carl Seelig scheint ein ehrlicher Mann zu sein und will offenbar nur das Beste. Michele Besso hat ihm das bestätigt, Seelig hat begonnen, Menschen aus seiner Umgebung zu befragen. Er arbeitet mit großer Seriosität. Seelig hat der Reihe nach die in der Schweiz lebenden Zeugen befragt. Er hat ehemalige Professoren getroffen und Freunde aus vergangenen Zeiten. Er hat versichert, dass er Unwahrheiten zurechtrücken und falschen Behauptungen in anderen Biografien entgegentreten wolle, denn er habe festgestellt, dass »in der Schilderung der Schweizerzeit nicht alles richtig und genau« sei, und wolle das alles »in einer schmalen, von jedem Personenkult und Geschwätz sich distanzierenden Publikation« korrigieren. Er hat ohne großes Zögern eingewilligt. Und Seelig hat seine Arbeit fortgesetzt.

Dennoch geht der Brief, den er heute Morgen von diesem Herrn Seelig bekommt, weit über den eines schlichten Biografen hinaus.

Zürich, den 6. März 1952

Lieber Herr Prof. Einstein,
... Ich bin nämlich seit beinah zwanzig Jahren der Vormund und einzige Freund des originellsten Schweizerdichters, Robert Walser, der seit einem Vierteljahrhundert in einer Irrenanstalt lebt. Solche Menschen sind mir oft lieber als die so genannten ›Normalen‹, darum bitte ich Sie um die Erlaubnis, mit Ihrem Sohn Eduard Kontakt aufzunehmen. Vielleicht könnte ich ihm eine Freude machen, indem ich ihn gelegentlich zu einem guten Essen in ein Restaurant einlade und mit ihm spazieren gehe, wie ich es mit Robert Walser jedes Jahr einige Male tue, wobei ich sehr oft im geistigen Sinn der Beschenkte bin.

Ich habe auch bei anderen Geisteskranken die Beobachtung gemacht, dass sie von den Psychiatern meist falsch, das heißt zu viel als Kranke behandelt werden. Ich tue immer so, als ob sie normal wären und habe herausgefunden, dass sie sich geistig und seelisch nirgends so öffnen wie auf längeren Spaziergängen. Im Zimmer werden sie immer eigensinnig und widerspenstig.

Carl Seelig interessiert ihn. Warum ist er so fasziniert von der Welt der Geisteskranken? Seelig spricht über dieses Krankheitsbild wie über ein Geschenk, während er es als einen Fluch betrachtet. Seelig schlägt lange Spaziergänge mit Eduard vor, wo ihn, seinen eigenen Vater, schon die bloße Vorstellung, Eduard zu sehen, in Schrecken versetzt.

Dieser aus dem Nichts aufgetauchte Mann lässt die Wasser der Vergangenheit wieder hochsteigen. Seelig bittet darum, Vormund seines Sohnes zu werden, als wäre sein Sohn Waise, als würde er selbst nicht existieren.

Er hat beschlossen, ihm zu antworten. Obwohl er nie irgendjemandem Rechenschaft über sein Verhalten abgelegt hat, empfindet er das Bedürfnis, sich vor diesem Unbekannten zu rechtfertigen, der am anderen Ende der Welt lebt. Dieser Mann konfrontiert ihn mit etwas, vor dem er immer erfolgreich geflohen ist.

Er fragt sich zunächst, warum er seinem Freund und Vertrauten Michele Besso nie die wahre Natur seiner Beziehung zu seinem Sohn offenbart hat. Zweifellos hätte er Michele gestehen müssen, wie tief sein Schmerz war. Dazu ist es nie gekommen. Die Worte kamen nicht über seine Lippen. Er konnte seine Angst nie überwinden. Im Grunde war sein Kummer unüberwindlich. Er maßt sich nicht das Recht an, traurig zu sein. Diese Art von Schwäche gesteht er sich nicht zu. Er will das Unglück nicht durch Beichten verwässern.

Er weiß, dass sein Schmerz unfruchtbar ist. Er hat den ewigen Kummer in sich erstarren lassen. Immer trägt er diese steinerne Maske der Fröhlichkeit zur Schau, dieses unverrückbare Lächeln und diese lachenden Augen, in denen man den Abglanz des Glücks zu entdecken glaubt. Er begräbt die schlimmen Erinnerungen, verwandelt Bitterkeit und Verzweiflung in Frivolität, deckt seine Dramen mit seinem beißenden Humor zu, mit dieser leichtherzigen Ironie, auf die die Welt so versessen ist und der er sich mit solchem Vergnügen überlässt.

Sein ganzes Leben war ein Kampf, um die Ordnung der Dinge zu verändern. Nichts kann Eduards Unordnung ändern.

Er ist Eduards Vater. Was bedeutet das?

Die Väter zeugen die Söhne. Aber es sind die Söhne, die ihre Erzeuger erst zu Vätern machen, die aus ihnen Männer machen. In Eduards Augen war er jedoch immer nur ein Monster. Was spielt es für eine Rolle, ob der Junge sein wahres Gesicht gesehen hat oder ob dieses Antlitz nichts als das Zerrbild des Wahnsinns war. Er kann sich in dieser Horrorvision nicht wiedererkennen. Er konnte kein Vaterbild aufbauen.

Er war kaum dazu begabt. Er hat keinen Familiensinn, nicht die Seele eines Sippenführers. Er ist ein einsamer Wolf. Er ist inmitten der bayerischen Wälder zur Welt gekommen. In seiner Kindheit lebte er abgeschieden, wie ein Wilder. Er ist den Meuten in Deutschland entkommen. Er wird bis zum heutigen Tag hier gejagt.

Er wird eine Gegenüberstellung vermeiden. Er wird sich weiterhin wie ein Feigling benehmen. Er hat weder Goebbels' Sondergerichte noch McCarthys Ausschüsse gefürchtet. Aber ein Wiedersehen mit seinem Sohn schiebt er unablässig hinaus. Dieser Fehler ist sein ureigenstes Problem und entzieht sich seiner Beherrschung. Er flieht. Er war immer ein Exilant. Er hat sich nie umgedreht. Selbst auf dem Zenit seines Lebens wirft er keinen Blick zurück. Nach Zürich zurückkehren hieße sterben. Eduard wiedersehen hieße sterben. Und bald wird er tot sein. Eine Reise nach Europa würde nie vernarbte Wunden wieder aufreißen. Seine alte Vaterwunde. Durch seinen Fehler ist etwas Nichtwiedergutzumachendes geschehen. Er hat ein großes Unglück in die Welt gebracht.

Eduard ist ein lebender Vorwurf.

Er kann es nicht akzeptieren, dass er der Urheber seines Lebens ist. Dieser Schreckensjahre, dieses Elendslebens. Er hat die Gene dafür verantwortlich gemacht, seine Frau beschuldigt. Die Familie seiner Frau. Die Schwester seiner Frau. Er braucht einen Schuldigen. Er versteht eine Welt ohne Ursachen nicht. Die Welt ist schwarz oder weiß. Er muss immer ein Lager wählen. Sich irgendwo engagieren. Pausenlos handeln.

Die Unwiderruflichkeit ist der Schlüssel zu allen Schmerzen.

Nach Milevas Tod hat er an Heinrich Meili geschrieben:

Meine erste Frau hat es schwer genug gehabt mit ihrer ständigen Sorge um den hoffnungslos kranken Sohn.

Im Grunde ist Eduard an manchen Tagen in seinem Kopf nicht sein Sohn.

Ein Mann im freien Fall ist sich weder seines Körpers noch der Geschwindigkeit der ihn umgebenden Körper bewusst.

Er greift nach Papier und Feder und beginnt zu schreiben:

Princeton, den 11. März 1952

Lieber Herr Seelig,
Ihr freundliches Anerbieten, sich um meinen Sohn zu kümmern, begrüsse ich ausserordentlich. Er war frühreif, sensitiv und begabt und ist mit achtzehn oder neunzehn schizophren geworden. Sein Fall ist insofern relativ milde, als er die meiste Zeit ausserhalb einer Anstalt zubringen kann. Anderseits ist es

aber doch so, dass Einordnung ins Berufsleben ausgeschlossen ist. Es müssen starke emotionelle Hemmungen sein, deren Natur wenigstens dem Laien unzugänglich sind.

Die Schizophrenie war in der Familie meiner Frau, wovon ich aber bei meiner Verheiratung nichts wusste.

Er unterbricht sich, blickt nach draußen. Er spürt, dass er Seelig vertrauen kann. Er ist sich sicher, dass diese schriftlichen Zeilen nicht in der gerade im Entstehen begriffenen Biografie erscheinen werden. Seelig wird über Eduards Krankheit Stillschweigen bewahren. Seelig wird die Legende Einstein verewigen, hinter der er seine Tage beschließen will.

Plötzlich empfindet er das Bedürfnis, sich diesem Fremden anzuvertrauen, der auf der anderen Seite des Atlantiks lebt. Er hat das Bedürfnis, sein Handeln zu rechtfertigen. Er fährt fort:

Sie werden sich wohl gewundert haben, dass ich mit Teddy nicht im Briefwechsel bin. Es liegt da eine Hemmung zugrunde, die völlig zu analysieren ich nicht fähig bin. Es spielt aber mit, dass ich glaube, schmerzliche Gefühle verschiedener Art bei ihm zu wecken, dadurch, dass ich irgendwie in Erscheinung trete.

Er will nun seine innersten Gedanken offenbaren, das ganze Ausmaß seiner Verzweiflung und seiner Ohnmacht. Er schreibt:

Er bildet das nahezu einzige menschliche Problem, das ungelöst verbleibt. Die anderen sind nicht durch mich, sondern durch die Hand des Todes gelöst worden.

Ich liebe es, neben Ajax am Ufer der Limmat entlangzulaufen. Ich will klarstellen, wer Ajax ist, sonst hält man mich wieder für einen Irren. Ajax ist der Hund von Herrn Carl Seelig, ein prächtiger, sechs Jahre alter Dalmatiner. Weil man Hundejahre aber mit sieben multiplizieren muss, haben wir in etwa das gleiche Alter, auch wenn er viel jünger wirkt. Ich muss erklären, wer Herr Carl ist. Carl Seelig ist mein Schutzengel. Er ist Züricher von Geburt und auch Wahlzüricher. Er hat eine Familie und ist finanziell sehr wohlhabend. Das genaue Gegenteil von mir. Einmal in der Woche holt er mich im Burghölzli ab, ohne dass ich etwas Besonderes dafür getan hätte. Manchmal gehen wir zusammen zu Mittag essen, immer in ausgezeichneten Restaurants, in denen er regelmäßig verkehrt. Man redet ihn bei jeder Gelegenheit mit »Herr Seelig« an, und man grüßt mich, als wäre ich ihm gleichgestellt. Einmal hat man uns fotografiert. Ich habe ein riesiges Eis gegessen, wie man feststellen kann. Niemand hat je ein Foto von mir als Erwachsenem gemacht. Ich hoffe, dass dieses Foto nicht meinem Vater in die Hände fällt. Ich schlage mir den Bauch voll, und ich bin dick, auch wenn der Schnurrbart mir steht. Das Foto vermittelt Ihnen auch einen Eindruck, wer Carl Seelig ist, denn ich bin nicht sehr gut im Beschreiben von Menschen.

Herr Carl hat mich zweimal ins Theater mitgenommen. Wir haben *Tartuffe* von Molière und *Ein Sommernachtstraum* gesehen. Ich würde gerne *Hamlet* sehen. Ich glaube verstanden zu haben, dass das nicht meine Kragenweite ist.

Mit Herrn Carl rede ich über alles und nichts, das Gespräch bewegt sich immer auf hohem Niveau. Das ist eine Abwechslung zu Herbert Werner, ganz zu schweigen von Gründ und Forlich. Manchmal fahren wir auch mit dem Zug. Wir machen lange Spaziergänge. Wir fahren nach Sankt Gallen und wandern über den Wienerberg. Wir sind durch die Weinberge zum Schloss Weinstein hinaufgestiegen. Herr Carl ist der Meinung, dass die frische Luft mir guttut.

Herr Carl spricht oft über einen anderen seiner Schützlinge, Herrn Robert Walser, der Schriftsteller und geistig verwirrt ist wie ich. Herr Carl kümmert sich um ihn ebenso gut wie um mich und besucht ihn sehr oft. Herr Carl hat mir zwei Bücher von Robert Walser geschenkt: *Geschwister Tanner*, mit denen ich nicht viel anzufangen wusste, *Jakob von Gunten* dagegen hat mir sehr viel gesagt. Herr Carl behauptet, dass Robert Walser von seinen Kollegen als großer Schriftsteller angesehen wird, sogar von Kafka, den mein Vater meiner Erinnerung nach im Jahr meiner Geburt kennengelernt hat, als er in Prag war. Ich habe schon erwähnt, dass er ein abwesender Vater war. Heute ist er ein unsichtbarer Mensch.

Ich habe Herrn Carl gestanden, dass ich auch schreibe. Er hat darum gebeten, dass ich ihm etwas von mir zu lesen gebe. Ich habe ihm einige meiner Gedichte überlassen. Ich hatte schon eine komplette Sammlung an meinen Vater geschickt mit der Hoffnung, er würde seinen Einfluss geltend machen, um sie zu veröffentlichen, aber ich habe eine Ablehnung bekommen. Mein Vater schämt sich meiner. Wenn er nicht sogar eifersüchtig ist. Herr Carl hat mir versichert, dass er alles in seinen Kräften Stehende unternehmen wird, damit meine Texte öffentlich bekannt würden. Ich habe ihm erklärt, dass sie schon allein deswegen existierten, weil ich sie geschrieben hatte. Ich pfeife darauf, dass sie von einer möglichst großen Zahl von Menschen gelesen werden, die nie einen besonders guten Geschmack haben. Dagegen wäre ich sehr stolz gewesen, wenn sie meinem Vater gefallen würden. Herr Carl hat mir mitgeteilt, dass Robert Walser meine Ansichten über die literarische Produktion teilt. Auch in Walsers Augen haben Berühmtheit und die Tatsache, dass man gelesen und verehrt wird, nur wenig Bedeutung. Robert Walser war auf dem

Höhepunkt des Ruhms aus der literarischen Welt geflohen und hatte sich in die Heilanstalt Waldau in Bern begeben. Heute lebt er in der Ausserrhodischen Heil- und Pflegeanstalt Herisau, wo er angesichts unseres Zustands ein beschauliches, glückliches Leben führt. Danach hat Ajax mich am Ärmel gezogen, und wir haben zusammen gespielt. Ich hatte genug über meine menschliche Verfassung gehört.

Herr Carl Seelig fragt mich oft über meinen Vater aus. Er schreibt ein Buch über ihn. Ich helfe ihm, so gut ich kann. Carl Seelig scheint von seiner Persönlichkeit fasziniert zu sein. Er behauptet, er wolle die Wahrheit wiederherstellen. Ich habe ihm die Frage gestellt: Kennt er die Wahrheit überhaupt? Hofft er sie zu entdecken? Man lebt nicht besser, wenn man die Wahrheit einmal kennt, im Gegenteil. Und inwiefern ist die Wahrheit über Albert Einstein wichtiger als die über irgendjemand anders? Ich weiß vieles über meinen Vater. Das macht mich nicht glücklicher. Für die meisten Sterblichen ist mein Vater ein Gegenstand zum Nachdenken. Sie alle täuschen sich. Mein Vater hat keine Wahrheit. Kein Mensch hat eine eigene Wahrheit. Ich zum Beispiel bin mir sehr wohl dessen bewusst, dass die Leute mich für verrückt halten, obwohl ich es nicht bin. Wer ist nun im Besitz der Wahrheit über meinen Fall? Aber gilt das, was für mich zutrifft, nicht genauso für meinen Vater? Carl

Seelig macht jedoch einen so ehrlichen Eindruck mit seinem Vorhaben, dass ich mich bemühen werde, ihm zu helfen. Obwohl man die Leute durch Ehrlichkeit in keiner Weise besser kennenlernt. Mein Grundgedanke lautet folgendermaßen: Wer die Wahrheit sucht, verbirgt etwas.

Ich vertraue Herrn Carl alles an, was ich über meinen Vater weiß. Aber ich bezweifle, dass ich ihm eine große Hilfe bei seinem Vorhaben bin: Ich besitze nur vage Erinnerungen, die durch die Zeit und das Prisma meines gestörten Verstands deformiert sind. Mein Vater ist Schnee von gestern.

Ich habe Herrn Carl die erste Erinnerung erzählt, die mir eingefallen ist, der Tag, an dem mein Bruder und ich meinen Vater in Berlin besucht haben. In der Wohnung hingen große Säbel, die mich beeindruckt haben. Er hat mich gefragt, ob ich mich an meine Großmutter Pauline Einstein erinnern könne. Ich erinnere mich nicht, eine Großmutter gehabt zu haben. Er hat mir versichert, dass die Daten übereinstimmten und dass ich Pauline Einstein mit sieben oder acht Jahren begegnet sein musste. Sie hat mich nicht genügend beeindruckt, tut mir leid. Ob ich mich an etwas anderes erinnere? Nein, das Gedächtnis ist nicht meine starke Seite. Ob ich gerne weiter über meinen Vater sprechen wolle? Nein, auch mein Vater ist nicht meine starke Seite.

Ich habe Herrn Carl gefragt, warum er nicht lieber über sein eigenes Leben schreibe. Er hat mir geantwortet, dass das niemanden interessieren würde. Er irrt sich. Wenn ich meinen Traum, Psychoanalytiker zu werden, verwirklicht hätte, dann hätte ich mich liebend gerne mit seinem Leben beschäftigt. Sein Fall war genauso interessant wie der von Einstein. Ohne ihn verletzen zu wollen, habe ich ihn gefragt, ob es nicht seltsam sei, dass er so viel Energie für Menschen wie mich oder Robert Walser verschwende.

In einem unserer Gespräche hat Herr Carl seine Verwunderung darüber geäußert, dass ich nie meine Mutter erwähne. Kein einziges Mal, seitdem wir uns kennengelernt hatten. Ich habe nicht darauf reagiert. Das alles geht nur mich und meine Psyche etwas an, um die es, wie man weiß, nicht zum Besten steht. Herr Carl hat nicht weiter insistiert, weil er wirklich ein feiner Mensch ist, wie ich vorher noch nirgendwo einem begegnet bin.

Eines Tages hat Wärter Heimrat nach der Rückkehr von einem meiner Spaziergänge zu mir gesagt: »Er ist schon irgendwie seltsam, dieser Seelig, oder?«

»Sie sehen überall Böses, Wärter Heimrat.«

»Wundert dich das nicht auch, jemand, der so stinkreich ist, dass er in Palästen verkehren könnte, und lieber seine Zeit damit verschwendet, mit dir in Teufen einen Fendant zu trinken? Überrascht dich das nicht?«

»Mich hat es nicht einmal überrascht, Frauen ohne Kopf zu sehen, Wärter Heimrat.«

»Ich bin mir sicher, dass er hinter deinem Vermögen her ist.«

»Sie wissen genau, dass ich nichts besitze. Heinrich Meili behauptet, ich hätte bis an mein Ende gerade genug zum Leben, wo ich doch mit meinem Geld nicht umgehen kann und fähig wäre, es genauso zum Fenster hinauszuwerfen, wie ich es mit mir selbst getan habe.«

»Trotzdem wäre ich an der Stelle deines Vaters misstrauisch.«

»Sie sind an der Stelle meines Vaters, Wärter Heimrat! Zumindest da, wo er sein müsste, das heißt bei seinem Sohn. Und davon abgesehen, ohne Sie bestärken zu wollen, denkt mein Vater bestimmt wie Sie. Er muss sich auch nach Herrn Carls Beweggründen fragen. Weil Sie und mein Vater beide keine selbstlose Güte kennen. Sie können sich nicht einmal vorstellen, dass man ein paar Stunden ohne Gegenleistung in meiner Gesellschaft verbringen und daran auch noch Gefallen finden kann. Geben Sie es zu, Wärter Heimrat, Sie sprechen nicht zum Vergnügen mit mir.«

»Ich tue es aus beruflichen Gründen, Eduard. Aber manchmal verschafft mir das eine persönliche Befriedigung.«

»Ich verschaffe Ihnen eine persönliche Befriedigung?«

»Das wird dich überraschen, Eduard, doch genau so ist es.«

»Und wann?«

»Wenn ich sehe, dass du diesen Ort verlässt.«

»Sie sehen mich gerne von hier fortgehen, und Sie wollen, dass ich mich darüber freue?«

»Genau, Eduard. Auch wenn du mich für einen gefühllosen Rohling hältst. Nichts macht mich so traurig, wie dich hierher zurückkommen zu sehen.«

»Was Sie sagen, rührt mich sehr, Wärter Heimrat. Ich glaube, man hat mir nie etwas so Nettes gesagt, abgesehen von dem, was Herr Carl über meine Gedichte gesagt hat.«

4

Der Schmerz lässt langsam nach. Er ist sich nicht sicher, ob das ein gutes Zeichen ist. Seit zwei Tagen liegt er im Krankenhaus von Princeton. Die Krankheit ist ohne Vorwarnung über ihn hereingebrochen. In seinem Bauch ist ein Feuer entbrannt, sein Körper ist wie ein Glutofen. Seine Kräfte verlassen ihn. Er hat sich hingelegt. Er wollte die Masse tasten, um zu sehen, ob das Aneurysma noch pochte oder ob es geplatzt war. Die Haut über seinem Bauch war so straff gespannt wie ein Trommelfell. Schon eine leichte Berührung löste einen furchtbaren Schmerz aus. Er begann sich zu erbrechen. Er spuckte ununterbrochen Galle. Danach hatte er das Gefühl, er würde seine Eingeweide erbrechen. Seine Schwiegertochter Margot wollte den Notarzt rufen. Er weigerte sich. Sein Zustand verschlimmerte sich. Der Schmerz wurde unerträglich. Er war schweißüberströmt. Seine Beine trugen ihn nicht mehr. Die Blicke, die auf ihm ruhten, waren voll schieren Entsetzens. Als ob der Tod in sein Gesicht geschrieben stünde. Er willigte ein, einen Arzt zu rufen. Schließlich kam Doktor Dean. Es gelang dem Arzt nicht, seinen Blutdruck zu messen. Er hatte Mühe, das Klopfen seines Pulses zu hören. Nach der Untersuchung wandte Dean sich wortlos ab. Er schloss aus seinem Schweigen, dass das Aneurysma geplatzt war. Seine zwei Freunde, Doktor Ehrmann und Doktor Bucky, reisten aus New York an. Bucky hatte ein gezwungenes Lächeln aufgesetzt. Ehrmann trug eine gewisse Gelassenheit zur Schau. Sie untersuchten ihn nacheinander. Bucky schlug vor, ihn unverzüglich in ein Krankenhaus in Brooklyn zu bringen. Die Einrichtung besaß die beste chirurgische Abteilung New Yorks. Ehrmann schüttelte den Kopf. Bucky beharrte nicht weiter.

Es wird keine Operation geben: Das Aneurysma ist geplatzt. Man kann den Riss nicht abdichten. Das Blut ergießt sich in seine Eingeweide. Sein Herzschlag wird schwächer. Ehrmann hat behauptet, dass der Riss sich manchmal von allein wieder schließt, dass der Körper reagiert. Er bezweifelt, dass sein Körper irgendeine Reaktion zeigt. Sein Körper ist wie er, erschöpft, nicht mehr funktionstüchtig. Mit siebenundsiebzig Jahren hat sein Körper zu viel durchgemacht.

Sein Zimmer im Krankenhaus ist komfortabel. Es bietet einen kleinen Ausblick auf den See in der Ferne. Er weiß, dass er nicht mehr durch den Park gehen wird. Er wird nicht mehr durch die Wälder spazieren, um durch die Pappelalleen zum See zu gehen. Adieu die Spaziergänge, vorbei mit den Ausflügen an Bord der *Tinnef*. Er wird keinen Sonnenuntergang mehr betrachten. Er blutet innerlich aus. Er ahnt, dass das Ende naht. Sein Glück reduziert sich darauf, zehn Löffel Suppe zu trinken, ohne sie sogleich wieder von sich zu geben. Er erfreut sich an winzigen Dingen. In der vorhergehenden Woche hat er noch eine Petition von Bertrand Russell gegen die Verbreitung von Atomwaffen unterzeichnet. Er wird sich nicht mehr für die Veränderung der Welt einsetzen.

Der letzte Brief, den er von Carl Seelig las, endete mit diesen Worten

Teddy geht es relativ gut und es ist mir jedes Mal eine Beruhigung zu sehen, in was für einer liebe- und verständnisvollen Familie er untergebracht ist. Ich könnte mir für ihn keine bessere vorstellen.

Sein Sohn Hans Albert ist am Vorabend aus Kalifornien eingetroffen, wo er inzwischen wohnt. Er wirkte aufrichtig betrübt. Sie konnten nicht viel miteinander reden.

Es ist Nacht geworden. Er ahnt die Gestalt der Krankenschwester, die an seinem Bett Wache hält. Er gibt ihr ein Zeichen mit der Hand. Sie tritt näher. Er flüstert, dass er gerne etwas trinken möchte. Die junge Frau versteht ihn nicht. Er wiederholt, dass er Durst hat. Die junge Frau sieht entsetzt aus. Er rät ihr, sich keine Sorgen zu machen. Sie scheint nicht zu begreifen. Da wird ihm bewusst, dass er nicht mehr verständlich reden kann.

Bald ist er nicht mehr von dieser Welt.

BURGHÖLZLI

1

Herr Carl hat traurig ausgesehen, als er mich heute Morgen in meiner Pflegefamilie besuchte. Ich habe ihn gefragt, warum.

»Ich habe eine schlechte Nachricht für dich.«

»Dann müsste ich traurig sein und nicht Sie.«

»Es ist eine schlechte Nachricht für alle.«

»Schließt das Burghölzli?«

»Eduard, ich muss dich vom Dahingehen deines Vaters in Kenntnis setzen.«

»Mein Vater ist seit zwanzig Jahren weggegangen.«

»Es ist etwas Schlimmeres.«

»Wollen Sie damit sagen, dass er tot ist?«

»So ist es.«

»Endgültig?«

»Ja, Eduard.«

»Ich kann mir das nicht vorstellen.«

»Du brauchst Zeit.«

»Und warum sind Sie traurig?«

»Ich habe sein Leben geschildert, das verbindet, es ist, als ob ich ein Freund geworden wäre.«

»Ich war nur sein Sohn, und nicht einmal das richtig.«

»Du warst sein Sohn, Eduard.«

»Es fehlt mir an Vergleichsmöglichkeiten. Ich war nicht irgendjemandes anderen Sohn.«

»Du wirst alle Zeit der Welt haben, um zu verstehen.«

»Werden die Leute das Ableben meines Vaters beklagen?«

»Die ganze Welt wird um ihn trauern.«

»Aus welchen Gründen?«

»Dein Vater war ein großer Mann.«

»Ein großer Wissenschaftler?«

»Weit mehr als das. Ein erleuchteter Geist, ein Rebell, ein Genie.«

»Es rührt mich, dass sie so über einen Mann sprechen, der in gewisser Weise mein Vater ist. Muss ich auch traurig sein?«

»Aus anderen Gründen.«

»Welchen?«

»Nun, wenn ein naher Angehöriger stirbt ...«

»Sprechen Sie über meinen Vater?«

»Ja, Eduard.«

»Mein Vater war mir nicht nahe. Ich habe gehört, dass Amerika sehr weit weg ist von hier.«

»Es gibt andere Möglichkeiten, einander nahezustehen.«

»Welches Jahr haben wir jetzt, Herr Carl?«

»1955. Den 19. April.«

»Sie haben mir einmal gesagt, das letzte Mal, dass ich meinen Vater gesehen habe, war 1933, richtig?«

»Das ist wahr.«

»1955 minus 1933 macht zweiundzwanzig, wenn ich nachrechne. Stimmt das?«

»Exakt, Eduard.«

»Ich bin 1910 geboren. 1933 minus 1910 ergibt 23. Richtig?«

»Richtig, Eduard.«

»Das bedeutet, dass ich dreiundzwanzig Jahre mit einem nahestehenden Vater und zweiundzwanzig Jahre ohne einen nahestehenden Vater gelebt habe. Nun frage ich Sie, der Sie in Mathematik genauso bewandert sind wie in Philosophie: Kann man sagen, dass ich einen nahen Angehörigen verloren habe?«

»Mit der Zeit werden sich Gefühle bei dir einstellen.«

»Im Augenblick spüre ich überhaupt nichts. Ist das schlecht?«

»Du stehst unter Schock.«

»Das glaube ich nicht, Herr Carl. Ich weiß, was ein Schock ist. Das ist überhaupt nicht das, was ich spüre.«

»Ich habe dir gesagt, es braucht seine Zeit.«

»Können Sie mir auch sagen, was ich empfinden müsste?«

»Einen großen Schmerz.«

»Ich spüre unablässig einen großen Schmerz. Ich weiß nicht, ob ich noch mehr leiden könnte. Sollte ich?«

»Es gibt keine Verpflichtung dazu.«

»Darf ich Sie etwas fragen, Herr Carl?«

»Natürlich.«

»Sprechen Sie in Ihrem Buch über meinen Vater über mich?«

Ich weiß nicht, warum, aber in diesem Augenblick lief das Gesicht von Herrn Carl purpurrot an. Ich dachte schon, es sei eine dieser Halluzinationen, die man mir vorwirft. Aber nein, Herr Carl schien sich einfach unwohl zu fühlen. Ich fürchtete, meine Worte könnten die Ursache für seine Verlegenheit sein. Wenn es jemanden gibt, den ich nicht peinigen möchte, dann ist das bestimmt Herr Carl, wo ich doch nur noch ihn auf der Welt habe, seitdem mein Vater nicht mehr lebt, soweit ich verstanden habe. Ich habe das Gespräch auf ein anderes Thema gebracht und gesagt: »Jedenfalls macht mich das, was Sie über meinen Vater sagen, stolz. Dass er ein großer Mann war.«

»Ja, Eduard, du kannst stolz auf ihn sein.«

2

Herr Carl versichert mir, dass er nicht weiß, warum man mich aus meiner Gastfamilie entfernt und wieder ins Burghölzli eingewiesen hat. Angeblich hat es nichts mit dem Tod meines Vaters zu tun. Ich bin seiner Meinung. Das Ableben meines Vaters ändert nichts an meinem Leben. In Wirklichkeit ist mein Vater für mich schon seit Langem tot. Ich bin ihm deswegen nicht böse. Ich habe seit Jahren jede emotionale Beziehung zu ihm beendet.

Gründ hat mir schließlich den Grund für meine jüngste Einweisung offenbart. Im Aufnahmeprotokoll, in dem er nachgelesen hat, steht geschrieben:

Herr Einstein wurde erneut im Burghölzli aufgenommen. [Der Patient] streicht ums Haus herum und kann durch sein Landstreicheraussehen Besucher verscheuchen.

Erstens verstehe ich nicht, inwiefern ich irgendjemanden mit meinem Landstreicheraussehen verscheuchen kann. Zweitens streiche ich nicht herum.

Herr Carl behauptet, dass er vergeblich versucht habe, mich in meiner Gastfamilie zu belassen. Letzten Endes geht es mir hier genauso gut. Wenigstens bin ich zu Hause. Eine Gastfamilie ist nicht das Gleiche. Man fühlt sich zu einer Gegenleistung verpflichtet.

Natürlich bietet das Burghölzli weniger Komfort. Umso mehr, als ich nach dem Tod meines Vaters zurückgestuft wurde. Von nun an wohne ich in einem Zimmer dritter Klasse. Es liegt im Untergeschoss und hat kein Fenster. Ich beklage mich nicht. Ist das Wichtigste nicht ein Dach über dem Kopf? Ich fühle mich lieber beengt als fremd. Ein Fenster ist in meinem Zustand auch nicht ganz ungefährlich, um die Wahrheit zu sagen. Die Leere zieht mich an. Ich hätte schon mehrmals beinahe ein schlimmes Ende dabei genommen.

Herr Carl hat mir vor Kurzem auch eine andere Neuigkeit mitgeteilt. Sein Freund Robert Walser ist tot. Sterben ist nie angenehm, doch die Todesumstände von Robert Walser waren besonders unerquicklich. Das vertiefte noch den Kummer von Herrn Carl. Das Idealste wäre wohl, im eigenen Bett zu sterben, wie es scheint. Doch Herr Robert Walser war an diesem Tag allein von seiner Anstalt zu einem Waldspaziergang aufgebrochen. Er irrte stundenlang im Schnee unter den Bäumen umher, bis er schließlich zu Tode kam. Man fand ihn weit weg von der Heilanstalt, von einer dünnen weißen Schicht bedeckt. Das ist eine Lehre für alle diejenigen unter uns, die ohne Erlaubnis das Haus verlassen.

Herr Carl fühlte sich schuldig, weil sein Schützling gewöhnlich an seiner Seite spazieren ging. In seiner

Begleitung wäre er nicht so gestorben. Aber man muss die Entscheidung dem Schicksal überlassen. Manche Menschen kämpfen, leisten Widerstand. Für uns andere ist kämpfen unmöglich. Wir sind ein Spielball des Schicksals und sehr empfindlich gegen Kälte.

3

Die Tochter meines Bruders hat mich besucht. Als ich von ihrem Besuch erfuhr, habe ich Gründ gebeten, zur Feier des Tages meinen grauen Anzug anziehen zu dürfen. Er hat gelächelt und mir erklärt, dass beim letzten Mal, als ich ihn anziehen wollte, die Hosennaht geplatzt ist. Ich habe vorgeschlagen, nur die Jacke und mein weißes Hemd anzuziehen, zum Zeichen des Respekts vor einem Familienmitglied, das eine so lange Reise unternommen hat, nur um mich zu sehen. Schließlich ist niemand dazu gezwungen. Ich glaube, ich habe einen nachhaltigen Eindruck auf sie gemacht, auch wenn meine Trainingshose nicht zum Rest gepasst hat.

Die Tochter meines Bruders heißt Evelyn Einstein. Ich habe sie darauf aufmerksam gemacht, dass sie die gleichen Initialen wie ich hat. Sie hat mich darauf hingewiesen, dass sie nicht blutsverwandt mit mir sei, denn sie ist ein Adoptivkind. Ich habe sie getröstet mit dem Hinweis, dass Blutsbande auch nicht besser sind.

In gewisser Weise bin ja auch ich adoptiert worden, wenn auch nur von einer Anstalt. Aber unser beider Leben haben sich in eine gegensätzliche Richtung entwickelt. Ich bin als Einstein geboren worden und ende in einer Anstalt, sie hat die umgekehrte Entwicklung durchgemacht.

Ich wusste nicht, dass mein Bruder ein Kind adoptiert hat, obwohl er schon eigene Kinder hatte. Wenn ich vorher davon in Kenntnis gesetzt worden wäre und erfahren hätte, dass mein Bruder jemanden suchte, dann hätte ich mich um die Stelle beworben. Es hätte mir sehr gefallen, wenn Hans Albert mich adoptiert hätte. Ich weiß wohl, dass diese Idee ein bisschen absonderlich ist. Außerdem verbietet das amerikanische Gesetz, das sehr akkurat ist, bestimmt die Adoption eines Familienmitglieds wie des eigenen Bruders.

Evelyn Einstein machte den Eindruck, als sei sie von ihrem Namen und ihrem Erbe überfordert. Ich habe ihr erklärt, dass das nicht nötig sei. Den Namen Einstein zu tragen erfordert eine Lehrzeit, ob man damit geboren wird oder nicht. Das kann mehrere Jahrzehnte, ja ein ganzes Leben dauern. Ich weiß nicht, ob ich meinerseits geheilt sterben werde.

Evelyn hat mir anvertraut, dass sie meinen Vater Grampa nannte zu der Zeit, als sie ihn in Princeton besuchte. Das hat mich gerührt. Grampa. Ich bin sicher, dass auch mein Vater gerührt war, das aus dem Mund eines kleinen Mädchens zu hören. Ich habe versucht, mich zu erinnern, wie ich meinen Vater genannt habe. Bestimmt Papa wie alle Welt. Aber diese Anrede passt nicht zu ihm. Während Mama zu meiner Mutter sehr gut passte.

Evelyn ist kurz nach ihrer Geburt 1941 in Chicago adoptiert worden. Mein Bruder hatte wirklich ein großes Herz, wenn man bedenkt, dass er gerade erst eingewandert war. Das wundert mich nicht, ich habe ihn in guter Erinnerung. Ich hoffe, er mich auch.

Ich habe Evelyn geraten, sich keine Sorgen über meinen Status als Patient dritter Klasse zu machen. Ich möchte nicht, dass sie die Rückreise mit schwerem Herzen antritt. Ich hoffe, sie wird mich in bester Erinnerung behalten.

Ich habe Evelyn gebeten, meinen Bruder von mir zu umarmen und ihm zu sagen, dass ich ihm nicht böse bin wegen seiner Abwesenheit. Er ist bestimmt sehr beschäftigt in seiner Funktion als Ingenieur. Anscheinend finden seine Forschungen in Amerika große Anerkennung. Aber er sollte sich vor der Berühmtheit in Acht nehmen, denn sie verträgt sich nicht mit dem Familienleben. Hans Albert hatte vorgehabt, meine Mutter kurz vor ihrem Tod zu besuchen. Letztlich musste er aufgrund seiner Arbeit darauf verzichten. Im ersten Moment war Mama, die sehr empfindsam war, darüber sehr bekümmert. Bei mir ist das etwas anderes. Ich gestehe ihm mildernde Umstände zu.

Zum Abschied hat Evelyn mich lange umarmt und mir einen Kuss gegeben. Seit dem Jahr, in dem Mama diese Welt verlassen hat, hat niemand sich mir gegenüber so verhalten. Wenn es nach mir ginge, würde ich das gleich wiederholen. Sanftheit ist ein sehr angenehmes Gefühl. Ich vermute, dass man nie genug davon bekommt.

Ich weiß nicht, ob Evelyn zurückkehrt. Sie hat *Auf Wiedersehen* gesagt, nicht *Leb wohl,* und diese Worte haben einen Sinn, ausgenommen aus meinem Mund. Ich hoffe, dass sie ihr Versprechen hält. Ich habe Gründ erklärt, dass ich versuchen werde abzunehmen, damit mir die Anzughose bei ihrem nächsten Besuch wieder passt. Er musste herzlich lachen darüber. Dabei ist es wichtig, vor der Familie einen guten Eindruck zu machen.

4

Mit Herbert Werner bin ich einer der ältesten Insassen an diesem Ort.

Bald werde ich mein dreiunddreißigstes Jahr im Burghölzli begehen. Ich habe nicht gemerkt, wie die Zeit vergangen ist. Insgeheim hoffe ich, dass die Anstalt aus diesem Anlass eine kleine Feier ausrichtet. Dreiunddreißig Jahre, das muss man feiern.

Ich habe ein unverhofftes Geschenk seitens der Direktion bekommen. Eine offizielle Aufgabe in der Klinik. Ich sehe darin eine Art Anerkennung, gleichsam eine Auszeichnung für geleistete Dienste. Ich bin zum Gärtner des Burghölzli ernannt worden.

Ich hätte diese Neuigkeit gerne Herrn Carl erzählt. Er wäre stolz gewesen auf Eduard. Doch leider hat Herr Carl uns verlassen. Gründ, der die Stelle von Wärter Heimrat eingenommen hat, teilte mir die Nachricht ohne Vorwarnung mit. Gründ hat verkündet: Dein Carl Seelig kommt heute nicht zu Besuch und sonst auch nicht mehr. Als er die Trambahn in der Stadt erwischen wollte, hat sich sein Schal in den Rädern verfangen, und die Trambahn hat ihn mehrere Meter mitgeschleift. Na ja, ich erspare dir die Einzelheiten. Ich konnte den Kerl sowieso nie ausstehen. Man fragt sich, warum er dich so gern hatte, dich und deinesgleichen. Die Beschäftigung mit euch ist ein Beruf. Carl Seelig machte daraus eine Freizeitbeschäftigung. Er ruinierte den Wert unserer Arbeit.

Soweit ich verstanden habe, ist Herr Carl stranguliert worden. Das ist ein schreckliches Ende für einen Mann mit solchen Qualitäten.

Ich habe niemanden mehr, dem ich die Nachricht von meiner Beförderung mitteilen könnte. Ich will meine neuen Vorrechte nicht benutzen, um vor anderen Insassen anzugeben. Die Leute werden ja so schnell neidisch. Manche haben behauptet, ich verdanke diesen Titel meinem Namen. Doch mein Name hat hier nie etwas bedeutet.

Man hat mir diese Aufgabe zugewiesen, weil ich die Erde liebe und ein ehrlicher Arbeiter bin. Man kann Eduard Einstein die höchsten Ämter anvertrauen. Er wird sich von früh bis spät unermüdlich abrackern, ohne je vor Erschöpfung oder Mutlosigkeit aufzugeben. Und die frevelhaften Gedanken, die seinen Geist bestürmen, werden ihn nie verzichten lassen.

Umgraben ist ein Beruf. Man stellt hohe Anforderungen an mich. An diesem Ort, an dem die verrückten Seelen geheilt werden sollen, gelten die Rosen mehr als die Gärtner.

Ich mache fünf Schritte und zähle dabei bis zehn. Ich drehe mich nach rechts, mache wieder fünf Schritte und zähle dabei bis zehn, dann wieder rechtsum, noch mal fünf und wieder nach rechts. Dann bin ich wieder am Ausgangspunkt zurück. In meinem Kopf ziehe ich ein Rasenquadrat. Dieses Quadrat ist kostbar. Es begrenzt die Stelle, an der ich harken werde. Niemand hat das Recht, dieses Rechteck zu betreten. Die Direktion hat mich mit dieser Arbeit beauftragt. Sie allein könnte eingreifen. Das sind Leute, die es mit den Vorschriften sehr genau nehmen. Zwei Stunden sind genug, um mein Territorium zu harken. Ich bin ein Arbeiter, ernsthaft und verantwortungsbewusst. Ich habe gelesen, dass die Amerikaner und die Sowjets über ein Waffenarsenal verfügen, mit dem sie die Erde zehntausendmal zerstören könnten. Ich hoffe, mein Territorium bleibt unversehrt. Hier im Burghölzli fühlt man sich geschützt.

5

Heute Nachmittag soll ein Journalist kommen, um mich zu interviewen. Er arbeitet für eine Zeitschrift, die *Construire* heißt. Ich weiß nicht, inwiefern ich ihm nützlich sein kann. Ich habe nichts von Dauer in meinem Leben aufgebaut. Besuchen Sie lieber meinen Bruder. Ich bin Ihnen nicht böse deswegen. Ich habe vor langer Zeit meine Selbstachtung verloren.

Mir scheint, als ob es während einer Elektroschockbehandlung gewesen wäre.

Ich habe Gründ um meine Anzugjacke für den Besuch des Journalisten gebeten. Er lachte schallend.

»Wir haben das Jahr 1964, Eduard, glaubst du, wir haben deine Jacke aufbewahrt?«

»Das sind die Kleidungsstücke, die mir aus meiner Jugend geblieben sind. Meine schönsten Erinnerungen.«

»Du weißt ganz genau, dass du dich nicht mit Erinnerungen belasten sollst, Eduard.«

»Aus welchen Gründen?«

»Das regt dich auf.«

»Mein Anzug hat mich nie aufgeregt.«

»Du hast ein Zimmer dritter Klasse, da ist kein Platz für alte Lumpen.«

»Mein Anzug war hundert Prozent Leinen, wenn meine Erinnerung mich nicht trügt.«

»Deine Erinnerung ist nicht gut, Eduard, und das weißt du auch.«

»Meine Mutter hat sich ruiniert für diesen Anzug.«

»Deine Mutter hätte sich auch ohne ihn ruiniert.«

»Hundert Prozent.«

Ich empfange meinen Besucher also in meinem blauen Trainingsanzug, mit Holzpantinen an den Füßen, und erkläre ihm, dass ich bereit bin, über meinen

Erzeuger zu sprechen und nicht unbedingt schlecht, wie er es vielleicht erwartet hat. Ich habe festgestellt, dass die Leute es gerne hören, wenn ich das Andenken meines Vaters in den Schmutz ziehe. Wer würde Eduard sonst zuhören wollen?

Wir gehen durch den Park des Burghölzli. Als Ortskundiger führe ich ihn überall herum. Wir besichtigen mein Zimmer, das Gründ wohlweislich vorher aufgeräumt hat, weil ich das nicht genügend mache. Der Journalist schreibt in ein kleines Notizbuch, während ich rede. Ich frage ihn, was er notiert und warum. Er antwortet, dass er nichts von meinen Worten vergessen will. Man hat ihn zweifellos nicht darüber informiert, dass ich nicht weiß, was ich sage.

Ich lasse ihn in seiner Unwissenheit. Ich teile ihm allerdings mit, dass ich nicht der Totengräber der Erinnerung an meinen Vater sein werde. Ich bin nur der Gärtner des Burghölzli. Ich grabe nur die Erde um. Ich entferne die Wurzeln aus meinem Geviert. Die Direktion würde diese lebenswichtige Aufgabe niemand anders anvertrauen. Ohne mich würde das Unkraut bis in den Himmel wachsen. Der Efeu würde die Fassade emporklettern, einen Vorhang aus Blättern vor den Fenstern weben, die Zimmer verdunkeln, den großen Speisesaal in Dämmerlicht tauchen und den Tag verfinstern. Ich bin der, der das Unglück herbeiführen kann.

Der Mann beruhigt mich. Er will nur mit mir sprechen. Ich frage ihn, warum. Er erklärt mir, dass die Leute sich dafür interessieren, was aus mir geworden ist. Ich entgegne, dass die Leute nicht einmal wissen, dass ich existiere.

»Nun, auf diese Weise erfahren sie es.«

»Zu spät«, verkünde ich, »sie erfahren es zu spät. Sehen Sie sich an, was aus mir geworden ist.«

»Sie sind der Gärtner des Burghölzli! Das ist eine ganze Menge!«

Seine Stimme klingt aufrichtig. Er holt ein Foto aus seiner Aktenmappe und reicht es mir. Er erklärt, dass er es bei seinen Recherchen gefunden hat. Lange Zeit betrachte ich dieses alte Foto, auf dem mein Vater und ich in der Empfangshalle des Burghölzli sitzen. Der Journalist sagt, dass es im Mai 1933 aufgenommen worden sei. Ich glaube, fügt er hinzu, dass es das letzte Mal war, dass Sie Ihrem Vater begegnet sind. Ich bemerke, dass ich damals einen sehr schönen Anzug getragen habe. Er stimmt zu. Man kann sich das heute nicht mehr vorstellen. Mit zwanzig Jahren galt ich als sehr elegante Erscheinung. Er nickt. Zweifellos, antwortet er. Und ich war nicht so dumm wie heute, ich habe den ganzen Kant und Freud und Schopenhauer gelesen. Er weiß. Aber fragen Sie mich nicht danach, ich habe alles vergessen. Er ist nicht deswegen hier.

Auf dem Foto blicke ich konzentriert auf ein großes, ledergebundenes Werk, bestimmt eine Partitur, die mein Vater mitgebracht hat, eine Partitur von Brahms oder Liszt. Ich sehe auch den Bogen meines Vaters, der zwischen seinen Beinen klemmt. Mir fällt auf, dass ich vor der Kamera meinem Vater am Tag unseres Abschieds nicht in die Augen sehe. Der Journalist macht mir keinen Vorwurf deshalb. Wirklich ein patenter Typ!

Ich komme auf den Bogen meines Vaters zurück. Da wird mir klar, dass wir hier im Burghölzli zusammen gespielt haben, ich auf dem Klavier der Klinik und er auf seiner Geige. Der Mann bestätigt, ja, Eduard, es scheint wirklich so, als hätte Ihr Vater an diesem Tag in der Heilanstalt Burghölzli an Ihrer Seite musiziert.

Was mich irritiert, ist die Tatsache, dass mein Vater sehr elegant gekleidet ist, obwohl er doch nur mich besucht hat. Er trägt eine Krawatte. Ich meinerseits präsentiere mich mit einer hübschen Fliege. Unsere Kleidung ist hell, wir haben Mai, Frühling. Sein Anzug ist wirklich elegant. Sein Krawattenknoten sitzt perfekt. Seine Weste passt zur Jacke. Er, der normalerweise wie eine Vogelscheuche daherkommt, hat sich elegant gekleidet, nur um seinem Sohn Lebewohl zu sagen. Was mich noch mehr aufwühlt, ist die tiefe Traurigkeit, die ich in seinem Blick entdecke.

Ich hätte nicht geglaubt, dass mein Vater so traurig war. Seine Augen haben nichts von ihrem normalen Glanz. Außerdem steht eine große Bitterkeit in seinem Gesicht geschrieben. Er sitzt zusammengesunken auf seinem Stuhl, als hätte ihn etwas niedergeschmettert, was immer das gewesen sein mag. Ich frage den Journalisten, ob auch er den Eindruck hat, dass mein Vater traurig wirkt, obwohl er doch nur gekommen ist, um sich von mir zu verabschieden. Oder ist es eine Halluzination, wie ich sie manchmal habe?

Der Mann betrachtet lange das Foto. Ja, Sie haben recht, Ihr Vater sieht sehr traurig aus, ich habe viele Fotos von ihm gesehen, aber diesen Gesichtsausdruck kenne ich nicht an ihm.

»Es ist nicht Gleichgültigkeit?«, frage ich.

»Nein.«

»Wut?«

»Lieber Eduard, mir scheint, es ist Kummer. Und nachdem Sie neben ihm sitzen und er gekommen ist, um sich vor seiner Abreise nach Amerika von Ihnen zu verabschieden, müssen Sie der Grund für den Kummer Ihres Vaters sein.«

Da ist langsam in mir ein Gefühl aufgestiegen, das ich so noch nicht kannte. Ein leichtes Zittern überläuft mich von Kopf bis Fuß. Mein Herz klopft, meine Schläfen hämmern. In meinem Kopf wird etwas klar. Anstelle der schwarzen Visionen der alltäglichen Qualen breitet sich eine sanfte Klarheit in mir aus. Mein Körper scheint mir weniger schwer. Nichts quält mich mehr. Ein leiser Duft schwebt in der Luft. Alles ist erleuchtet. Der Mann sieht mich etwas überrascht an. Nach einer Weile sagt er: »Eduard, Sie sehen glücklich aus.«

ANHANG

Auszug aus dem Nachruf der Züricher Wochenzeitschrift Wir Brückenbauer *vom 19. November 1965, der auf einem Treffen mit Eduard Einstein zwei Jahre vor seinem Tod basiert:*

Eduard Einstein trug ein blaues Übergewand und Holzschuhe, denn er hatte auf dem Feld gearbeitet. Ziemlich fest war er und sehr bleich, mit einem Schnauz, er glich dem genialen Vater so sehr, dass ich erschrak. Das Schönste an ihm waren seine Augen, ganz große, tief leuchtende Kinderaugen, und er blickte uns an, so wie Albert Einstein uns aus den Bildern anblickt ... Er gab uns zu verstehen, dass er gerne Klavier geübt hätte, aber das Spiel störe die anderen Insassen. Er arbeite nicht gerne auf dem Feld, aber andererseits begreife er, dass es ihm gut tue. Er wolle gerne alleine schlafen, aber er begreife, dass das nicht ginge.

Der Nachruf endet mit den Worten: *Es hat ihm nie etwas genützt, das Genie unseres Jahrhunderts zum Vater zu haben. (In Zürich vergessen. In:* Wir Brückenbauer, *Zürich, Jahrgang 24, Nr. 47, 15. 11. 1965, S. 11)*

Das Foto von Eduard Einstein und Albert Einstein (mit Geige) ist jenes 1933 im Burghölzli aufgenommene, von dem bei dem Treffen zwischen Eduard Einstein und dem Journalisten von *Wir Brückenbauer* die Rede war. Es ist das letzte Foto, das Albert Einstein und seinen Sohn zusammen zeigt.

Zitatnachweise, Literaturhinweise sowie Belege für die Therapieformen

Die Zitate wurden mit freundlicher Genehmigung entnommen aus:

Einstein, Albert/Marić, Mileva: Am Sonntag küss ich Dich mündlich. Die Liebesbriefe 1897–1903, hrsg. von Jürgen Renn und Robert Schulmann, Piper Verlag, München 1994.

S. 104: Brief von Albert Einstein an Mileva Marić,
  9. August 1900
S. 111: Brief Albert Einsteins an Mileva, 6. September
  1900
»Meine einzige Hoffnung bist Du …«
S. 108: Das Gedicht »Meine liebe Kloane …«

Alexis Schwarzenbach: Das verschmähte Genie. München 2012, Collection Rolf Heyne.

S. 149: Brief von Hans Wolfgang Maier an Ernst Rüdin,
  27. Februar 1933, S. 172–174: Brief von Carl Seelig an
  Einstein, 1952
  »Lieber Herr Prof. Einstein, ich habe/bin nämlich …«

Einstein, Albert: Briefe. Aus dem Nachlass hrsg. von Helen Dukas und Banesh Hoffmann. Diogenes Verlag, Zürich, 1981.

S. 76: Brief an Otto Nathan: »In die Menschenwelt hier
  lebe ich mich nicht mehr ein…«
S. 169: Brief an Heinrich Meili, Princeton 1952.

Briefe von und an Michele Besso, zitiert nach:
Albert Einstein et Michele Besso: Correspondance avec
   Michele Besso, 1903–1955. Hrsg. von Pierre Speziali,
   Hermann Verlag, Paris, 1979. (Darin: Brief Bessos aus
   Bern, 18. IX. 1932; Brief Bessos aus Bern, 23. VI. 1935)

Highfield, Roger und Carter, Paul: Die geheimen Leben
   des Albert Einstein. Eine Biographie. Marixverlag,
   Wiesbaden, 2004.

Albert Einstein/Sigmund Freud: Warum Krieg: Warum
   Krieg?: Ein Briefwechsel. Mit einem Vorwort von
   Isaac Asimov, Diogenes Verlag, Zürich, 1972.

Sowie kürzere Einstein-Zitate aus:
Einstein, Albert/Seelig, Carl: Mein Weltbild. Europa
   Verlag, Zürich, 2005.
Einstein, Albert: The Collected Papers of Albert Einstein,
   Bd. 1–9, Princeton University Press, 1987.
Popovic, Milan: In Albert's Shadow: The Life and Letters
   of Mileva Marić, Einstein's First Wife. Johns Hopkins
   University Press, 2003.
Trbuhovic-Gjuric, Desanka: Im Schatten Albert Einsteins.
   Das tragische Leben der Mileva Einstein-Marić.
   Paul Haupt Verlag, Bern 1982. (Diese Biografie ist
   widerlegt hinsichtlich der Beurteilung von Milevas
   Einfluss auf Einsteins Theorien, enthält aber einige
   bedenkenswerte Hinweise auf Eduards Leben.)

Hitler-Zitate:
Zitiert nach Eberhard Jäckel, Axel Kuhn (Hrsg.): Hitler. Sämtliche Aufzeichnungen 1905–1924. Deutsche Verlags-Anstalt, Stuttgart 1986.
Dokument Nr. 91. »Wir wollen keine Gefühlsantisemiten sein...«
Dokument Nr. 116, S. 156: »Den Juden bekämpfen heißt ihn entfernen ...«

Mit freundlicher Genehmigung des Instituts für Zeitgeschichte/Archiv, ZS 640/Josef Hell. »Wenn ich wirklich einmal an der Macht bin ...«

Unter den unzähligen Biografien über Albert Einstein seien hier erwähnt:
Brian, Denis: Einstein. A Life. John Wiley and Sons, New York, 1997.
Albrecht Fölsing: Albert Einstein. Eine Biographie. Suhrkamp, Frankfurt, 1995.
Highfield, Roger und Carter, Paul: Die geheimen Leben des Albert Einstein. Eine Biographie. Marixverlag, Wiesbaden, 2004.

Folgende Bücher und Artikel haben meine Nachforschungen bereichert:
Einstein, Albert: Physique, Philosophie et Politique. Hrsg. v. Françoise Balibar, Seuil »Points Sciences«, Paris, 2002.

Isaacson, Walter: Einstein: Genie und Popstar. Bucher Verlag, München, 2010.

Jerome, Fred: The Einstein File: J. Edgar Hoover's Secret War Against the World's Most Famous Scientist. St. Martin's Griffin, New York, 2003.

Jerome, Fred: Einstein on Race and Racism. Rutgers University Press, 2006.

Levenson, Thomas: Albert Einstein. Die Berliner Jahre 1914–1932. Bertelsmann Verlag, München, 2003.

Marianoff, Dimitri/Wayne, Palma: Einstein: an Intimate Study of a Great Man. Doubleday, Doran and Co., New York, 1944.

Pais, Abraham: Subtle is the Lord: the Science and the Life of Albert Einstein. Oxford University Press, 2005.

Richard, Lionel: La vie quotidienne sous la République de Weimar, 1919–1933. Hachette Littératures »La vie quotidienne«, Paris, 2000.

Seelig, Carl: Wanderungen mit Robert Walser, Suhrkamp Verlag, Frankfurt, 1977.

Seelig, Carl: Albert Einstein. Eine dokumentarische Biographie. Europa Verlag, Zürich, 1954.

Rübel, Eduard: Eduard Einstein. Erinnerungen ehemaliger Klassenkameraden am Zürcher Gymnasium, Bern 1986 (enthält auch Gedichte und literarische Texte von Eduard Einstein).

Vallentin, Antonina: The Drama of Albert Einstein. Doubleday, New York, 1954.

Eindeutige Hinweise auf die Sekel-Kuren, die Elektroschocktherapien, die Eduard Einstein durchlitt, und seine Selbstmordversuche liefern:
Burghölzli-Patientendossier Nr. 27445, Eintrag vom
   3. 1. 1947.
Burghölzli, Patientendossier Nr. 27445, S. 16,
   Eintrag vom 23. 8. 1994 und Aufnahmebogen, S. 4.
   Eintrag vom 10. 1. 1933.
Zwangsjacken hatte die Heilanstalt Burghölzli offiziell
   1896 abgeschafft. Vgl. Website des Burghölzli
   iwww.pukzh.ch/ueber-uns.
Zur Heilanstalt Burghölzli vgl.: Huonker, Thomas:
   Diagnose: Moralisch defekt. Kastration, Sterilisation
   und Rassenhygiene im Dienst der Schweizer
   Sozialpolitik und Psychiatrie 1890–1970, Orell Füssli,
   Zürich, 2003, S. 221–225, S. 237 f.
Schoop-Rosssbült, Birgit: Psychiatrischer Alltag in der
   Autobiographie von Karl Gehry (1881–1962). Diss.
   med. Zürich, 1988.